广西交通运输科技创新"十四五"发展规划（GXZC2020—C
贵州省交通运输"十四五"人才发展规划（2020HX052）
广西哲学社会科学规划研究课题《广西城市交通新业态的社

基于"双循环"战略的中国交通企业发展研究

JIYU "SHUANGXUNHUAN" ZHANLUE DE
ZHONGGUO JIAOTONG QIYE FAZHAN YANJIU

赵光辉　吴宏　田芳　万宇　著

中国财经出版传媒集团

经济科学出版社

Economic Science Press

图书在版编目（CIP）数据

基于"双循环"战略的中国交通企业发展研究/赵光辉等著．—北京：经济科学出版社，2021.11
ISBN 978-7-5218-3206-8

Ⅰ.①基… Ⅱ.①赵… Ⅲ.①交通运输业－企业发展－研究－中国 Ⅳ.①F512.6

中国版本图书馆 CIP 数据核字（2021）第 257454 号

责任编辑：于 源 陈 晨
责任校对：隗立娜
责任印制：范 艳

基于"双循环"战略的中国交通企业发展研究
赵光辉 吴 宏 田 芳 万 宇 著
经济科学出版社出版、发行 新华书店经销
社址：北京市海淀区阜成路甲 28 号 邮编：100142
总编部电话：010-88191217 发行部电话：010-88191522
网址：www.esp.com.cn
电子邮箱：esp@esp.com.cn
天猫网店：经济科学出版社旗舰店
网址：http://jjkxcbs.tmall.com
北京季蜂印刷有限公司印装
710×1000 16 开 17.5 印张 340000 字
2021 年 11 月第 1 版 2021 年 11 月第 1 次印刷
ISBN 978-7-5218-3206-8 定价：72.00 元
(图书出现印装问题，本社负责调换。电话：010-88191510)
(版权所有 侵权必究 打击盗版 举报热线：010-88191661
QQ：2242791300 营销中心电话：010-88191537
电子邮箱：dbts@esp.com.cn)

前言
PREFACE

党的十九大吹响了建设民生保障有力、人民群众满意，能够领先世界的交通强国时代号角。党的十九届五中全会对"十四五"时期我国经济社会发展做出了系统谋划，其中提出要"加快构建以国内大循环为主体、国内国际双循环相互促进的新发展格局"。在"双循环"新发展格局下，交通企业是建设交通强国的重要基石，也是展现交通强国的重要特征，更是开拓强国之路的重要力量。实践证明，企业的发展往往决定着行业技术标准的设定和行业发展方向，也是展现交通运输硬实力和软实力的具体依托。当今世界，全球主要的研发投入、技术创新及技术转移，大多是由大型跨国企业，特别是世界 500 强企业牵头完成。纵观交通强国的历史兴替，交通强国普遍拥有一批实力雄厚的跨国大型交通企业。美国凭借其技术创新优势，在 2020 年《财富》世界 500 强企业排行中，共有 13 家大飞机制造、航空运输以及管道运输等交通企业上榜。日本由于其海运建设的独特性和产业链整体化发展的集群优势，共有 5 家海洋运输、海运装备企业入围世界 500 强。欧盟拥有一批全球有影响力的品牌航运企业，集聚了世界集装箱班轮公司三巨头。

"双循环"战略背景下实现交通强国的宏伟目标，离不开一批实力雄厚、技术领先、治理现代化的交通企业。2021 年 1 月 29 日，交通运输部在《关于服务构建新发展格局的指导意见》中指出，"引导和鼓励交通物流企业发展高品质、专业化、全链条定制物流服务"。因而交通强国建设比以往任何时候都更需要一批具有国际竞争力的交通企业，随着国家给予的政策支持日益完善，交通企业发展正面临前所未有的历史机遇。

建设一批适应交通强国建设要求的交通企业是一个宏大课题，这一培育过程既要符合企业发展的规律，又要立足中国国情和发展阶段，服务构建新发展格局，更要放眼世界交通运输的发展大势。基于此，本书以交通强国的目标愿景和主要任务为导向，全面分析交通企业发展战略，审视交通企业战略现状、发展环境，剖析交通企业战略建设面临的机遇挑战，展望交通运输行业的未来愿景，提出"双循环"战略下建设交通强国中交通企业的历史使命，并以铁路、公路、水运、航空、邮政、物流等交通领域的代表性企业为典型案例，从世界交通瞬息多变的发展趋势，到企业面临的机遇挑战，从关乎企业顶层设计的发展战略，到事关操作实施的组织架构，从决定企业发展根基的人才，到企业的各项管理保障机制，本书都做了深入剖析、理论探讨和实践总结，具有很强政策导向、理论价值和现实意义。

本书以"双循环"新发展格局下的交通企业发展为视角，既牢固树立交通强国的目标导向，又面向企业微观发展的需求导向，既对准国际一流交通企业从中查找不足，又立足中国交通运输的历史巨变找寻未来，具有鲜明的时代性。交通企业战略理论的历史探源，交通企业战略现状的客观剖析，"双循环"新发展格局对交通企业战略发展趋势的科学预测，以及涵盖交通主要领域企业的案例分析，具有很强的理论性和实践性，是我国从交通大国迈向交通强国时代征程中，具有全方位参考价值的交通企业发展书籍。

目录
CONTENTS

第一章 "双循环"战略指引下交通企业的战略发展趋势 …………………… 1
 一、交通强国战略的要求 ………………………………………………… 3
 二、交通运输行业的发展趋势 …………………………………………… 6
 三、"双循环"新发展格局下交通强国战略、交通企业的历史使命
  和愿景 …………………………………………………………………… 10
 四、交通企业战略建设面临的挑战 ……………………………………… 13
 本章小结 …………………………………………………………………… 15

第二章 "双循环"战略的战略实施 …………………………………………… 16
 一、"双循环"战略实施的必要性 ………………………………………… 16
 二、"双循环"战略的实施要点 …………………………………………… 18
 三、"双循环"战略的目标 ………………………………………………… 20
 四、"双循环"战略下交通的体系化建设 ………………………………… 21
 本章小结 …………………………………………………………………… 33

第三章 交通企业战略现状 …………………………………………………… 34
 一、交通企业经营环境分析 ……………………………………………… 34
 二、交通企业战略建设存在的问题 ……………………………………… 49
 本章小结 …………………………………………………………………… 50

第四章 航空运输企业战略 …………………………………………………… 52
 一、航空运输行业发展概述 ……………………………………………… 52
 二、民航企业战略实施案例 ……………………………………………… 60
 三、航空运输行业案例评析 ……………………………………………… 85
 本章小结 …………………………………………………………………… 89

第五章　铁路企业战略 … 90
一、铁路行业发展概述 … 90
二、铁路企业战略实施案例 … 98
三、铁路行业案例评析 … 110
本章小结 … 114

第六章　水上运输企业战略 … 115
一、水上运输行业发展概述 … 115
二、水上运输企业战略实施案例 … 119
三、水上运输行业案例评析 … 131
本章小结 … 136

第七章　公路运输企业战略 … 137
一、公路运输行业发展概述 … 137
二、公路运输企业战略实施案例 … 143
三、公路运输行业案例评析 … 160
本章小结 … 163

第八章　交通建设企业战略 … 164
一、交通建设行业发展概述 … 164
二、交通建设企业战略实施案例 … 169
三、交通建设行业案例评析 … 182
本章小结 … 184

第九章　物流企业战略 … 185
一、物流行业发展概述 … 185
二、物流企业战略实施案例 … 196
三、物流行业案例评析 … 222
本章小结 … 225

第十章　交通装备制造企业战略 … 226
一、交通装备制造行业发展概述 … 226
二、交通装备制造企业战略实施案例 … 234

三、交通装备制造行业案例评析 …………………………………… 245
　　本章小结 ……………………………………………………………… 250

第十一章　新业态交通企业战略 ……………………………………… 251
　　一、新业态交通行业发展概述 ………………………………………… 251
　　二、新业态交通企业战略实施案例 …………………………………… 259
　　三、新业态交通行业案例评析 ………………………………………… 263
　　本章小结 ……………………………………………………………… 266

附：交通企业名录 ……………………………………………………… 268
主要参考文献 …………………………………………………………… 269

第一章

"双循环"战略指引下交通企业的战略发展趋势

交通是人类基本生活需要之一，关系国计民生，服务亿万群众。党的十九大作出了建设交通强国的重大战略部署，这是以习近平同志为核心的党中央在新时代确立的立足全局、面向世界的重大决策，是实现中华民族伟大复兴中国梦的重要支撑。自2020年以来，国内国际双循环相互促进的新发展格局在多次重要会议中被提及。在"双循环"战略下建设交通强国，可以通过以下四个方面展示出来。

交通建设国力强。我国近几年自身的竞争力大幅度增强，经济、政治、文化等各方面飞速发展。交通的发展也成为国家核心竞争力的一个重要部分。美国、欧洲、日本等已经把交通的发展列入国家竞争力的范畴。发达国家大力投资新的科学技术并把这些技术运用到现代交通建设中。但是未来的交通的发展已经不仅仅是一项技术的发明或者说某一制度的创新就能够决定的，它依靠的是各种系统化、规范化的各项技术、制度，包括当时的自然环境，该地的人文状态优化的结果。而这些要素要想得到系统优化都必须建立在该国家或地区的综合实力和核心竞争力都很强的基础之上。

交通行业水平强。从国际领域来看，过去我国无论是基础设施建设还是交通服务都不及发达国家，但我国已意识到运输已经成为综合国力的一大动力，正大力建设基础设施，实现城乡一体化、区域一体化，以科技创新和管理创新实现交通可持续发展。交通运输作为一种社会生产力，在整个社会发展进步的过程中起到了一个先导作用。社会公众对本国交通的认可程度也体现了一个国家的交通能力。2020年，新增29个乡镇和1146个建制村通客车，基本实现了具备条件的乡镇和建制村100%通客车目标，全年新改建农村公路29.6万公里，安排22.38亿元,支持1.55万公里农村公里重建;截至2020年底"十三五交通扶贫"规划确定的建设任务全面完成。① 2021年交通部推进农村公路养护体制改革试点,建立农村公路绩效管理考核机制,全面推行县、乡、村三级路长制。

人民自豪感和获得感强。从交通运输来看,在较强的运输效率、服务水平和空间扩展能力下,能够比较充分地利用多种运输方式,使它们进行相互配合,优势互补。运用现代化运输工具和先进的管理手段,提供舒适的服务能够让人民心中有较大的认同感。

具有较大的国际影响力。交通强国是交通运输行业竞争发展能力、服务保障能力、创新引领能力的整体展现,在世界交通运输领域具有较大的影响力和话语权。交通强国在国际交通运输组织中具有主导和引领地位,提出的建议方案和相关交通运输规则标准能够得到较大的程度的认可和采纳,是全球交通规则标准的主要制定者。我国现在是名副其实的交通大国,但并非交通强国,建设交通强国是时代的使命,也是这100年现代交通在新时代的新征程。交通运输部在2017年12月25日召开的2018年全国交通运输工作会议上提出:交通强国是社会主义现代化强国建设的重要组成部分,是先行领域和战略的支撑,建设"交通强国"将作为未来我国交通运输发展的总目标,全面引领相应的框架体系搭建。交通运输部提出我国将分两步实现交通强国战略目标:第一步,从2020年到2035年,奋斗15年,基本建成交通强国,进入世界交通强国行列;第二步,从2035年到21世纪中叶,奋斗15年,全面建成交通强国,进入世界交通强国前列。② 为充分发挥交通运输在构建新发展格局中支撑保障和先行作用,2021年1月29日交通运输部印发了《关于服务构建新发展格局的指导意见》,不仅从扩大循环规模、提高循环效率、增强循环功能、保障循环安畅、降低循环成本五个方面制订了"双循环"战略下建设交通强国的三年行动计划。而且提出了交通运输在构建新发展格局中的发展目标:"交通运输成为形成完整内需体系的坚实支撑、国内国际双循环相互促进的重要纽带、产业链供应链安全稳定的保障基石。"

---

① 交通运输部. 2020年新改建农村公路26.9万公里[EB/OL]. 腾讯新闻, https://new.qq.com/omn/20201225/20201225V0DZAM00.html.

② 交通运输部明确建设交通强国战略分两步走[EB/OL]. 新华网, http://www.xinhuanet.com/politics/2017-12/25/c_1122173538.htm.

一、交通强国战略的要求

(一) 建设交通强国要深入贯彻党的十九大精神

交通强国建设需要结合"双循环"新发展格局,编制全面建设社会主义现代化国家交通运输网络的行动计划。建立世界领先的交通强国,要努力实现在空间扩展、运输效率、技术创新、服务水平、文化理念等方面领先全球,还应该建成一大批拥有全球竞争力和影响力的交通运输跨国企业。全面建成人民满意、保障有力、世界一流的现代交通运输体系。

为了满足人民日益增长的美好生活需要,要建设让人民满意的交通运输体系。为了适应全球化的时代浪潮,我国要建立更加安全、通达全球的交通运输系统。党的十九大提出,交通的发展进步离不开科技的支撑,我们需要建立一个由先进科技作为引领、科学管理为框架、科学战略理论作为支撑的交通信息平台。这样的平台有助于我们建立起一个遍及城乡,通达全球的交通运输供应链。也方便我们打造若干个与我国国情相适应的世界交通枢纽和物流中心。同时,这样的交通枢纽和物流中心也能够支撑我国向着全面建成社会主义现代化强国的第二个百年奋斗目标迈进。

(二) 依靠科技创新和管理创新实现交通的可持续发展

1. 运用科技创新,解决技术难题,构建中国西部运输网

新发展格局下建设交通强国重要的一环就是开发和完善西部的交通网络,由于西部环境比较脆弱,整个西部地区的交通的建设密度、运输效率等都要考虑该地区环境的承载力,发展综合运输网络。"要致富,先修路",西部地区要实现与中部甚至东部形成整体,交通通达度属重中之重。以行政单位为中心建立交通节点,发展水路、公路、铁路交通方式,开发交通枢纽引导城市开发的作用,建立中西部省际运输通道经济带,建设中国西部综合运输网。

2. 交通基础设施更加绿色安全

全球经济发展都在追求绿色健康,而交通作为经济发展的先行和基础,需要和经济发展的战略相一致。设计交通干线时要充分考虑沿线的生态环境、地理位置、地表状态和地下结构，设计出最为合理道路类型和修建方式。不仅要与沿途环境和风景保持一致，与城市人文景观相协调，且要在改善交通状况、提高人们生活质量的同时，降低成本和环境的负担，最大限度地保护自然环境和自然地理风貌。配合我国的经济发展状况和要求，要设计合理的交通网络密度和适当的交通方式，并根据相应的交通方式要求进行相应的设施配套。与此同时，运用高新科技提高交通基础设施的耐用性、安全性、环保性。在使用过程中加强防护和检修，并进行更新换代，把隐患扼杀在萌芽状态。

3. 建设智能化信息服务平台

北斗系统已经服务于"一带一路"建设，为"一带一路"建设的交通运输保驾护航，开发新技术完善现有的道路网络信息平台，提供随时随地购票，随时随地查询等服务，实行顾客信息信息化，以便管理者能够借助互联网进行顾客管理和服务。推动交通网络信息化、数据化，开发智能交通工具，尽可能地接入网络，对道路和交通工具进行实时监控，实时感知。运用移动设备和车载系统相互匹配，与卫星和高速网络进行通信。

加快开发自动驾驶技术和建设自动驾驶道路的步伐，实现交通网络的智能化建设。打造一个运输服务平台，采用网络技术进行服务，将出行做成一个循环经济系统，按照顾客要求进行相应的服务，顾客可以随时在平台上打车，找代购，订票，或者进行车辆的保修和维护，平台也可以准备相应的模块进行户外急救和抢修工作。平台连接中国的交通道路网络信息库，能够随时随地了解道路状况，为顾客选择最佳路线和最优的交通工具。

4. 建设科学合理的货运网络

交通运输行业的发展趋势应与全球经济环境和国家经济态势相一致，在经济全球化的大环境下，我国急需建成智能化的大型货物集散地，能够掌握在短时间内装载、转运、卸货的设备和技术。能够与已经建立起来的交通信息平台进行沟通和交流，交通运输与其他产业相互合作，建立一个统一的信息合作平台，利用网络信息技术进行资源共享。与城市交通，城乡道路，内河运输，海路运输进行网络联运。

（三）区域一体化发展

区域一体化的发展，新亚欧大陆桥已经把中国和欧洲铁路通道打通，"一带一路"沿线的基础设施建设，实现标准一致，综合管理，货运通达。"一带一路"沿线基础设施建成时，我国内部铁路与各国铁路连接，到时我国与沿线各国的联系将大大加强，形成泛亚交通网。公路有较大的灵活性，在中西部地区，要重点强化城镇化内部的综合交通网络。能够较大限度地克服环境和地形因素，较大限度地联通周围城镇和乡村。近几年我国航空转运的份额大大提高，高铁的建设和发展也改变了一些我国公路份额过大，而铁路、航空、水路等占比较小的现状，我国的交通运输的发展结构得到了改变，水平得到了提升。

（四）注重全球通达度

20世纪以后，世界经济一体化的趋势越来越明显，21世纪的到来全球化的深度和广度也进一步提升，对全球的人员流动和商品集散的效率都有了很高的要求。各国的交通发达程度要和各国的经济发展程度相适应，能够支撑大城市，特大城市的交通高效运转。

我国目前大力发展海运和民航，致力成为海运和民航强国，扩大海运和航空的信息覆盖面积，与物流信息网相互合作，扩大与沿海各国的通商往来。我国将进入发展的新阶段，我国的交通运输发展将形成质的飞越。我们要发展的是用先进技术推进、以科学管理手段为支撑的多元化、高端化的交通网络。加强我国交通基础设施与互联网、物联网以及各交通网络信息平台的相互连通，全面构建海—航—铁—公立体国际交通服务网络体系和国际运输便利化体系，以我国的交通网向周围的海上邻国、陆上邻国进行辐射，实现国际交通网络的高效衔接，带动国际区域经济整合和资源要素流动，助力全球供应链体系完善。中国到中亚西亚的国际通道、新亚欧大陆桥、中国到印度洋的国际通道都是由国内的交通网络向外辐射的。

（五）为完善的宏观调控

为了更好地发挥国家宏观调控的作用，要制定完备的实施计划和法律法规，政府既要有在关键时候统揽全局，又不能过多地参与到原本市场运行机制的调控当中。政府要作为市场的支撑和管理者而不是控制者，因此需要制定较为完备的市场运行机制和相关的法律法规，用来规范市场上各种活动和行为。这样的机制和规范既要能够确保经济能够平稳地发展运作，又要能够切实地保护人民的利益、维护市场经济秩序，这是政府在宏观调控这个环节上重中之重的任务。

政府要有长远的战略指导和技术支撑，要能够制订合理有效的行动计划，并且能够有效地指导各部门落地实施。"一带一路"的推进过程，涉及沿线各国的各个方面，每个方面都需要国家进行统筹全局。

（六）完备的人才系统

在新发展格局下，交通强国的建设必须以人才进行支撑，需要各方各面与建设现代化交通强国战略相适应的人才。现代社会，各个国家已经从综合国力的竞争逐渐转化为知识和人才的竞争。而现代化交通的建设过程中，处处需要关注先进技术和先进人员的支撑。

国家应该强化相关方面的知识教育，提高从业人员的技术和知识素养，进行专业化的培训，使之更能适应新型交通业的需求。

相关的企业应该更加专业系统地培训企业员工，加强他们对于国际关系、国际金融，以及各国项目管理的能力，使之能够更好地在"一带一路"建设中发光发热。

要为经济全球化建立完善的人力资源模式，要有科学的选拔培养方案合适的激励制度，还有适合企业和科学管理要求的薪酬管理系统。

总之，要通过完善交通人才培养体系和管理制度，培养和造就结构优化、布局合理、素质优良的人才队伍，确立我国交通行业人才竞争的比较优势，在国际交通组织中职员数量比例或担任高级别领导者的比例达到交通强国水平，形成支撑交通强国建设的人才队伍体系。

二、交通运输行业的发展趋势

（一）交通运输行业理念更趋向"以人为本"

人的需求是交通运输业发展的推动力，交通运输业的发展也是在不断满足人的需求。随着经济社会和交通运输业的快速发展，人的地位在交通运输行业的发展中，必然也会成为重要的影响因素，"以人为本"的理念对交通运输行业的指导作用也会更加显著。也会表现为更加注重交通运输过程中的安全性和时效性；能够全面覆盖我国的同时和国外交通网络形成互补关系，满足国民内部交通以及对外交通的需求；同时呈现出更加个性化和高质量的交通运输服务。

交通运输历史悠久，不管是古代的马车、帆船还是近代汽车、火车、飞机等多种交通工具，安全性始终是制约发展的第一要素。随着交通工具安全技术的不断提高,现阶段铁路运输和公路运输的安全保障措施已经较为完善,但是航空、水路运输和海运依然存在较大的安全隐患,近年发生的各类安全事故不仅使大量的民众失去生命,而且还造成了巨大经济损失,产生了严重的恶劣社会影响。所以交通运输在未来的发展中,安全性是首要考虑的因素,并且其安全性会不断提高。

人类发明交通工具的初衷是提高到达目的地的速度,简言之就是为时效性。从原始的马车到近代的汽车、火车、飞机、高铁等交通工具,其时效性的不断提高也是推动交通工具发展的主要因素之一。

1. 覆盖面更广

中国领土面积广阔,人口分布较为分散,对交通道路的覆盖面有较高的要求,中部和东部地区交通网络已经形成覆盖,但西部大部分地区依然交通闭塞,需要完善的交通网络形成连接。未来的交通网络覆盖应该是城际和省市间形成公路、铁路、航空等快速客货运输网络,地级市间互通客运直达班线,有固定的货运线路;城乡和乡村间形成便利的农村客运加货运网络,班线深入山区农村、通达居民村落,保障沿海岛屿及库区等居民方便的交通出行条件。

2. 服务质量提高

随着交通运输业的发展,相应的运输方式都已经具备自己的服务体系,新型运输方式服务体系较为完善,但公路运输等原有运输的服务体系和服务质量亟待提高。

服务质量和服务体系的发展方向会在"以人为本"理念的前提下,每一类运输方式都形成自己特有的服务体系,公路、铁路、海路、航空、管道五大运输方式依据自身特点建立起配套的服务队伍,提供更加高质量的服务。同时针对需求的多样化,提供定制服务,以达到为客户提供更好生活,更优质服务的目的。

(二) 交通运输效益提高

随着交通运输形成产业,进入市场,经济效益就成为其发展的动力和方向,推动现代交通运输业的快速发展。市场的竞争性影响着交通运输方式的地位,而竞争的主要内容就是经济效益。不断的竞争推动新技术的不断进步,同时又进一步影响市场的发展。

1. 新技术被广泛运用

越来越多发达国家通过把先进的科技成果与传统的交通运输相结合,不仅提高了科技成果的利用率,很大程度上也推动了交通运输的快速发展。国家和社会组织投入大量的人力物力财力促进交通运输前沿领域的先进技术的开发和运用。

美国的国家战略运输研究计划已经将"纳米技术、生物燃料、复杂系统和高置信度软件"这三个前沿领域锁定，作为能够给国家乃至全球运输系统以革命性影响的潜在因素。同时，仿生技术、新能源技术等新技术也在推动相关交通行业的进一步发展。我国作为交通运输相对落后的发展中国家，未来的发展必然要抓住科技进步这一关键点，以新技术、新能源不断推动交通运输实现现代化。

2. 对经济发展影响加深

交通运输的发展受经济发展的影响，我国作为发展中国家，交通运输发展相对落后。同时交通运输业也会进一步促进经济发展，美国等发达国家的客机制造行业、日本的高铁技术、德国的汽车制造行业都是其国家经济发展的重要影响因素。我国交通运输发展的带来的经济效益也是明显的，就高铁建设行业来说，不仅推动了国家的经济发展，也对外提升了国家影响力，进一步树立了国家形象。

3. 交通运输信息化、智能化

随着互联网技术和大数据技术的不断进步，交通行业的信息化、智能化也在不断进步。大数据被广泛应用于铁路和航运等人流量较大的行业，我国铁路系统建立起了自己的大数据中心，在春运等运输高峰期通过数据分析在不同时段安排相应的车次提高客运效率。新的人工智能技术也将被快速运用到服务中，满足乘客的多样化需求。

（三）交通运输管理科学化

交通运输关乎国家经济发展，其管理水平也在一定程度上决定着该国交通运输行业的发展，随着交通运输方式的不断创新，客户需求的不断提高，对交通管理的要求也进一步提高，需要科学的管理才能最大限度地发挥交通运输行业对经济社会的积极作用。

1. 交通运输体系网络化、多元化

从交通运输的发展可以看出，从单一的陆地运输到水陆运输、航空运输、陆地运输、管道运输、铁路运输的五大交通运输体系，逐渐由单一走向多元，从原有的单一体系到相互交叉，形成相互补充的交通网络。交通运输行业的发展呈现出网络化趋势，依据现有规划可以看到，以后的发展会向完善的网络化立体化趋势，交通不仅仅依附于陆地的基础设施，会更多地向地下交通、空中交通甚至连接到外太空的交通，走向立体化。

现有的交通体系是以公路运输和铁路运输为主体，海运、航空和管道为辅的运输体系，随着技术进步，航空和海运的优势会进一步放大，管道运输依然能够

在石油、天然气等运输中占有一席之地，同时，新的交通运输方式将会对传统运输带来冲击。将会形成多元化的，多种方式相结合的运输体系。

2. 交通运输管理统一

我国现有的公路、水运、铁路、航空和管道这五种运输方式分别由不同的分管部门管理，不同的运输方式之间在相互配合上还有待提高。尽管社会和政府都已经认识到现代化是我国交通运输发展的必由之路，投入大量的财力和人力进行发展研究，但是由于相互之间缺少足够的配合，往往导致重复建设，没能实现统一的标准，甚至造成资源浪费。从国家整体上讲，这样的发展浪费严重、方式效率低下。因此，需要建立起统一的交通运输行业主管部门，能够统筹规划，对整个行业进行必要的宏观调控，优化地配置有限的运输资源。在我国交通运输现代化建设的进程中，应从整个交通运输整个行业甚至是整个国家经济建设的角度去考虑，系统地规划，合理利用人力物力，认真协调各种运输方式，形成统一的标准，确保交通运输行业形成竞争开放的局面。

3. 形成完善的交通行业法律法规体系

党的十九大报告中指出，坚持全面依法治国是新时代中国特色社会主义思想的重要内容，是新时代坚持和发展中国特色社会主义的基本方略。中国的发展依法治国是保障，必须建立起以宪法为核心的中国特色社会主义法治体系，坚持法治社会一体建设，深化司法体制改革。当前的交通运输行业还有很多有待完善的法律法规，新形势下不断变化的实际情况要求政府在交通运输行业立法过程中必须与时俱进。确保在处理交通问题时能有法可依的基础上做到执法必严、违法必究。现阶段的发展方向就是建立起完善的交通法律法规体系并同时跟进依法管理和执法公正。

4. 交通管理部门管理更加规范

交通管理部门的主要职责是维护交通秩序，确保安全，做好规划和管理，但是整个交通管理并没有整齐划一的管理口径，没有形成管理合力，导致各类交通事件频发。想要实现交通运输行业的规范发展，各管理部门需要整合力量，合理利用人力资源，统一口径，严格规范交通管理。

（四）低碳化交通运输

交通运输行业的可持续发展，事关交通运输现代化发展的国家经济建设大计，事关转变经济发展方式，实现绿色发展，建设美丽中国的发展目标。低碳发展是交通运输业必由之路，必须在坚持人与自然和谐相处的前提下，不断以新技术、新能源推动交通运输行业的绿色发展。

1. 基础交通设施建设注重人与自然的和谐

党的十九大报告中提出"坚持人与自然的和谐共生",建设生态文明是未来国家发展大计。交通运输行业的发展必须树立和践行"绿水青山就是金山银山"的绿色发展理念,在基础道路和设施设备的建设过程中,坚持节约资源和保护环境的理念,统筹基础设施建设与自然环境之前的关系,实行严格的生态环境保护制度。绿色发展是未来发展的必然趋势,交通运输行业的基础设施和道路在建设过程中必然会导致环境破坏,严重地可能导致地区生态系统的破坏。以铁路建设为例,未来的高铁建设更多要考虑生态系统的脆弱,在尽可能小地减少对生态环境的破坏前提下,建设铁路和公路设施。在统筹考虑经济发展和环境保护的基础上,交通运输行业在基础设施建设中会更加重视交通路线规划,以便最大限度地确保生态环境和经济效益的统一。

2. 新能源广泛利用

随着清洁能源、可再生能源和能源利用新技术的进步,交通运输业能够利用清洁能源已经成为可以实现的目标。就近期来说,应该大力推进的天然气和电能是主要能源;同时加快推进部分交通工具的"油改电";开展铁路电气化;清洁能源集中的地区主要开发用风能、太阳能、水能、地热能、海洋能等可再生能源并加以合理利用;提升燃油提炼技术,着重提高燃油品质。同时,着力推广气电、油电等混合动力公交车、汽车等,积极推进新能源电动车汽车以及新兴交通工具等的试点工作,应积极推广新能源车辆因地制宜研发推广第三代生物质燃料;致力探索太阳能、风能、核能等在船舶运输中的应用;积极研究探索应用生物质燃料的运用前景等。

三、"双循环"新发展格局下交通强国战略、交通企业的历史使命和愿景

(一)"双循环"新发展格局下交通强国战略分析

加快形成以国内大循环为主体、国内国际双循环相互促进的新发展格局是根据我国发展阶段、环境、条件变化做出的战略抉择,是事关全局的系统性深层次变革。交通强国战略目标是我国新时期对交通运输行业做出的长期规划。我国将

分两步走实现交通强国战略目标，而在新发展格局下建设交通强国，必须紧紧围绕建设现代化经济体系的要求，着力构建与交通强国相适应的框架体系。具体包括构建综合交通基础设施网络、运输装备、运输服务、创新发展、现代治理、开放合作、安全发展、运输支撑保障八大体系。

八大体系组成综合交通基础设施网络体系，统筹推进铁路、公路、水运、航空、邮政、物流等基础设施网络建设，争取在 21 世纪中叶全面建成布局合理完善、联通顺畅、低碳智能、耐用性久的综合交通基础设施网络体系。支撑起我国区域协调发展、乡村振兴战略等重大战略实施，发挥交通运输在构建以国内大循环为主体、国内国际双循环相互促进的新发展格局重大战略部署中的支撑保障和先行作用，完善以综合运输大通道为主，以综合枢纽为辅，以高质量的高效率的大通道和普通干线网，广覆盖联通无虞的基础服务网为主体的互联互通基础设施。把握好未来智能化驾驶等新技术的需要，加快新技术和交通行业的融合，形成集信息化、数字化为一体的交通运输基础设施。

（二）交通企业使命和愿景分析

"双循环"新发展格局下建设交通强国不仅是政府的工作职责，也是社会和交通运输企业的奋斗目标，我国交通运输企业分属于不同的管理部门，在"双循环"战略背景下，都承担着每个行业对应的历史使命和愿景（见表 1-1）。

表 1-1　　　　　　　　各交通企业使命和愿景分析

企业	历史使命	愿景
公路运输企业	陆地运输的基础运输方式，依然是目前最主要的运输渠道，承担着大量的小宗，基础运势	1. 提高公路运输效率，形成公路交通网 2. 以公路交通推动老少边穷地区的经济发展
铁路运输企业	1. 服务国民经济大局，承担国家建设的重点物资、军运、特运、救灾物资及人员等的优先运输重任。 2. 内部挖掘潜力，实现在既有线上的列车提速改造。积极筹措资金，加快新线建设，努力扩大运输能力。 3. 坚持目标导向，确保铁路安全质量，切实维护人民群众生命财产安全	1. 发挥铁路行业优势，以铁路运输努力推动为经济社会发展。 2. 继续坚持创新驱动，在确保铁路运输安全的前提下提高运输效率。 3. 结合中国国情，建立起通畅的铁路网，并能够应对大量人员流动的情况

续表

企业	历史使命	愿景
航空运输企业	1. 认真履行企业社会责任，保障航管运输的安全性，积极推进技术创新。 2. 为客户提供高质量的服务体验，打造航空企业品牌，提升竞争力。 3. 走向国际，积极搭建覆盖全球国家的航空运输网络，以航空运输行业为国家经济发展助力	1. 打造世界一流的航空企业，为客户提供更优质服务。 2. 面向未来，着重高精尖技术研究，发挥航空行业速度优势，建设起覆盖全国大部分地区的航空运输网络，将航空运输业打造为运输行业的中流砥柱
水路运输企业	1. 依托水路运输运量大的优势，承担起大宗货物的运输。 2. 船舶制造业着重开发新技术，追赶世界先进水平，提高船舶排水量等。 3. 合理规划，着力建设内河航运基础设施，提高基础设施耐久性。 4. 依托"一带一路"的发展机遇，着重布局海外港口建设，建立起中国与海外国家之间的港口联盟	1. 促进交通强国战略的基础设施建设。 2. 不断推进交通科技创新。 3. 促进船舶制造行业的迅速发展。 4. 促进我国交通运输网络完善。 5. 促进交通强国中的海权文化建设
管道运输企业	1. 承担着部分石油天然气等特殊资源的运输职责，一定程度上确保了油气资源的运输安全和顺畅。 2. 在确保资源运输安全的前提下肩负起社会责任，加强国际交流合作	建立起世界先进水平的管道运输企业，走国际化道路，加强与周边国家的管道运输联系，形成运输网络，确保国家资源运输安全性
物流企业分析	1. 是网络经济发展下的新运输行业，主要使命是确保货物运输的安全性和及时性。 2. 对内举措—优化包装材料、场地节能改造、推行节电办公。对外举措—推广自助工具、推广电子运单、开发环保产品、投身环保公益	1. 在确保安全性的前提下不断提高时效性。 2. 建立起覆盖全国的物流网络。 3. 践行环保社会责任，不断提升自身的资源利用率，降低碳排放和能源消耗，促进社会可持续发展。满足用户的新需求
交通建设企业	1. 合理规划，建设完备的交通运输基础设施。 2. 着眼于服务"一带一路"建设，着力推动交通基础设施陆上、海上、天上、网上四位一体联通。着眼于适应自动驾驶、新能源等新技术的普及应用，加快研究布局与之相匹配的新一代交通基础设施	1. 加强西部地区交通基础设施建设，确保覆盖全面。 2. 积极履行市场责任，提供高质量设施满足用户的需求。 3. 秉承让世界更畅通，让生活更美好的愿景
新兴交通运输企业	1. 为更多人的出行带来方便，也给城市倡导绿色出行提供了可持续发展的智能解决方案。 2. 满足用户的特殊需求，为出行提供更加经济、低碳化，节能化的方式	用人人可负担得起的价格提供智能交通服务，使人们更便利地完成城市内的短途出行，并帮助减少交通拥堵，减少环境污染，让我们生活的城市更美好

(三)"双循环"战略下交通企业的发展趋势

1. 交通运输企业要承担起社会责任

企业的发展受社会经济环境的制约同时也在助推社会经济环境向好发展,交通运输行业关乎国计民生,我国的交通运输企业都是国有或集体所有,这类企业必须担负起支撑国民经济发展的重大任务。在交通强国战略背景下,交通运输企业不仅要承担起经济责任,更应该致力于打造更安全、更高效的交通运输企业,担负起社会责任。

2. 绿色发展是未来的发展方向

习总书记提出的"绿水青山就是金山银山"的发展理念是交通运输企业在制定企业的发展方向时应该作为指导思想的理念,交通运输企业想要推动经济发展,不能再走传统资源消耗的老路,应该坚持创新,致力开发新能源,以绿色低碳的能源和高效的交通运输方式相结合。坚持绿色发展才能实现交通强国的战略目标。

3. 发挥优势,提高服务质量是主要途径

公路、铁路、航空、水运、管道五种主要的运输方式各有特点,现在的发展现状呈现相互竞争的状态,交通运输企业需要树立起发挥自身特殊优势的思想观念,着重优势行业,与其他运输企业形成互补,打造共同发展互利共赢的交通运输整体,形成行业良性生态。提高服务质量是企业满足客户需求的首要途径,也是最有效的途径,交通运输企业想要推动经济发展,必须抓住客户的需求,提高满意度。

四、交通企业战略建设面临的挑战

改革开放以来,我国的交通运输发展的速度明显加快,在原来步调的基础上进行公路和铁路的修建,使我国的交通承载量和运载效率大大提高。逐步形成了由铁路、公路、水运、航空和管道等共同组成的综合性的交通网络,建立起"五横五纵"的大型交通框架。但是我国的交通基础设施并没有达到与我国的经济发展程度和对外开放程度相适应的水平。各类交通方式的总里程数和载运量和周转率都没有达到要求。运输结构也不合理,我国城乡地区之间依旧多靠公路联通,因此我国的交通现状仍令人担忧,未来挑战重重。

1. 技术成为未来交通建设的拦路虎

未来的交通建设要依靠技术来减少对环境的伤害、降低成本、提高效率，科技创新已经成为交通运输发展的巨大推力，科技的发展程度关乎强国建设的进程。经济全球化促进了各国科技创新的动力，各国都希望能够利用科技创新来抢占未来经济竞争的制高点。

为了赢得未来经济、军事等各方面的强大竞争优势，各国都会加大科研方面的投资，能产生大量的技术创新。对于国家安全的考虑也将催生大量的高新技术，后期可能用于国家经济建设，比如中国的北斗卫星导航系统。科技竞争力的强弱直接影响国家的经济发展，国家安全和国际地位。

未来的交通要在现有的基础上进行发展，不管是信息平台的建设，还是新型交通工具的研发，还是智能工具的开发或者是自动化技术的发展，无一不需要科技的进步和发展。但是我国的科技创造力和发达国家还是有一定的差距，我们一定要提高科技创新能力，才能使之在未来的交通发展中产生巨大的推动力。

2. 环境问题牵动人心

中国原来的发展有些是以资源的消耗和环境的污染为代价的，我国的经济发展使能源的消耗越来越多，环境污染也越来越严重。中国每年都要拨很多的款项进行环境治理。而随着经济的发展和人们对于生活水平要求的提高，人们对于生活环境的要求也大大提高了。

而交通运输业与环境问题息息相关，无论是基础设施的建设，还是平时交通碳排放都是巨大的污染源，环境的优美指数和空气的质量，每一个指标都能轻易地牵动人们的神经。交通业是重要的能源消费行业，这些能源是不可再生的资源，进行基础设施建设也会影响或者破坏环境。所以努力寻找可替代的资源，或者开发节能工具是未来交通运输业的重中之重，也是未来相关企业的发展之路。以最小的环境代价寻求最高的经济回报，是现代交通业的追求。

3. 信息安全问题日益严重

随着互联网技术和现代通信技术的发展，人们接触到网络和相关通信技术的机会变得也来越多，社会生活中手机使用率极高。我们在各种各样的活动或者平台上都有可能泄露了自己的信息，各种各样的公司企业或者个人将会通过各种技术手段进行整理和挖掘我们的个人信息。信息安全的问题已经渗透到我们生活的各个方面。无数的网站会记录你的浏览页面和信息，记住客户的喜好，分析需求，然后推送相应的产品和服务。这样的手段在给我们带来一些方便的同时，也为我们带来了极大的困扰。一些不良商家会利用顾客信息进行非法交易，泄露人们的隐私，以谋取利益。

在交通运输业，随着各种软件的使用与推广，个人的信息也会通过订票系统，出行软件，支付结算系统等呈现在商家的眼前，商家可以精确地预测客户出行习惯和购买力。他们能通过移动设备监视客户的一举一动。个人的信息安全涉及个人隐私的问题，当个人隐私赤裸裸地呈现在公众面前时，社会道德和大众舆论就会使得社会的和谐稳定受到威胁。在未来，随着信息技术越来越发达，人们对于这些信息技术的依赖，我们的信息将会在网络面前无所遁形，保护个人隐私和信息安全将成为一大难题。

4. 管理水平和决策水平有待提升

智能交通是未来的发展大趋势，在大数据和云计算的支撑下，在顾客信息的保存和处理方面有了很大的技术支持，管理者比较容易获得较为完整的交通数据，也能够更清晰地了解顾客需求和宏观的供需情况，虚拟技术能够进行相应的预测和补充，但是整体的战略策划和落地实施仍旧需要管理者的决策和调整，现有的管理水平和决策水平还不足以支撑如此庞大的交通网络。提高管理者的信息处理水平与决策水平的需求已经迫在眉睫。

本 章 小 结

在新发展格局下实现交通强国的宏伟目标，离不开一批实力雄厚、技术领先、治理现代的交通企业。本章从"双循环"新发展格局背景下实现交通强国战略的要求、交通运输行业的发展趋势、交通企业的历史使命和愿景以及交通企业战略建设面临的挑战四个方面出发分析了在新发展格局下交通企业的战略发展趋势。具体来说，本章第一部分结合"双循环"新发展格局对交通强国战略的要求进行解读；第二部分立足于现状，结合国家已颁布的各项政策合理预测中国交通运输行业的未来发展趋势；第三部分从企业层面提出分属不同管理部门的交通运输企业应承担怎样的历史使命以及未来发展方向；最后，指出我国交通运输企业在战略建设和实施过程中亟待解决的存在于技术、环境要求和信息安全等方面的难题。

第二章

"双循环"战略的战略实施

习近平总书记在 2020 年提出:"加快形成以国内大循环为主体、国内国际双循环相互促进的新发展格局,是根据我国发展阶段、环境、条件变化作出的战略决策,是事关全局的系统性深层次变革。"[①] 加快构建"双循环"新发展格局是根据我国目前的发展阶段、状况、环境提出来的重大决策,是党中央对未来中国经济发展的战略部署,是事关全局的系统性、深层次变革。

中国特色社会主义进入新时代,奋力推进"双循环"战略是全面建成小康社会,全面建成社会主义现代化强国的必然要求和战略抉择。

一、"双循环"战略实施的必要性

(一)实施"双循环"战略是主动适应新时代我国社会主要矛盾变化的必然要求

中国特色社会主义进入新时代,我国社会主要矛盾已经转化为人民日益增长的美好生活需要和不平衡不充分的发展之间的矛盾。而加快构建国内国际双循环相互促进的新发展格局,是满足人民对美好生活的向往特别是消费升级换代的迫切需要。在新时代背景下,随社会经济水平水涨船高的还有居民收入的持续攀

[①] 习近平主持召开中央全面深化改革委员会第十五次会议强调:推动更深层次改革实行更高水平开放 为构建新发展格局提供强大动力 [N]. 人民日报,2020-9-2.

升、中等收入群体的不断扩大;经济高质量发展、其结构的持续改善;乡村振兴步伐不断加速,农村消费潜力得到释放等,全面建设小康成效初显。人民群众已不仅仅满足于基础消费的需求,追求更高质量的产品或服务或将成为他们更加迫切的目标。通过实施"双循环"战略,加快供给侧结构性改革,实现产业升级与结构优化,从而刺激企业更多创新技术的发生。同样,"双循环"战略中的"国内国际双循环"意味着中国居民消费的高质量产品能从国外进口,这也有利于国外新消费理念的引入。

总而言之,"双循环"战略的实施必须坚持以人民为中心的发展思想,把人民满意作为实施成果的根本标准,把人民日益增长的美好生活需要作为出发点和落脚点,在继续推动发展的基础上,着力解决发展不平衡不充分的问题,大力提升消费升级不断增强人民群众的获得感、幸福感。

(二) 实施"双循环"战略是建设现代化经济体系的战略方向

在十九届五中全会公报中,"十四五"时期经济社会发展指导思想和必须遵循的原则之一——构建基于"双循环"的新发展格局被提出。建设现代化经济体系是经济高质量发展战略需求。受新冠肺炎疫情的影响,由于企业停工、交通停滞以及人们消费力的下降等种种原因,全球产业链遭到重大打击,包括我国在内的全球经济也遭受冲击。中国如何能够在此大环境下实行有效政策,是中国能否加快现代化经济体系建设的关键一步,也是中国能否朝世界强国方向更进一步的关键一步,而"双循环"战略的提出无疑是一剂有力的强心剂。新发展格局强调经济高质量发展,加快供给侧结构性改革,这无疑对产业升级和优化有着至关重要的作用。对于大力发展实体经济的中国而言,这有着重要的基础支撑和先行引领作用。

交通贯通生产、流通、分配、消费各个环节,是实体经济的重要组成部分,在建设产业体系、市场体系、收入分配体系、城乡区域发展体系、绿色发展体系、全面开放体系等方面发挥着重要的基础支撑和先行引领作用。我国交通发展已由高速发展转变为高质量发展阶段,正处于交通运输基础设施发展、服务水平提高、转型发展的黄金期。建设交通强国必须贯彻新发展理念、坚持质量第一、效益优先,以供给侧结构性改革为主线,推动交通发展质量变革、效率变革、动力变革。全面提升交通供给体系质量和效率,实现交通更高质量更有效率、更加公平、更可持续发展,为建设现代化经济体系提供坚实保障。

(三) 实施"双循环"战略是深化改革开放的重要实践

改革开放特别是加入世界贸易组织之后，我国逐步融入国际大循环，中国经济不断赶上国际经济步伐，对外开放程度也不断提高，这对快速提高我国经济水平、提升人民生活水平和改善人民生活质量起到了重要作用，此时国际大循环占主导地位。然而随着全球政治经济环境的改变，特别是受到2020年新冠肺炎疫情对全球经济的冲击后，以"国际大循环为主体"显然已不再适用于当前的状况，必须以把扩大国内需求特别是消费需求作为基本立足点，推动供给侧结构性改革，构建新发展格局，以为稳定经济社会发展作出新谋划、新布局。

(四) 实施"双循环"战略是适应国际环境复杂深刻变化的迫切要求

2018年伊始的中美贸易争端、2020年新冠肺炎疫情的暴发等因素，致使中国面临不断恶化的贸易环境。在疫情、贸易争端和去全球化等多重因素的冲击下，中国必须采取贸易多元化和加快国内经济结构升级等措施以充分应对这种变幻莫测的国际环境。这种变化要求我们用全面、辩证、长远的眼光分析当前经济形势，努力在危机中育新机、于变局中开新局。在这个重大关口，形成以国内大循环为主体、国内国际双循环相互促进的新发展格局意义重大，同时，也是强国之路的必然选择。

二、"双循环"战略的实施要点

构建新发展格局，不是简单地针对当前产业链供应链因疫情而中断所采取的权宜之计，而是在中国经济迈向高质量发展关键阶段的强国方略；不是因个别国家企图与我国脱钩、对我国围堵而迫不得已地内敛收缩，而是筹划以更深层次的改革、更高水平的开放加快形成内外良性循环的战略抉择。站在百年未有之大变局的历史关口，这是中国"十四五"时期乃至2035年基本实现社会主义现代化的这一新发展阶段的重大任务、重大战略。

(一) 坚持扩大内需

坚持扩大内需这个战略基点，加快培育完整内需体系。构建"双循环"新发展格局须牢牢扭住扩大内需这个战略基点，充分发挥我国超大规模市场优势和内需潜力，打通供需梗阻，使生产、分配、流通、消费等环节更多依托国内市场。只有夯实内循环，才能实现以内促外和内外联动。要牢牢抓住"内循环"的出发点和落脚点，即人民群众对美好生活的向往是有层次的、多元化的。

（二）有机结合

把实施扩大内需战略同深化供给侧结构性改革有机结合起来。构建新发展格局的关键是要优化供给体系，提高供给质量，使供给体系与需求结构在更高水平上实现平衡。要坚持以供给侧结构性改革为主线，深入实施创新驱动发展战略，推动科技创新和产业创新。

（三）以创新驱动、高质量供给引领和创造新需求

以创新驱动、高质量供给引领和创造新需求。坚持创新在我国现代化建设全局中的核心地位，把科技自立自强作为国家发展的战略支撑。新发展格局下，创新已然成为牵动"双循环"相互促进的牛鼻子，成为"双循环"相互促进的战略重点。一方面，只有通过提升国内自主创新能力，以内生技术发展突破"卡脖子"问题，才能使生产、交换、流通、消费更加依托国内市场，创新是畅通国内大循环的核心动力源；另一方面，中国企业在走出去、走上去和走进去，参与国际大循环的过程中，创新是将传统产业链、供应链、价值链从依附型变为自主型，重构国际合作新平台和国际竞争力的基础。如果不能在这方面有突破，中国就无法改变长期处于全球价值链中低端的国际分工地位，"双循环"相互促进将无从谈起，新发展格局则是无源之水，无本之木。

（四）畅通国内大循环，促进国内国际双循环

畅通国内大循环，促进国内国际双循环。以畅通内循环为基础重新调整和部署外循环，以国内市场的发展壮大促进带动国内企业参与国际大循环，增加在全球价值链中高级生产要素的投入，把握产业链高端，构建"以我为主"的全球价值链，高起点、高质量、高水平联通两个市场，利用两种资源，增加世界对中国的供应链、价值链和巨大消费市场的依赖度。由此才可摆脱过去对世界经济的被动依附性，减小对外界动荡的敏感性，增强产业和经济发展的安全性，把握发展的主动权，重构参与国际合作和竞争的新优势。通过以内为主、以内促外，实现

国内循环和国际循环的内外联动、协调发展。

（五）实行高水平对外开放，开拓合作共赢新局面

实行高水平对外开放，开拓合作共赢新局面。培育国内跨国公司，壮大"双循环"相互促进的市场主体。强大的企业代表着强大的经济和国家，在全球化时代，跨国公司是推动经济全球化的重要力量，是连接世界各国的重要桥梁，是参与国际大循环的市场主体。这就要求培育壮大国内跨国公司，通过跨国公司的全球战略布局来配置国内国际资源，构筑"双循环"相互促进的强大推动力。同时，推进"一带一路"建设与双边和多边自由贸易协定谈判等，连通"双循环"相互促进的桥梁和纽带。

三、"双循环"战略的目标

（一）调整完善中国经济发展战略和发展路径，形成经济发展新动能

中国自参与国际大循环后的较长时间内，一个重要取向是发展外向型经济，实施鼓励出口创汇政策。随着中国经济的发展、居民收入水平的提高和扩大内需政策的实施，经济增长内需潜力释放，市场和资源两头在外的发展路径逐步改变。对于中国这样一个大国，过高的外贸依存度不可持续，必然要求对这一发展战略和发展路径进行调整。中国把发展立足点放在国内，更多依靠国内市场是能够实现经济新发展预期的。中国进入新发展阶段，构建新发展格局，以扩大内需战略为基点，畅通国内循环。这样一种发展战略和发展路径的调整完善，有利于新发展动能的形成。

（二）塑造中国国际经济合作与竞争新优势

构建新发展格局，就是要在已有优势的基础上，推动形成宏大顺畅的国内经济循环，更好地吸引全球资源要素，既满足国内需求，又有助于提升中国产业技术水平，塑造中国国际经济合作与竞争的新优势，实现高水平的自立自强。

(三) 更好地适应国际形势变化

当今世界正经历百年未有之大变局。中国面对国际经济循环变化带来的新矛盾新挑战，统筹发展和安全，顺势而为，改变过高的对外依存度，建立自主、可控、相对独立的工业体系，既努力打通国际大循环，又进一步畅通国内大循环，进而提升经济发展的自主性、可持续性，增强韧性，以应对外部环境变化而立于不败之地。

(四) 更好满足人民日益增长的美好生活需要

中国居民生活水平随着经济发展而提升，但存在供给与消费水平提升不匹配的问题，导致一段时间内居民消费大量外移。扩大内需和畅通国内大循环是基于国情和发展水平的政策的出发点和落脚点。以扩大内需战略为基点，畅通国内经济循环，是对以人民为中心的发展思想的切实践行。坚持扩大内需这个战略基点加快构建新发展格局，着力推动高质量发展和深化供给侧结构性改革，形成需求牵引供给、供给创造需求的更高水平动态平衡，有利于不断满足人民对美好生活的向往。

四、"双循环"战略下交通的体系化建设

经过多方共同努力，现代化高质量的国家综合立体交通网加快形成，现代交通物流体系加速完善，交通运输跨界跨业融合深度发展，交通运输开放合作水平显著提高，统一开放的交通运输市场加快建立，交通运输成为形成完整内需体系的坚实支撑、国内国际"双循环"相互促进的重要纽带、产业链供应链安全稳定的保障基石，交通运输在构建新发展格局中的支撑保障和先行作用充分发挥。

(一) "双循环"战略下交通基础设施体系：立体互联、质量卓越

基础设施是交通发展的基本骨架。以国土空间规划为指导和约束，统筹各种交通方式融合发展，优化交通基础设施空间布局和体系结构，促进综合立体交通基础设施网络化，保障城乡区域交通协调发展，有效支撑国家重大战略实施和总

体国家安全。

1. 优化综合立体交通网络

一是推进综合运输大通道建设，支撑京津冀协同发展、长江经济带、粤港澳大湾区等国家战略实施。扩大西部地区路网覆盖，加强南北向通道建设；推进东北地区路网提质改造，发挥优势推动中部地区路网通道功能，创新引领东部地区路网优化发展。二是统筹各种交通方式空间布局、规模与结构，优化存量资源供给，扩大优质增量供给，补齐能力短板。建成以高速铁路、高速公路、民用航空等为主体辐射全国主要大中城市的快速交通网，推进普速铁路、普通国省道港口、航道、通用机场、油气管道等建设。三是在城市群内部建设以轨道交通和高速公路为骨干，以普通公路为基础，有效衔接大中小城市和小城镇的多层次快速交通运输网络，加强大中小城市与综合运输大通道、综合交通枢纽城市的连通。

2. 打造多层级的综合交通枢纽体系

一是以京津冀、长三角、粤港澳大湾区等世界级城市群为依托，建设具有世界竞争力的国际航空枢纽、国际航运中心等，打造若干世界级交通枢纽。二是推进全国性、区域性综合交通枢纽建设，统筹区域城市布局，打造一批分工协作功能互补的铁路枢纽、机场群和港口群，促进区域协同发展，增强枢纽建设的综合效益。三是根据城市总体布局，完善机场、港口、铁路、公路、口岸及城市轨道交通、地面公共交通等枢纽站场的换乘换装设施和集疏运系统，促进枢纽与城市融合，强化各层级、各类型枢纽站场之间快速连通，推动客运"零距离"换乘、货运"无缝化"衔接。四是合理确定枢纽建设规模与用地规模，推动枢纽与周边用地综合开发。

3. 建设绿色化、人性化的城市交通系统

一是尊重城市发展规律，科学制定城市综合交通体系规划，协调土地利用与交通模式的关系，统筹城市交通各子系统关系，推广以公共交通为导向的开发模式（TOD），引导城市集约发展。二是加强城市道路建设和升级，优化路网功能和级配结构，推广"窄路密网"理念，推进城市地下综合管廊建设。三是优先发展城市公共交通，有序推进城市轨道交通建设，积极推进公交专用道、快速公交（BRT）等设施建设，增加有效供给。四是加强城市步行和自行车交通系统建设，充分保障步行、自行车路权。以"出行零障碍"为导向充分满足行动不便者的出行需要，推进无障碍环境建设。五是加强城市停车设施建设，提高停车设施利用效率，逐步缓解停车难问题。推进新能源汽车充电设施建设。六是推进数字化道路改造，完善数字化交通标识、护栏等道路交通基础设施，加强城市交通大数据平台等信息化设施建设。

4. 建设广覆盖的乡村交通基础设施网络

一是推进"四好农村路"和城乡交通一体化建设，加强农村公路升级改造和安全防护工程建设，推进串联带通、进村入户，形成广覆盖的乡村交通基础设施网络，提升公共服务均等化水平，服务乡村振兴。二是促进交通建设与乡村地区资源开发、产业发展的有机融合，加强特色农产品优势区和旅游资源富集区的交通建设。三是重点加强革命老区、民族地区、边疆地区、垦区林区、欠发达地区等交通建设，继续开好公益扶贫性质的绿皮"慢火车"，大力发展支线航空、通用机场，推进低成本航空服务差异化发展。

5. 推进基础设施数字化发展

一是建设与智能、绿色交通装备协同的新一代交通基础设施，提升基础设施全感知和智能化水平，增加基础设施的可靠性、安全性、经济性和保障能力。二是推动设施网、运输网、传感网、车联网、通信网、能源网的融合，构建万物互联的交通控制网。三是推动信息物理系统（CPS）等技术在设计、建设与运维等项目全寿命周期的运用。四是构建基础设施运行监测检测体系，加强关键基础设施的动态监控，提升基础设施网络弹性。

6. 提升基础设施建养品质

一是按照全寿命周期管理要求，建立完善现代化工程建设质量管理体系，推进精益建造和精细管理，推进基础设施质量标准提档升级。二是依托重大交通工程，以技术进步推进基础设施品质提升。提升施工机械化、装配化、自动化水平，推动基础设施建设向标准化、产业化方向发展是坚持建养并重，提升养护的科学决策水平和管理效能，提高道路及其安全设施建设养护标准。强化预防性养护工作，提高基础设施耐久性和可靠性。三是积极探索发展建管养一体化养护总承包等多元化的养护管理新模式，提升基础设施养护的专业化和市场化水平。

（二）"双循环"战略下交通的服务体系：便捷舒适、经济高效

运输服务是交通发展的本质属性。推进出行服务品质化、便捷化、多样化发展，货运服务高效化、智能化、协同化发展，调整运输结构，优化运输组织，发展多式联运，提升运输服务一体化水平

1. 打造便捷舒适的出行服务

一是完善各国间、城市群间、城乡间和城市内多层次高效率客运服务体系。拓展民航国际航线，形成辐射全球、竞争力强的国际客运系统。二是构建一体化旅客联运系统，推进各运输方式间的联程联运和智能协同调度。加强城市轨道交

通、常规公交、步行和自行车交通系统等一体衔接。培育旅客联程运输企业，提供门到门快速化的服务。三是在城市轨道交通和公交系统推行"无感安检""无感支付"，提高公共交通的便利性和舒适度。四是加强交通需求管理，推进城市交通拥堵综合治理，通过智能化、精细化管理提升路网通行效率，有效调控、合理引导个体机动化出行。五是提供多样化农村客运服务，提升农村客运安全标准，满足机动化出行需求。六是推动综合出行信息服务体系建设，打造基于移动智能终端技术的"指尖出行"服务，推动地图导航等出行信息服务全覆盖，完善交通设施旅游服务功能。

2. 打造经济高效的现代物流系统

一是以"物流降成本"为导向，优化运输结构，提升铁路服务质量和效率，建设干支直达、区域成网、水系连通通达全球的水运服务网络。建立适应需求的列车运行图、海运航线、航班计划联动体系，实现全国沿海、内河港口重要港区与铁路无缝衔接，推动大宗货物及中长距离货物运输的铁路、水运转移，构建调整运输结构长效机制，大幅提升铁路、水运市场份额。二是大力发展多式联运等先进组织模式，鼓励货运信息平台发展，打造各种运输方式衔接紧密、转换顺畅的多式联运系统，显著提升货运效率，有效降低全社会物流成本，占国内生产总值（GDP）比重低于10%。三是推动邮政快递业转型升级，大幅提升寄递服务供给精准化、智能化、国际化程度，打造农特产品的"直通车"、制造业的"移动仓库"、商品流通的"加速器"、跨境电商的"桥头堡"，全方位服务三次产业。四是培育专业化物流服务，推进冷链物流、危险品物流、电商物流等规范健康发展，以"零库存"为导向，建立面向制造业企业的供应链管理服务体系。五是构建城乡体的高效配送体系，综合利用物流、商贸、邮政、快递、供销等多种资源，依托物流园区、分拨处理中心、末端网点农村物流服务站点等打造双向物流服务网络，发展城市共同配送，全面打通农产品物流"最先一公里"和"最后一公里"。六是鼓励引导物流企业规范发展壮大，加强物流企业行业自律，培育和发展一批具有全球运递能力和国际竞争力的大型现代快运物流集团。

3. 发展交通运输新业态、新模式

一是大力发展定制出行、定制物流新模式，推进定制城市公交、定制城际客运、网络预约出租车等新业态健康发展加强对移动出行平台的监管。二是鼓励并规范发展共享出行、共享物流新模式，推动互联网租赁自行车、小汽车分时租赁等可持续发展。三是促进运输服务与旅游深度融合发展，推动旅游专列、旅游航道、自驾车、房车、观光旅游车、邮轮、游艇、游船、低空观光旅游等交通旅游产品发展，鼓励传统客运企业拓展旅游客运、定制客运服务。四是推动交通运输与现代农业、先进制造业和电子商务、金融、邮政快递等融合发展，拓展物流服

务功能，创新智慧物流营运模式，探索无人机（车）物流配送、城市地下智慧物流配送等应用。

（三）"双循环"战略下交通的装备体系：先进适用、智能绿色

交通装备是交通系统运行的重要载体。以交通现代化发展需求为导向，提升关键装备的自主创新和研发能力，加快先进适用装备设备的推广应用，支撑交通系统向智能、绿色高效、安全方向发展。

1. 强化核心技术研究

一是加强节能与新能源、混合动力、高效储能等技术研究，促进交通动力系统能源多元化、排放清洁化。二是突破环境感知、信息交互、运行决策、运动控制、服务优化等技术，推动交通装备智能化。三是研究载运工具新材料、新结构的设计、制造关键技术，推进交通装备轻量化。四是研究交通装备全寿命周期的状态监测、系统可靠性评估与优化安全预警等技术，全面提升交通装备系统的可靠性与安全性。

2. 研制高效绿色安全交通装备

一是强化汽车、民用飞行器、船舶动力传动及运行控制系统的研发，提升交通装备核心部件的自主能力。二是研发更高速度、更加安全、更加环保的载运工具，在时速600公里级高速磁悬浮系统、具备跨国互联互通能力的时速400公里级轮轨高速列车、3万吨以上长大重载列车、智能汽车高技术船舶、大型民用飞行器等方面实现重大突破，培育战略性新兴产业。三是发展高速铁路、城市轨道交通装备、智能汽车等方面的中国标准体系，构建具有国际化特征的中国标准交通装备体系，开展装备认证和统型，提高标准化、系列化、自主化水平。

3. 加快新型交通装备的推广应用

一是推动智能汽车、节能与绿色车船、系列化高速列车适应性强的系列化城市轨道列车、北斗导航等自主化装备的规模化应用。二是推广应用智能高铁、高速磁悬浮列车、城市轨道交通全自动运行系统、自动化码头、智能道路设施建设养护、智能航运、智能化分拣与配送等新型装备设施，具有知识产权的高技术船舶国产关键系统和设备配套率达到90%。三是推广应用集装化运输装备，统筹推进各种交通方式设施设备的标准化与协同应用。四是推广应用交通装备的智能检测监测和运维技术，积极推动既有交通装备升级改造。

（四）"双循环"战略下交通的创新体系：自主可控、智慧集约

创新是引领交通发展的第一动力。瞄准世界科技前沿，面向国家重大战略需求，着力实施创新驱动发展战略，推动交通全要素数字化转型。建立以科技研发为引领、以创新能力为基础、以创新环境为保障的创新驱动体系，以技术的群体性突破支撑引领新兴产业集群发展。

1. 聚焦科技前沿，强化科技研发

一是强化基础研究工作，增强源头供给。瞄准人工智能信息技术、智能制造、新材料、新能源等世界科技前沿，强化相关使能、赋能技术与交通的深度融合。二是注重技术创新、产品创新、业态创新、模式创新，突出前沿引领技术、现代工程技术、颠覆性性技术的攻关，加强国家重大科技项目与行业重点项目和重大工程的衔接。三是构建核心技术自主可控、关键领域世界领先、总体程度经济适用、具有国际竞争力的现代交通产业技术体系。

2. 持续推动综合交通系统智能化迭代升级

一是发展以基础设施智能化、载运装备自动化、运输服务品质化和交通运输要素协同化为技术特征的智能交通运输系统。二是建设数据深度融合、多级联动共享、优势互补、协同运行的城市综合交通和区域综合多层级交通管控与服务平台，全面提高综合交通一体化运行水平。三是建设覆盖全国、支撑智能交通发展的高精度数字化基础地图和交通基础信息资源库。四是大力推进电子不停车收费系统在高速公路和大城市（特大城市、超大城市）停车场的推广应用。

3. 建立健全标准规范体系

一是全面实施交通标准化战略，建立健全政策制度体系，优化综合交通标准化管理机制，统筹推进交通标准化。二是建立健全标准规范体系，补齐技术标准短板，加强重点领域标准有效供给，开展自动驾驶、车路协同、智能船舶、智能航运等新领域标准制定，完善军民通用标准体系。三是推进行业标准国际化，提升我国交通领域标准的国际影响力，积极开展国际标准合作，提高先进国际标准关联采标率。四是深化标准管理模式改革，优化标准化技术委员会专业布局提高标准化支撑机构服务能力，促进成果及时向标准和知识产权转化。

4. 营造优良的创新生态环境

一是完善创新服务体系，以企业为主体，以市场为导向，推动产学研用深度融合，加快创新成果产业化落地，推广成熟的新技术应用，繁荣交通科技市场。二是建设具有国际影响力的实验室、技术创新中心、新型智库等科研创新平台，

优化行业重点实验室、研发中心布局，鼓励行业各类创新主体建立创新联盟，支持交通科研院所、高校、职业院校创新发展。三是遵循技术创新规律，倡导创新文化，鼓励创造，保护知识产权。坚守社会责任，加强科研诚信建设，充分发挥示范作用，调动各类人才的创新活力。四是围绕轨道交通装备、航空装备、智能汽车、高技术船舶、交通工程机械、北斗系统应用等领域，构建集研发、设计、制造、服务于一体的高价值创新产业链。

（五）"双循环"战略下交通的保障体系：系统完备、快速反应

安全是交通发展的永恒主题。牢固树立安全发展理念，坚守发展绝不能以牺牲安全为代价这条不可逾越的红线，坚持安全第一、预防为主、综合治理的方针，完善综合保障条件、严格监督考核机制、构建系统完备、协调联动、快速反应、防范有效的安全保障体系、全面提升安全保障能力、筑牢交通发展的安全防线。

1. 筑牢交通安全防控体系

一是以"零死亡"为导向，实现交通全面安全防控，提供安全可靠的交通基础设施，提升运输装备安全性能，保障交通运营安全。二是加强交通安全智能监测和预警，健全完善危险货物运输安全监管工作体系，做好对新技术新业态、新模式等安全防控。三是提高交通系统应灾弹性，提供多样化运输方式选择，推进关键基础设施安全防护能力建设，确保交通数据信息安全和网络安全，有效应对自然灾害、恐怖袭击、网络攻击威胁。四是加强安全文化宣传引导，强化企业从业人员教育培训，提高从业人员素质，加强安全生产诚信管理、提升全体交通参与者安全意识。

2. 完善交通安全生产体系

一是完善依法治理体系，健全安全生产法规、完善安全生产制度，制定安全生产标准，完善安全生产应急预案，提高安全治理能力。二是构建安全生产责任体系，强化交通运输企业安全生产主体责任，加强安全监管责任。深入开展事故深度调查，强化安全生产工作执行力。三是坚持对安全隐患"零容忍"，加强安全生产风险分级管控和隐患排查治理双重预防机制，大力提高交通安全生产水平。四是建设安全生产支撑保障体系，加强安全设施建设，发挥行业组织作用强化安全科技和信息化建设，提升安全支撑保障能力。五是实行交通运输安全查验制度和运输、寄递客户身份、物品信息登记制度。依照规定配备安保人员和相应设备、设施，加强安全检查和保卫工作，保障交通运输安全。

3. 提升交通基础设施本质安全

一是优化完善交通基础设施安全技术标准规范,加大交通基础设施安全性研究投入力度。严格执行交通安全设施与交通建设主体工程同时设计、同时施工、同时投入使用的"三同时"制度。二是对新建、改建交通基础设施项目全面推广安全性评价,对运营阶段推广应用风险评估,强化铁路公路桥隧、港口、机场、管道等基础设施安全风险防控,精准发现、及时处置风险隐患是建立完善交通基础设施安全隐患排查治理机制,落实地方政府主体责任,高效配置安全改善资金,全面完善农村公路安全设施设置。

4. 健全交通应急救援体系

一是健全突发事件应急管理体制机制、法规制度和预案体系,强化应急属地责任,建立纵向贯通、横向协同的联动机制,加强区域性协调监管,提升应急救助联动的综合能力,建立科学有效的后评估机制。二是完善调度与应急指挥体系,建立国家和区域智能化应急指挥平台,建立交通安全智能预警及应急保障体系,增强现场处置能力。三是加强安全生产应急救援专业装备配备,推进物联网智能化的交通应急基础设施建设和装备部署,加强专群结合的应急救援队伍建设。

5. 强化交通对总体国家安全的支撑

一是强化交通对国家经济安全和资源安全的支撑能力健全能源、大宗物资等战略资源的交通保障体系,加强国际海上通道安全保障、极地、深远海搜寻救助体系和海外投送能力建设。二是统筹建设适应国防和军队现代化要求的国防交通网络体系,加强边防、海防交通军民共用基础设施建设,积极推进交通基础设施建设贯彻国防要求,建成保障有力的现代化战略投送支援力量,全面提升交通服务国防安全能力。三是打造全要素、多领域、高效益的交通军民融合深度发展格局,构建军地协调、顺畅高效的交通军民融合工作机制。

(六)"双循环"战略下交通的生态体系:资源节约、环境友好

绿色发展是交通强国建设的必然要求。牢固树立社会主义生态文明观,践行绿水青山就是金山银山的理念,坚持节约优先、保护优先、自然恢复为主的方针,促进交通与自然和谐共生,满足人民对美丽生态环境的需要。

1. 构建绿色交通发展模式

一是建立绿色交通制度体系。建立交通绿色生产和消费的法律制度和政策导向,完善绿色交通标准体系和技术创新体系。依法开展交通领域规划环评,调整

优化不符合生态环境功能定位的交通布局、规模和结构。二是推广绿色交通技术产品。推进节能环保先进适用技术、产品的创新和推广应用及效果评估，积极扶持清洁能源技术产业发展。三是宣传绿色交通理念，推动形成绿色交通生产生活方式，使城市绿色出行率比例达到85%。

2. 强化节能减排和污染防治

一是以"零排放"为导向、优化交通能源结构、推进交通行业新能源、清洁能源应用、大力鼓励新能源车、电力机车、港口岸电等应用、城市公共交通工具全部实现电动化。新增车船中清洁能源车船占比超过50%。二是打好交通污染防治攻坚战、以长江、渤海等水域为重点、严格执行国家和地方污染物排放控制标准、有效防治船舶、港口、航道污染，增强专业队伍污染防治处置能力。三是有效防治公路、铁路和城市轨道交通沿线噪声、振动、妥善处理好大型机场噪声影响。推进邮件快递包装绿色化、减量化和可循环。四是建立污染物排放、大气治理等方面的跨部门联合监管机制、完善交通节能减排和污染防治监测体系。五是削减交通环境影响，积极应对全球气候变化挑战、减少交通活动对大气、水、土地等环境要素的影响。

3. 促进资源节约条约利用

一是加强土地、通道资源、海城、岸线、空城资源节约集约利用，严格执行用地用海标准、减少交通线路和枢纽设施占地面积、提高交通基础设施用地效率。二是创新资源利用模式和理念，促进交通自身资源循环利用、提高交通基础设施绿色化水平，加强老旧设施更新利用、提升设施建设运营、管理等全生命周期的能源资源利用率。三是大力推进施工材料、废旧材料的再生和综合利用、提高资源再利用和循环再利用水平、推进交通资源循环利用产业发展。

4. 强化交通生态保护修复

一是严守生态保护红线、严格落实生态保护和水土保持措施，将生态环保理念贯穿交通基础设施规划、建设、运管和养护全过程，推进生态选线选址，强化生态环保设计、避让耕地、林地、湿地等具有重要生态功能的国土空间。二是强化交通生态修复，实施交通基础设施生态系统保护和修复工程。三是建设交通绿色廊道，推进绿色铁路、绿色公路、绿色水运、绿色机场、城市绿道等建设。

（七）"双循环"战略下交通的合作体系：面向全球、互利共赢

开放合作为交通发展拓展新空间。遵循共商共建共享原则，创新国际交流合作平台，在更大范围、更广领域、更高层次上深化交通开放合作、构建面向全球

的运输网络和互利共赢的开放合作体系，大力提升国际竞争力和影响力、推动形成陆海内外联动、东西双向互济的开放格局。

1. 构建互联互通、面向全球的交通网络

一是以"一带一路"六大国际经济合作走廊为主体，推进与周边国家交通基础设施互联互通，进一步加大对沿边地区交通基础设施建设的支持力度。二是推进跨境铁路、公路、管道和国境国际河流航道建设，提升铁路、公路、航道、管道的区域连通度，打造跨境多式联运走廊和旅游通道。三是以海外重要港口、机场、物流枢纽为支点，完善海外重点枢纽布局，提高海运、民航的全球连接度，打造通畅安全高效的蓝色经济通道、空中通道。

2. 打造具有国际竞争力的全球物流网络

一是依托海上重要通道，打造辐射全球、经济高效的国际水运物流体系。二是依托中欧班列，构建与"一带一路"建设相适应的陆路国际物流体系，打造面向东北亚、东南亚南亚、中亚和欧洲方向的集装箱班列集结中心。三是依托航空货运枢纽，打造具有国际竞争力的高品质高时效国际航空物流系统。四是促进跨境运输便利化，提升口岸通关服务效率，加强"海外仓"建设。推动全球物流信息综合服务平台建设。五是完善国际邮政快递服务网络。

3. 加强交通国际合作

一是丰富国际合作层次，提升国际合作的深度与广度拓展国家、社会、企业多层次的合作渠道，发挥民间交流的积极作用。二是拓展国际合作平台，充分利用交通相关组织协会等既有平台，积极打造交通国际合作新平台，推进"带一路"国际合作高峰论坛交通平行论坛、世界交通大会等平台机制化。三是积极参与全球交通治理体系建设与变革深度参与国际公路、民航、邮政、海事等交通类组织事务，积极参与政策规则、标准制修订，提升我国国际制度性话语权。

4. 有序推动国际、国内市场双向开放

一是依托重大基础设施建设工程，支持国内企业全面参与全球合作和竞争，提升核心竞争力，完善风险评估体系。依托先进的交通技术和装备技术，打造中国交通品牌，扩大国际市场份额，推动我国交通装备和工程建设标准国际化。二是加强国际运输市场合作，推动航运企业、港口企业、航空企业加入国际联盟，促进陆路跨境运输合作，为航空公司进入国际市场争取更多航权资源。三是深化交通领域对外开放工作，全面落实准入前国民待遇加负面清单管理制度，推进自贸试验区、中国特色自由贸易港建设，形成交通领域全方位对外开放新格局。

（八）"双循环"战略下交通的文化体系：和谐包容、特色彰显

交通文化是交通软实力的重要体现。践行社会主义核心价值观，传承交通优秀传统文化，弘扬新时代交通精神，培育形成文明礼让、向上向善、和谐美好、开放创新、包容并蓄、特色鲜明的交通文化环境，提高全社会交通文明意识和文明程度，不断增强交通行业的美誉度，汇聚行业发展的正能量

1. 传承弘扬优秀交通文化

一是继承和弘扬交通行业优秀的文化传统，强化陆上海上丝绸之路、茶马古道、京张铁路、京杭大运河等重要文化遗迹遗存研究、保护、利用和传播。二是深入挖掘重要交通遗存、现代交通重大工程蕴含的思想观念、人文精神、道德规范，充分发挥其在增强文化自信和促进现代交通文化建设中的重要作用。三是尊重地域文化、民族文化和城市文化，挖掘历史文化和文脉，创新交通设施、枢纽的建筑设计，增强文化特色。

2. 推动交通文化创新发展

一是推进交通文化创新发展，培育新型交通文化业态，繁荣中国交通文化，打造一批交通文化品牌。二是加强交通特色文化建设，体现不同方式、不同地域、不同系统的创造性，积极推进铁路、公路、航运、港口、民航、邮政、公交、海事、救援等行业特色文化建设。三是推进交通文化教育基地建设和博物馆、展览馆、陈列室等文博场馆建设，完善交通文化传播与服务体系，创新交通文化传播的手段和方式。四是加强国际交通文化交流与合作，积极吸收世界优秀交通文化成果，讲好中国交通故事，展现真实、立体、全面的中国交通。

3. 强化行业精神文明建设

一是深入培育和践行社会主义核心价值观，把价值观融入交通运输发展各领域、各方面。二是弘扬以"两路"精神为代表的交通精神，不断赋予时代内涵，丰富表现形式，增强行业凝聚力和战斗力，发挥先进典型的引领作用。三是加强交通职业文明教育，完善职业道德规范、文明服务标准，推进文明生产、文明服务、文明执法，打造一批新的知名的交通服务品牌。

4. 全面提升交通参与者文明程度

一是实施交通文明行动，坚持教育引导、实践养成、制度保障三管齐下，全方位提升全体交通参与者的法制素养社会责任意识、规则意识和道德意识，促进自觉践行守法、礼让、互助理念，维护交通环境，爱护交通设施，构建文明礼让、扶弱向善、和谐有序、美好可持续的人文交通环境。二是打击交通违法行

为,纠正交通陋习,加强交通诚信体系建设,探索建立交通诚信电子档案和"黑名单"制度。三是加强宣传引导,培养绿色低碳、文明守法的出行习惯。

(九)"双循环"战略下交通的治理体系:协同高效、共治共享

现代治理体系是交通发展的制度保障。以交通治理体系和治理能力现代化为导向,坚持依法治交,构建政府、市场、社会等多方共建共治共享的现代治理体系,促进交通行业治理精益化,形成协同高效、规范法治、人人参与的良好局面。

1. 完善政府治理体系

一是构建系统完备、科学规范、运行高效的机构职能体系,深化交通运输"大部门制",创新行政管理方式。推进政企分开、政事分开、政资分开,简政放权,优化政务服务,使市场在交通运输资源配置中起决定性作用,更好发挥政府作用。二是构建与交通改革发展相适应的架构科学、门类齐全、有序衔接、监督有效、保障有力的综合交通法规体系,推进交通重点领域法律法规制修订,推进法治交通建设。三是构建科学有效、协同全面的产业政策体系,加强政策统筹协调,推动国土、财政、产业、区域等政策与交通协调发展,建立全链条交通产业政策体系,实施精准的产业政策。四是创新交通规划,建立跨部门规划协同机制,实现"多规合一""多规融合",充分发挥规划在政府宏观调控和行业治理中的战略导向作用。

2. 营造良好市场环境

一是深化交通国有企业和国有资产监督管理体制改革完善平等保护产权的法律制度,形成产权有效激励、竞争公平有序的现代交通市场体系。二是完善要素市场化配置,清除市场壁垒和区域分割,防止市场垄断,完善交通运输价格形成机制,实现要素自由流动、价格反应灵活、供需动态平衡、企业优胜劣汰。三是完善市场监管体制,全面实施全国统一的市场准入负面清单制度,加强行业信用体系建设,建立职能配置合理、运作协调高效、执法行为规范、执法监督有效的交通行政执法体制。四是鼓励交通行业协会等社会组织、公众积极参与行业治理,引导社会组织加强依法自治规范自律,激发社会组织活力。

3. 深化重点领域改革

一是深入推进交通部门机构改革,合理配置交通管理部门职能,建立与现代综合交通运输体系相适应的机构体系是以实施混合所有制经济改革为方向,深化铁路、邮政等国有企业市场化改革,完善现代企业制度,支持重点交通运输企业做强做优做大,加快培育具有全球竞争力的世界一流企业。二是深化交通领域投

融资改革，推进交通基础设施等领域价格改革，完善市场决定价格机制。三是推进交通领域财政事权和支出责任划分改革，建立责权清晰的中央和地方交通管理体制，构建区域交通发展协调机制。四是深化公路航道管理体制改革，完善收费公路政策，建立农村公路管养稳定资金来源渠道。五是推进空域管理体制改革，建立国家统一的空域管理机构，建立健全空域资源配置体系，逐步建成军民融合发展的现代化国家空域管理体制。加强空域资源开发利用，推动低空空域开放，完善低空空域管理模式。简化机场建设审批程序，完善通用机场升级运输机场的机制。

本章小结

随着我国社会主要矛盾的改变，国际形势的拨云诡谲以及新冠肺炎疫情的强烈冲击，中国在改革开放之后实行的"国际大循环"战略已不再适用于当前的国际环境。习近平总书记提出的"以国内大循环为主体，国内国际双循环相互促进的新发展格局"[1] 才是更可持续的、更适合中国以及能让中国往国际强国更进一步的战略。实施"双循环"战略是主动适应新时代我国社会主要矛盾变化的必然要求，是建设现代化经济体系的战略方向，是深化改革开放的重要实践，也是适应国际环境复杂深刻变化的迫切要求。在实施"双循环"战略的过程中，必须要做到坚持扩大内需，把实施扩大内需战略同深化供给侧结构性改革有机结合起来，以创新驱动、高质量供给引领和创造新需求，畅通国内大循环，促进国内国际双循环，以及实行高水平对外开放，开拓合作共赢新局面，因此才能调整完善中国经济发展战略和发展路径，形成经济发展新动能，塑造中国国际经济合作与竞争新优势，更好地适应国际形势的变化以及更好满足人民日益增长的美好生活需要。

同时对于交通发展而言，"双循环"战略也有着重大意义。在构建服务、装备、创新、保障、生态、合作、文化和治理等体系时，"双循环"战略能够引领交通与其协同发展，使交通自身得到极大进步的同时，促进新发展格局的形成。

---

[1] 习近平在看望参加政协会议的经济界委员时强调：坚持用全面辩证长远眼光分析经济形势 努力在危机中育新机于变局中开新局 [N]. 人民日报，2020–5–24.

| 第三章 |

交通企业战略现状

一、交通企业经营环境分析

(一) 人口对交通的影响

从历史和社会发展的角度来看,一个国家的交通发展的动力是满足人们的需求。就比如美国"飞机+私人汽车"模式、日本"轨道交通"模式,都是要求适应本国人口的需求。而在人口需求增加的背后,是因为受到了人口数量、人们受教育程度、人口老龄化等因素的影响,这些因素推动了交通运输建设的发展。

1. 人口数量的增加对交通发展的影响

随着我国人口的不断增加,城市交通问题日益突出。因为人口过多,导致对交通资源的需求也在增多,而相对于道路网的承载力来说,汽车数量过多,诱发了交通阻塞问题,使得交通陷入发展"困局"。例如,许多大城市,由于过量的汽车,经常导致交通阻塞,交通事故频繁,大气遭到污染等。此外,人口过多也会造成很多的公共交通问题。常见的公共交通问题:一是由于对公共交通投资不足,致使峰值期人们对公共交通的需求大于供给,造成交通拥挤;二是由于对公共交通的需求波动大,高峰期过于拥挤,而非高峰期使用又不充分,收入锐减。2011 年以来,我国人口数逐年增长,2020 年末人口数达到 14.12 亿(见图 3-1),这也将对货运运输和客运运输带来巨大的影响。这些因素的出现都在推动交通建设不断增长的发展需求。①

---

① 国家统计局——年度数据 [EB/OL]. https://data.stats.gov.cn/easyquery.htm? cn = C01.

（万人）

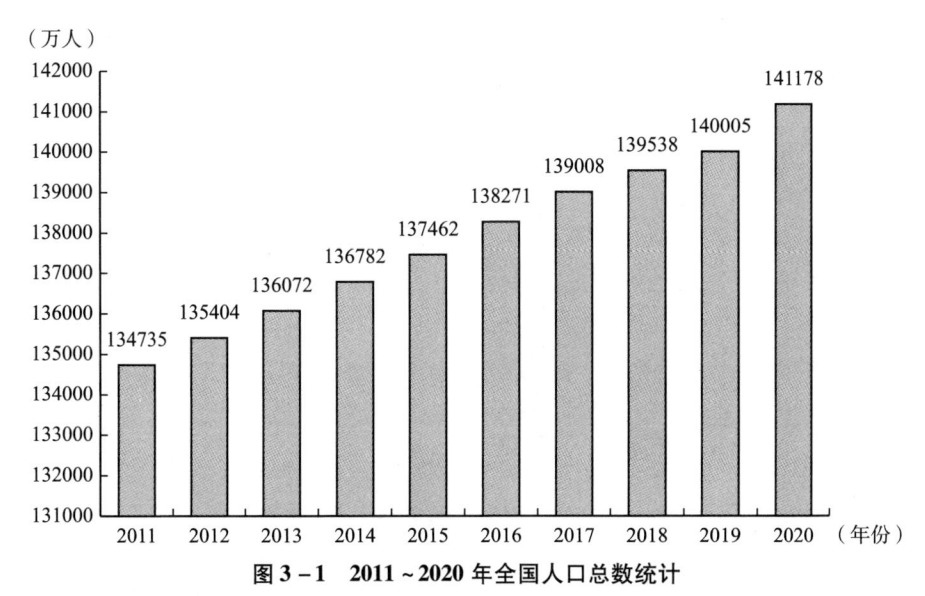

图 3-1　2011~2020 年全国人口总数统计

资料来源：根据国家统计局相关数据整理所得。

2. 人口素质对交通发展的影响

（1）随着我国普及教育方针的实施，我国的教育水平也有了提高，但是我国人口在公共交通素质上与国外的相比还是存在着差距。因此提高我国人口的公共交通素质是建设交通强国的迫在眉睫的首要任务。此外，提高交通运输从业人员素质，助力交通运输提质增效。提升从业人员素质，是提高交通运输服务能力和水平的前提。交通运输是基础性、先导性、服务性行业，是经济社会发展的重要保障。交通运输从业人员是交通运输服务的直接提供者，他们素质水平的高低决定着交通运输生产水平。

（2）人们受教育水平的提高，推动了科技的发展，科技的不断发展使得交通运输工具的使用效率大幅提升，这也促使交通运输需要不断地发展，不断地优化交通运输结构。同时因为科学技术的发展，为我国的铁路交通运输系统以及航空运输系统建立了基础，尤其是我国的民航组织，为了能够使用全球化的发展趋势，建立了能够全球导航的卫星系统，该系统能够监视和控制我国的海洋空域和偏远的陆地等；目前，铁路也逐渐运用了安全监管系统和自动控制系统，并通过这些先进的管理方式大大提高了铁路的安全性能。据教育部关于教育事业统计数据，2020 年，全国共有各级各类学校 53.71 万所，在校生 2.89 亿人，专任教师 1792.18 万人。2015~2020 年全国教育事业统计数据如图 3-2 所示。

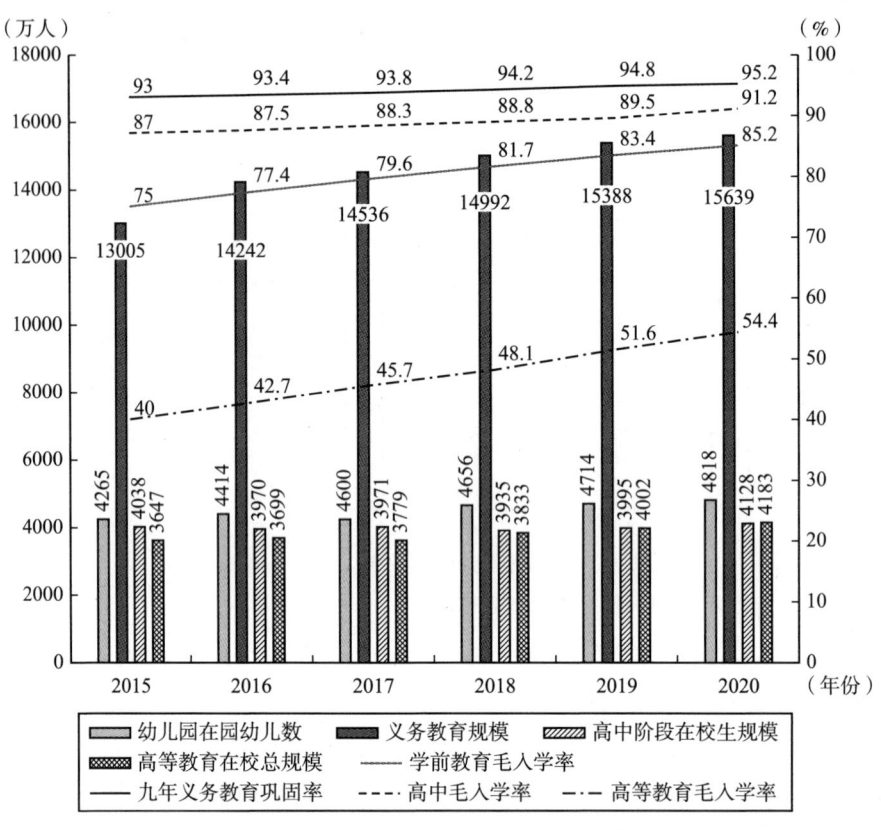

图 3-2　2015~2020 年全国教育事业统计

资料来源：根据教育部网站相关数据整理所得。

3. 人口老龄化对交通发展的影响

从世界范围看，中国属于较晚进入人口老龄化社会的国家，但从 2000 年步入老龄化社会以后，老龄化发展速度在加快。自 2000 年迈入老龄化社会之后，我国人口老龄化的程度持续加深。到 2022 年前后，中国 65 岁以上人口将占到总人口的 14%，实现向老龄社会的转变。这一过程仅用约 22 年，速度快于最早进入老龄社会的法国和瑞典，这两国分别用了 115 年和 85 年实现向老龄社会的转变，也快于其他主要的发达国家。2011~2020 年中国 65 岁及以上人口数据如图 3-3 所示。随着中国人口老龄化形势的日趋严峻，社会发展将对交通运输基础设施和服务水平提出新的要求，也会对客运市场带来一定的发展和挑战。而老龄化人口对所需产品和结构是区别于其他年龄段的，是属于一种特殊需求。也正因为如此，交通运输基础设施在需要更加人性化的设计同时，服务质量也要有质的提高。针对老年人这群体必须要提出新的方针对策，这也将成为实现"双循环"的一个艰巨的任务。

图 3-3　2011~2020 年 65 岁及以上人口数据

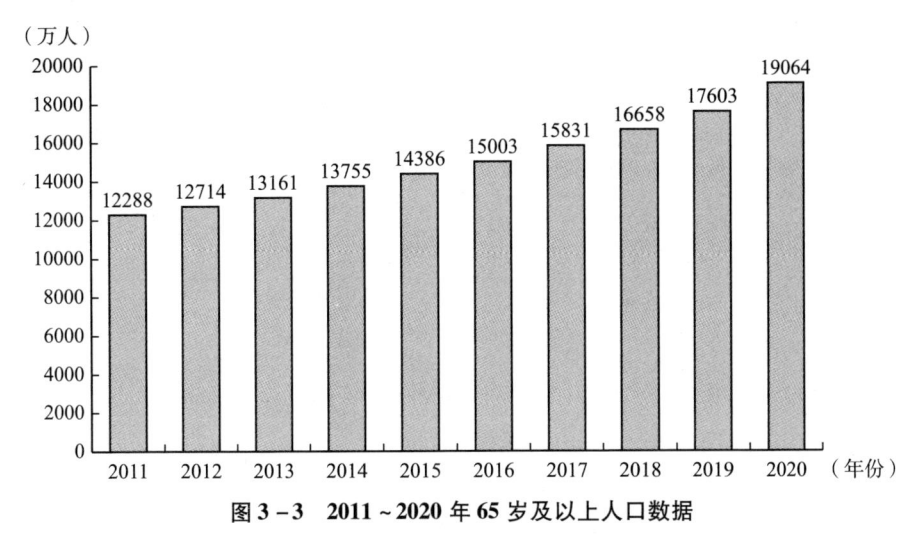

资料来源：根据国家统计局相关数据整理所得。

（二）政策对交通的影响

2020 年 5 月 14 日，中共中央政治局常委会会议提出"深化供给侧结构性改革，充分发挥我国超大规模市场优势和内需潜力，构建国内国际双循环相互促进的新发展格局"，之后新发展格局在多次重要会议中被提及。2020 年习近平总书记再次强调，要"逐步形成以国内大循环为主体、国内国际双循环相互促进的新发展格局"。[1] 党的十九届五中全会通过《中共中央关于制定国民经济和社会发展第十四个五年规划和二〇三五年远景目标的建议》，将"加快构建以国内大循环为主体、国内国际双循环相互促进的新发展格局"纳入其中。[2] 构建基于"双循环"的新发展格局是党中央在国内外环境发生显著变化大背景下，推动我国开放型经济向更高层次发展的重大战略部署。而要推动"双循环"战略，就必须要围绕建设现代化经济体系的要求，着力构建与之相适应的框架体系。具体包括，构建综合交通基础设施网络、运输装备、运输服务、创新发展、现代治理、开放合作、安全发展、运输支撑保障八大体系。为此，国家也制定了一些相关政策法规以及出版了相关文献，如表 3-1 所示。

---

[1]　习近平在看望参加政协会议的经济界委员时强调：坚持用全面辩证长远眼光分析经济形势 努力在危机中育新机于变局中开新局［N］．人民日报，2020-5-24.

[2]　中共中央关于制定国民经济和社会发展第十四个五年规划和二〇三五年远景目标的建议［EB/OL］．中国政府网，http：//www.gov.cn/zhengce/2020-11/03/content_5556991.htm.

表 3-1　　　　　　2010～2021 年交通建设的相关政策及文献举例

年份	相关政策
2010	《城市公共交通"十二五"发展规划纲要》 《城市轨道交通产品标准体系》
2011	《交通运输"十二五"发展规划》 《公路建设市场管理办法》（第一次修正）
2012	《2012 年交通运输安全生产工作要点》 《交通运输企业安全生产标准化考评管理办法》 《交通运输行业安全生产监督管理办法》 《国务院关于城市优先发展公共交通的指导意见》
2013	《公路设计企业信用评价规则（试行）》 《国家公路网规划》
2014	《国务院关于促进海运业健康发展的若干意见》 交通运输部、国家发展改革委等多部门《关于促进汽车维修业转型升级提升服务质量的指导意见》
2015	《农村公路养护管理办法》 《全面深化交通运输改革的意见》 《"十三五"交通扶贫规划》 《交通建设项目委托审计管理办法》（修正版） 《公路悬索桥设计规范》 《公路建设市场管理办法》（第二次修正）
2016	《关于稳步推进城乡交通运输一体化，提高公共服务水平的指导意见》 《关于协同推进农村物流健康发展、加快服务农业现代化的若干意见》 《关于进一步加强农村物流网络节点体系建设的通知》 《道路运输服务质量投诉管理规定》（修正版） 《关于实施绿色公路建设的指导意见》
2017	《公路交通安全设施设计规范》 《公路交通安全设施设计细则》 《铁路"十三五"发展规划》 《中华人民共和国船舶安全监督规则》 《公路水运工程安全生产监督管理办法》
2018	《交通运输部关于促进交通运输新型智库发展的实施意见》 《关于保障城市轨道交通安全运行的意见》 《农村公路建设质量管理办法》 《关于进一步加强城市轨道交通规划建设管理的意见》
2019	《交通运输信息化标准体系》（2019 年） 《产业结构调整指导目录》（2019 年本） 《交通强国建设纲要》 《推进综合交通运输大数据发展行动纲要（2020—2025 年）》

续表

年份	相关政策
2020	《关于大力推进海运业高质量发展的指导意见》 《公路水路行业产品质量监督抽查管理办法》 《公路路基路面现场测试规程》 《公路工程节能规范》 《关于促进道路交通自动驾驶技术发展和应用的指导意见》 《关于修改〈港口经营管理规定〉的决定》
2021	《交通运输部关于服务构建新发展格局的指导意见》

资料来源：笔者根据中国政府网、中国公路交通运输部、中国交通建设网、国家统计局相关数据整理所得。

2019年9月3日，中共中央、国务院印发《交通强国建设纲要》进一步凸显了在当前加快形成以国内大循环为主体、国内国际双循环相互促进的新发展格局过程中交通的重要性。当前的形势，正如2020年8月24日习近平总书记在经济社会领域专家座谈会上讲的那样："近年来，随着外部环境和我国发展所具有的要素禀赋的变化，市场和资源两头在外的国际大循环动能明显减弱，而我国内需潜力不断释放，国内大循环活力日益强劲，客观上有着此消彼长的态势。"①因此，按照系统论的发展序列规律，已经到了应该采取以国内大循环为主体、国内国际双循环相互促进发展格局的时候了（见图3-4）。

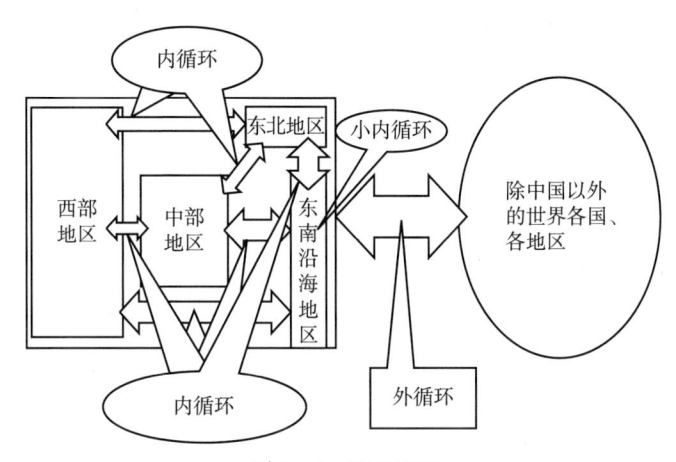

图3-4　循环模型

资料来源：许云飞、张书源：《从交通视野解读"双循环"和"交通服务双循环"》，中国交通新闻网，https://www.zgjtb.com/2020-09/07/content_248922.htm。

---

① 习近平在经济社会领域专家座谈会上的讲话[N]. 人民日报，2020-8-25.

从交通的视野看,外循环就是支撑外向型经济的交通通道网络、交通装备、交通服务和相关的交通技术、交通产业;内循环就是支撑国内社会经济发展的交通通道网络、交通装备、交通服务和相关的交通技术、交通产业;与外循环的区别是,从交通视野看的内循环还包括交通产业的转移和转型升级。

2020年10月27日,武穴长江公路大桥成功合龙,并于2020年12月25日通过验收工作,此桥的建成将对加强长江中游城市群经济联系、促进长江经济带高质量发展具有重要意义。从现代有轨电车、沿江大道项目陆续开工,到武穴长江公路大桥成功合龙,都是关系国计民生的重大工程,不仅提振了加快发展的信心,更是"双循环"发展新格局的生动实践。

《交通运输部关于服务构建新发展格局的指导意见》指出,要以习近平新时代中国特色社会主义思想为指导,深入贯彻党的十九大和十九届二中、三中、四中、五中全会精神,坚定不移贯彻新发展理念,坚持稳中求进工作总基调,以推动高质量发展为主题,以深化供给侧结构性改革为主线,以改革创新为根本动力,以满足人民日益增长的美好生活需要为根本目的,统筹发展和安全,巩固拓展疫情防控和经济社会发展交通运输成果,把握节奏、优化结构,内提质效、外保安畅、内外连通,着力"强网络、建体系、抓创新、促开放、优治理",实现"扩大循环规模、提高循环效率、增强循环动能、保障循环安畅、降低循环成本",加快建设交通强国,支撑扩大内需战略,推动形成强大国内市场,为构建新发展格局提供有力支撑保障,为全面建设社会主义现代化国家当好先行。

(三) 科技环境分析

随着人们生活方式的不断多元化,对于交通运输的需求也在不断变化,科学技术在交通运输行业的应用程度不断地加深,给交通运输行业带来了极大的影响。

1. 科技进步促进了交通运输方式的改进和创新

高速公路建设及沥青路面技术不断升级换代,公路的稳定性和耐用性得到极大提升。现代化的运输工具和装卸工具使运输速度、装载量得到大幅度的提高,经济运距不断地延长,运输范围日益扩大,极大地缩短了旅程,加快了物流速度,提高了运输企业的经济效益。地铁和轻轨组成的城市交通网络将大大丰富市民的出行选择和节省出行时间。

2. 科技进步推进运输结构的改变和新型运输方式的出现

中国高铁运营里程位居世界第一位。"四纵四横"高铁网络已基本建成。同时,中国高铁以先进的技术、完善的设备及全球互利共赢的理念被世界所认可。

中国高铁网络正在加速向海外延伸，从"末端"转变为亚欧铁路枢纽。在现代海运技术中，涡轮增压技术和水上喷气发动机的应用将大大提高船舶的航行速度，促进海上快速货运业的发展。

3. 新科技不断引入交通运输行业，改善了长久以来的交通弊病

卫星定位系统的引入，节省了人们的出行时间，丰富了出行路线和方案，大大提高了人们的出行效率。互联网的引入，带来了共享经济的火热，共享单车、汽车出现在大街小巷，人人耳熟能详。随着互联网在智能交通领域的渗透，"互联网+信号灯"治理模式应运而生。广州、武汉已率先使用，城市出行拥堵情况得到有效缓解。

一方面，科技应用在交通运输业上推进了交通运输方式的改变和创新。另一方面，科技本身的升级换代、改革创新也给交通运输行业带来了新的挑战和机遇。

近年来全球经济增速低迷，传统制造业不断没落，为了振兴实业创造新的经济增长点，欧美国家提出"再工业化""工业4.0"等战略，中国"十三五"也提出要推进供给侧结构改革和产业结构转型升级，这些宏大战略目标的实现都离不开科技创新。而科技创新又势必会引起一系列的新能源、新材料、新产品的创新和发展。在新能源方面，随着世界能源消费的不断攀升，包括页岩气在内的非常规能源越来越受到重视。新能源的开发将会引起开采技术包括管道运输方式的巨大改变和进步。随着新能源的发展，纯电动汽车、燃料电池汽车和氢动力汽车等新能源汽车产业也在迅猛发展，新能源汽车及多能源混合动力汽车在"十三五"期间会被进一步普及。随着新材料的使用，交通运输工具将会向着更轻、更快、更安全、更耐用的方向发展，技术经济性能不断增强。可以预见，科技创新将会带动各种交通运输方式向专业化、规模化转变，推动运输结构优化，从而进一步推动"双循环"战略目标的实现。

（四）社会文化环境分析

社会文化环境是指在一种社会形态下已形成的信念、价值观念、宗教信仰、道德规范、审美观念以及世代相传的风俗习惯等被社会所公认的各种行为规范。随着社会的发展进步，人们的受教育程度也不断提高，因而人们的价值观念、风俗习惯、宗教信仰等也不断地在变化。近一二十年来，社会文化环境方面的变化日趋加快，到了传统习惯。人们开始重新审视自己的信仰、追求和生活方式、穿着款式、消费倾向、业余爱好以及对产品与服务的需求不断变化，使人们对待事物的很多方面的看法都发生了改变。另外人们对物质生活的要求也越来越高。一方面，人们已从"重义轻利"转向注重功利和实惠，有些人甚至走到唯利是图的地步。另一方面，随着物质水平的提高，人们正在产生更加强烈的社交、自尊、信仰、求知、审美、成就等高层次需求。

社会文化的各个层面，都直接或间接影响着城市交通及其管理的方方面面。总体来看，我国现实的政治文化背景，有利于从我国的国情出发，结合我国城市交通问题的实际，借鉴国外先进的城市交通管理技术，创造一条适合我国国情的城市交通管理现代化的路子。同时为在不太长的时间内，改变我国城市交通管理的落后状况，积极而有步骤地实现城市交通管理科学化创造了良好的政治文化秩序。

交通问题起源于人类克服空间障碍实践。《辞源》对交通的界定"凡减少或排除因地域距离而发生困难者，皆为交通"，相当深刻地揭示了交通与人的内在相关，说明交通作为人类超越地域间隔的方式，本身就是一种文化。

马克思主义认为人与动物的最根本区别是人类能创造和使用工具从事生产劳动，即人类具有社会属性。人与其他一切动物的显著区别，即在于人不能脱离群体而存在。社会性的人，需要交往，需要交流，需要相互帮助，这就使得克服空间障碍的交通活动，成为只能发展不能抑制的工作。事实证明，人们的视野越开阔，思想交流的品质越高，人们交往的地域空间就越广阔。

文化具有社群性，不同的民族、不同的群落之间有着我们无法一一知悉的文化。文化需要传播，不同群落和民族可以相互借鉴彼此的文化成就，而这种文化传播离开了交通则完全无法想象。社会文化的传播，在一定程度上也带动了交通的发展。人们为了把文化从闭塞的地方传播出去，另外如果要将这些文化快速传播，那么，单靠人的双腿去传递，必然导致传播不及时的现象。因此，这就需要人们不断地去发展交通，去提高传播效率。

另外，随着社会的发展进步，人们物质生活不断提高的同时，也不断催生出许多旅游项目。旅游业的发展在很大程度上也带动了交通的发展。我们都知道，以前的社会旅游业并不发达，人们出行全靠双腿。然而，随着物质生活的不断提高人们在满足自身基本生活需求的同时，有了大量的可支配收入不知如何去用。旅游不但可以使自己身心得到放松，还能使自己的视野更加开阔。自身的价值观也决定了旅行途中应选择什么样的交通工具。

从广义上说，交通本身就是社会文化的一部分，同时，对整个社会文化的发展和传播也有至关重要的影响。而且，交通的等级不同，社会文化发展的程度也不同；另外交通的类型不同，社会文化传播的深度和广度也不同。所以社会文化的变化在影响着交通的发展。

（五）经济环境分析

随着我国对外开放速度的不断加快，对外开放领域的全面扩大，经济社会的发展环境也必将呈现出许多新的发展特点，这些新的特点将会直接影响甚至决定交通企业的发展。而交通运输企业想要全面更快地发展，就必须贯彻落实十九届五中全会提出的"双循环发展格局"，与中国的经济发展协调发展。

1. 中国整体经济稳中向好环境下交通运输业的发展

（1）中国GDP累计同比增速情况。

根据国家统计局数据初步核算（见图3-5），2020全年国内生产总值1015986亿元，比上年增长2.3%。其中，第一产业增加值77754亿元，增长3.0%；第二产业增加值384255亿元，增长2.6%；第三产业增加值553977亿元，增长2.1%。第一、第二、第三产业增加值占国内生产总值比重分别为7.7%、37.8%、54.5%（见图3-6）。全年最终消费支出拉动国内生产总值下降0.5个百分点，资本形成总额拉动国内生产总值增长2.2个百分点，货物和服务净出口拉动国内生产总值增长0.7个百分点。分季度看，一季度国内生产总值同比下降6.8%，二季度增长3.2%，三季度增长4.9%，四季度增长6.5%。预计全年人均国内生产总值72447元，比上年增长2.0%。[①]

图3-5 2016~2020年国内生产总值及其增长速度

资料来源：根据国家统计局相关数据整理所得。

[①] 中华人民共和国2020年国民经济和社会发展统计公报［EB/OL］. http://www.stats.gov.cn/tjsj/zxfb/202102/t20210227_1814154.html.

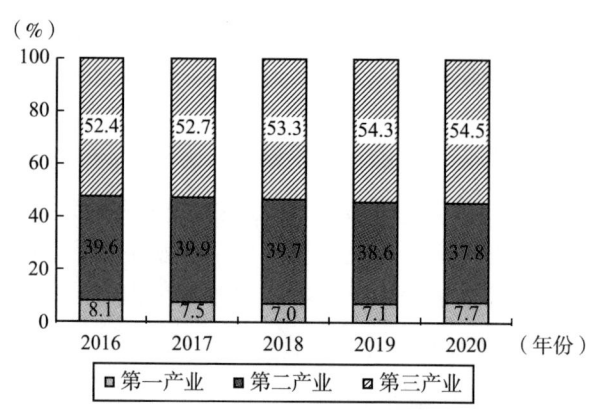

图 3-6　2016~2020 年三次产业增加值占国内生产总值比重

资料来源：根据国家统计局相关数据整理所得。

（2）工业生产以及投资、消费、进出口。

如表 3-2、图 3-7 所示，2020 年，全年全部工业增加值 313071 亿元，比上年增长 2.4%，规模以上工业增加值增长 2.8%；全年全社会固定资产投资 527270 亿元，比上年增长 2.7%。其中，固定资产投资（不含农户）518907 亿元，增长 2.9%；全年房地产开发投资 141443 亿元，比上年增长 7.0%。其中住宅投资 104446 亿元，增长 7.6%；办公楼投资 6494 亿元，增长 5.4%；商业营业用房投资 13076 亿元，下降 1.1%；全年社会消费品零售总额 391981 亿元，比上年下降 3.9%。按经营地统计，城镇消费品零售额 339119 亿元，下降 4.0%；乡村消费品零售额 52862 亿元，下降 3.2%；全年实物商品网上零售额 97590 亿元，按可比口径计算，比上年增长 14.8%，占社会消费品零售总额的比重为 24.9%，比上年提高 4.0 个百分点；全年信息传输、软件和信息技术服务业，金融业等现代服务业行业增加值分别增长 16.9%、7%。①

表 3-2　　　　　　　　投资和市场销售的发展情况

类型		增速	总金额（亿元）	同比增长（%）
投资	全国固定资产投资	稳中略缓	518907（不含农户）	2.9
	房地产开发投资	加快	104446	7.6
市场销售	社会消费品零售	放缓	391981	-3.9
	网上零售	加快	97590	14.8

---

① 中华人民共和国 2020 年国民经济和社会发展统计公报 [EB/OL]. http：//www.stats.gov.cn/tjgz/spxw/202010/t20201019_1794802.html.

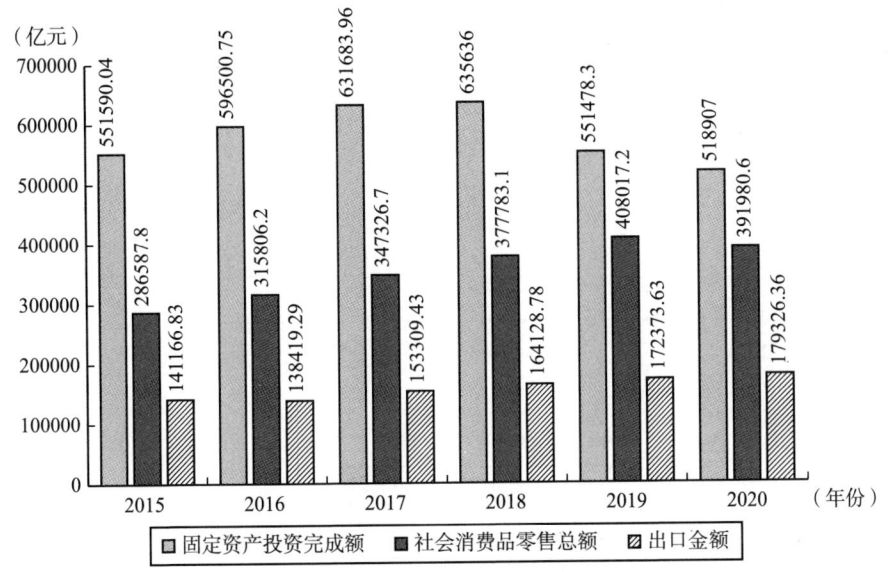

图 3-7 2015~2020 年固定资产投资、社会消费品零售总额及出口金额

资料来源：根据国家统计局相关数据整理所得。

(3) CPI 和 PPI 的变化趋势。

如图 3-8 所示，2020 年，PPI 下降 1.8%，降幅比上年扩大 1.5 个百分点。2020 年全国居民消费价格 CPI 同比上涨 2.5%，同比涨幅连续第三年保持至 2 区间，完成了全年保持在 3.5% 左右的既定目标。2020 年 CPI 同比上涨 2.5%，保持在合理运行区间，实现了全年物价调控目标；从单月来看，12 月份 CPI 同比由上月下降 0.5% 转为同比上涨 0.2%，其中食品价格由上月下降 2.0% 转为上涨 1.2%，非食品价格由上月同比下降 0.1% 转为持平；2020 年全年 PPI 同比下降 1.8%，从单月来看，12 月份 PPI 同比下降 0.4%。[①]

综上所述，2020 年在经济运行持续稳定恢复的背景趋势下，交通运输业整体也表现出了稳定增长的态势：行业增加值增长率加快增长，主要交通运输方式的货运量高速增长，而客运量增速也在稳步回升，行业固定资产投资持续高速增加。因此，交通运输业不仅受益于宏观经济的稳定增长，而且表现良好的交通运输业在促投资、稳增长上也起到了重要作用，从而为国民经济持续稳中向好、产业结构不断优化、供给侧结构性改革的深入推进提供了持续的动力。构建以国内大循环为主体、国内国际双循环相互促进的新发展格局是根据我国发展阶段、环境、条件变化提出来的，是符合我国国情的。"双循环"战略的

---

① 王有捐. 2020 年 CPI 逐步回落 PPI 低位回升 [EB/OL]. 国家统计局，http://www.stats.gov.cn/ztjc/zthd/lhfw/2021/lh_sjjd/202102/t20210219_1813629.html.

建设和发展，必将使国内市场主导国民经济循环特征会更加明显，经济增长的内需潜力会不断释放。

图 3 - 8　2015~2020 年全年 CPI 与 PPI 涨幅

资料来源：根据国家统计局相关数据整理所得。

2. 我国的交通运输业又面临着新的机遇和挑战

（1）稳中求进的总基调仍需要长期坚持。

2015~2020 年来中国经济运行的主基调就是稳中求进，而且这 5 年来的发展实践也已证明，中国就是靠着"稳"住经济运行的同时，在深化改革开放和调整结构上求"进"，才取得了今天举世瞩目的成绩。2020 年是全面建成小康社会和"十三五"规划收官之年，也是谋划"十四五"规划的关键之年。所以，接下来情况复杂、任务艰巨的发展任务更需要冷静地看大局、明大势，坚持稳中求进的工作总基调。

（2）中国改革的领域将更广、举措更多、力度也更强。

党的十九大报告，把全面深化改革总目标纳入习近平新时代中国特色社会主义思想的范畴，把坚持全面深化改革作为构成新时代坚持和发展中国特色社会主义的基本方略的重要内容之一，这充分展示了中国全面深化改革前所未有的决心和力度，也传递出了这样一个强烈的信号——中国改革正朝着领域更广、举措更多、力度更强的新阶段迈进。而 2021 年，是实施"十四五"规划、开启全面建设社会主义现代化国家新征程的第一年，我们期待中国的全面深化改革将会有哪些新作为。

（3）建设现代化经济体系，必须发展壮大实体经济。

现代化经济体系就要求：一是我国的国际竞争力不断增强，尤其是在高技术产业上占领技术的制高点，缩小和领先国家之间的差距；二是提升产品和服务的质量，提高价值创造能力，真正满足广大人民群众对美好生活的需求；三是持续优化产业结构，企业要不断增加战略性新兴产业、高端服务业的供给，及时淘汰落后产能和解决产能过剩；四是实行绿色低碳和节约高效，科技含量高、资源消耗低、环境污染少的产业结构和生产方式的现代化经济体系的转型，使得低碳发展、绿色发展、循环发展成为产业发展的根本途径。

实体经济的现代化是建设现代化经济体系的首要任务。实体经济是根基，但中国经济发展得不充分——中国经济规模总量已经位居世界第二，但人均GDP仍相对落后和经济发展的不平衡——区域发展不平衡、城乡发展不平衡以及收入差距仍较大，使得我国必须把经济发展的着力点放在如何把实体经济做强做优做大，通过深化供给侧结构性改革，把提高供给体系质量作为经济发展的主攻方向，以提高实体经济的竞争力，同时通过去库存、去杠杆、去产能、降成本、补短板，优化存量资源配置，推动互联网、大数据、人工智能和实体经济深度融合，促进传统产业优化升级，加快发展现代服务业，着力促进制造业转型升级。

（4）实施国家大数据战略，加快建设数字中国。

中国数字经济在国家战略的推动下不断创造着新的可能，世界也将因此认识一个全新的中国。前瞻产业研究院发布《2020年中国数字经济发展报告》显示，近年来，中国电子商务和数字支付已经在全球领先。数字经济增加值规模由2005年的2.6万亿元增加至2019年的35.8万亿元。与此同时，数字经济在GDP中所占的比重逐年提升，由2005年的14.2%提升至2019年的36.2%。

恒大研究院在2020年发布《中国独角兽公司（2020报告）》，结合对CB Insights、PitchBook、IT桔子等数据和榜单梳理，截至2019年12月31日，全球独角兽总数达到436家，中国地区广义独角兽共162家、总估值7870.3亿美元，其中狭义独角兽137家、总估值7001.9亿美元。报告预测，未来中国的数字化将继续引领全球。从具体国家的发展规模来看，2018年美国数字经济规模达到12.34万亿美元，排在全球第一位；中国数字经济以4.73万亿美元的规模紧随其后。

（5）中国的发展也是世界的机遇，欢迎各国搭乘中国的发展快车。

事实证明，中国发展得越快，世界的机遇也就越多。当前，对很多国家而言，中国已经是他们的第一大贸易伙伴、第一大投资国和第一大商品出口国。中国经济的稳速增长，也让世界分享到发展的红利。不仅如此，中国还用真诚的态度向世界各国发出邀请，欢迎搭乘中国发展的"便车"。以2013年提出的"一带一路"倡议为例，现已有100多个国家和国际组织积极响应支持，40多个国家和国际组织和中国签署了合作协议，中国企业对沿线国家投资达到500多亿美元。

综上所述，党的十九大不仅充分肯定了交通运输业五年来取得的辉煌成就，指出"高铁、公路、桥梁、港口、机场等基础设施建设的快速推进"，而且还明确提出要建设"交通强国"，这意味着交通行业将承担着党和人民赋予的新使命，在新的经济形势下，开启新时代建设交通强国的新征程。所以这就要求交通运输部党组全面做好党的十九大工作部署的学习、宣传和贯彻工作，把所有人的智慧和力量凝聚到落实十九大提出的各项任务上来，利用好各种平台和手段，全面梳理好报告对交通运输工作部署的要求，体现到建设交通强国的实践中。

3. 我国智能交通行业的发展趋势

智能交通系统是将先进的电子传感技术、网络技术、信息技术、数据通信传输技术、控制技术及计算技术等有效地集成并运营于整个交通管理体系，从而建立起一种大范围、全方位发挥作用同时又实时、准确、高效的综合交通管理系统。美国、日本、欧洲等发达国家在电子信息产业的带动下，经过多年发展，智能交通系统已在其国内达到大规模应用。这种智能的交通系统无疑在中国也具有广阔的发展前景，将在交通运输的各个行业和环节得到广泛应用。

（1）我国智能交通行业的发展现状。

与发达国家相比，中国智能交通发展的整体水平还比较落后。以电子不停车收费系统（ETC）为例，美国、韩国、新加坡、日本等国家已经达到了很高的普及程度，2017年日本的ETC用户规模在7200万户以上，而新加坡停车场的ETC普及率已经达到了90%以上，但我国停车场的ETC领域还在发展中。在日本，建设省作为政府最大投资者，1999年至2000年投入1453亿日元用于智能交通的开发。2015~2020年我国高速公路智能化市场规模如图3-9所示。截至5月17日，使用ETC在出入口收费站不停车快捷通行车辆占比达64.09%，比去年同期提高21.89个百分点。预计我国智能交通系统的建设将在未来20~30年的时间里达到发达国家的智能交通投资水平，未来的整体市场也将继续呈现出继续发展的态势。

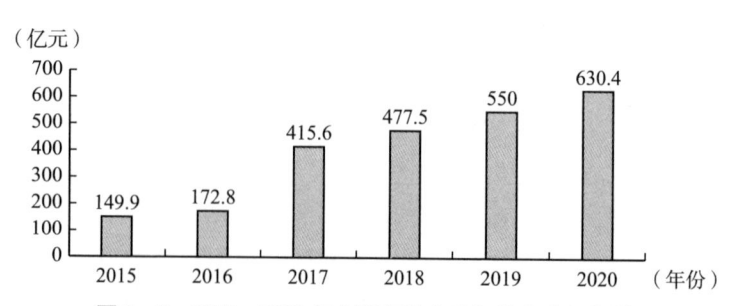

图3-9 2015~2020年中国高速公路智能化市场规模

资料来源：根据中商产业研究院相关数据整理所得。

（2）我国智能交通行业的市场规模预测。

作为未来交通优先发展的主题，智能交通系统对于提高交通管理效率、缓解交通污染、确保交通安全、减少环境污染起到了十分重要的作用，符合党的十九大提出的绿色低碳循环发展。由此，从长期来看，智能交通系统创造出的社会效益和经济效益使得其具有广阔的发展前景。

除此之外，智能交通应用还将继续深度拓展。例如：智能化联网停车，这不仅可以解决车主寻找停车位的难题、节约因车主寻找停车位而浪费的油费，还解决了一些停车场的停车位长期空置的问题；其次，利用智能交通系统对车辆按照不同类型、时间、地段，对进入拥堵区的车辆进行收费，用经济手段引导交通、合理组织，从而提高了交通高峰期的通行顺畅度，进一步达到解决城市拥堵的目的；最后，车主可以在驾车行驶过程中利用智能交通系统技术获取车内外信息，如车况、行驶速度、周边车辆距离等，从这些复杂的信息中，辨别、分析风险因素，进而帮助车主提升了驾驶的安全性。

二、交通企业战略建设存在的问题

（一）交通运输结构性矛盾存在

中国交通运输在供给能力基本上能够满足需求、供求矛盾得到一定缓解的同时，交通运输业的结构性矛盾也越来越突出。过去相当长一段时间，在交通运输能力总体偏紧的情况下，中国交通运输业增长主要依靠投资规模的扩大，增长具有明显的粗放式特征。交通运输各行业均存在扩大投资的冲动，没有从综合运输体系的角度合理配置资源，导致交通运输最终出现结构性矛盾突出，在某些环节、某些地区、某些通道和某些特定时间段，仍不能很好地适应客货运输需求。数量扩张在特定的交通发展阶段具有一定合理性，但中国交通运输业单纯依靠扩大投资已不能解决其所面临的结构优化、效率提高等问题。区域之间和城乡之间的交通网络建设不平衡。我国的幅员广阔，但是区域之间和城乡之间的经济发展水平差异较大，同时因为地形条件限制，进一步造成了交通运输网络建设的不平衡，地区之间的供需矛盾没有得到切实解决，城乡之间没有实现交通网络的互联。除此之外，城市和农村之间存在着较大的技术和资金壁垒，这就导致了城乡之间的交通运输发展不平衡，严重地制约了区域经济协调发展和城乡经济一体化发展。

（二）交通枢纽一体化衔接不畅

在我国，城市建设的早期对城市综合交通枢纽关注较少。实践中，由于管理主体、管理模式等原因，往往存在重视各种交通方式自身运行、轻综合交通枢纽一体化运行的问题。许多城市不同程度存在综合交通枢纽规划不全面、建设进度滞后、站点布局需要完善，以及各种交通方式衔接不畅、旅客换乘走行距离过长、花费时间较多等问题；在部分城市，尽管综合交通枢纽建设颇具规模，但是配套交通保障尚不足，市民出行仍然存在不便。目前，我国综合交通枢纽发展存在规划设计不统一、建设时序不同步、运营管理不协调、方式衔接不顺畅等问题。2021年《中华人民共和国国民经济和社会发展第十四个五年规划和二〇三五年远景目标纲要》的提出，加快构建以国内大循环为主体、国内国际双循环相互促进的新发展格局。国家发展改革委制定的《促进综合交通枢纽发展的指导意见》指出，以一体化为主线，创新体制、机制，统一规划、同步建设、协调管理，促进各种运输方式在区域间、城市间、城乡间、城市内有效衔接，以提高枢纽运营效率，实现各种运输方式在综合交通枢纽上的便捷换乘、高效换装，为构建综合交通运输体系奠定坚实基础。

（三）交通可持续发展能力有待增强

我国的交通运输业处于不断蓬勃发展中，现代交通运输业正朝着高速化、大型化、专业化和网络化方向发展，是我国社会经济的基础产业之一。它是现代社会的血脉，是社会和经济正常发展的基本保证。因此，交通运输通过不断改造创新，适应了现代社会发展要求；但同时也存在一些问题，为了使交通运输业可持续发展，我们要认清所存在的一些问题和面临的新形势、挑战。交通可持续发展能力有待增强，主要体现在资源环境约束日益严格，新建项目财务效益降低，安全保障能力亟须加强。交通发展集约节约水平不高，节能减排任务艰巨，低碳运输工具推广缓慢，货物运输结构不合理，公共交通发展滞后。

本 章 小 结

人口方面，2011年以来我国人口数量逐年增长，人口素质不断提高，为交通企业的发展提供了有利的环境，但是近年的人口老龄化问题，将成为实现"双循环"的一个艰巨的任务；政策方面，近年来我国颁布了诸多交通方面的政策法规，推进交通发展和"双循环"战略的实施；科技进步促进了交通运输方式的改进和创新，推进运输结构的改变和新型运输方式的出现，不断引入交通运输行业，改善了长久以来的交通弊病；社会文化的发展决定交通的发展，同时交通文化也是社会文化的一部分；经济方面，交通运输业不仅受益于宏观经济的稳定增长，而且表现良好的交通运输业在促投资、稳增长上也起到了重要作用；目前我国正大力发展数字经济和智能交通，从长期来看，智能交通系统创造出的社会效益和经济效益使得其具有广阔的发展前景。

中国交通还存在交通运输业的结构性矛盾越来越突出、交通枢纽一体化衔接不畅、交通可持续发展能力较弱的问题。

第四章

航空运输企业战略

一、航空运输行业发展概述

（一）现状

随着中国经济的发展，中国航空运输业得到了快速发展。2016年，全行业完成运输总周转量962.5亿吨公里，比上年增长13.0%，2017年，我国民航业全年完成运输总周转量1083.1亿吨公里，同比增长12.5%。2018年，我国民航业全年完成运输总周转量1206.5亿吨公里，同比增长11.4%。2019年，我国民航业全年完成运输总周转量1293.3亿吨公里，同比增长7.2%。2020年，我国民航业全年完成运输总周转量798.5亿吨公里，同比减少38.3%（见图4－1）。[①]

如图4－2、图4－3所示，2018年，全行业完成旅客周转量10712.3亿人公里，比上年增长12.4%，2019年全行业完成旅客总周转量11705.3亿人公里，同比增长9.3%，2019年民航旅客总运输量为6.6亿人，同比增长7.8%。2020年民航旅客总运输量为4.2亿人，同比减少36.7%。2020年民航旅客总周转量为6311.2亿人公里，同比减少46.1%。[②]

[①②] 根据民航行业发展统计公报（http://www.caac.gov.cn/XXGK/XXGK/TJSJ/index_1214.html）相关数据整理所得。

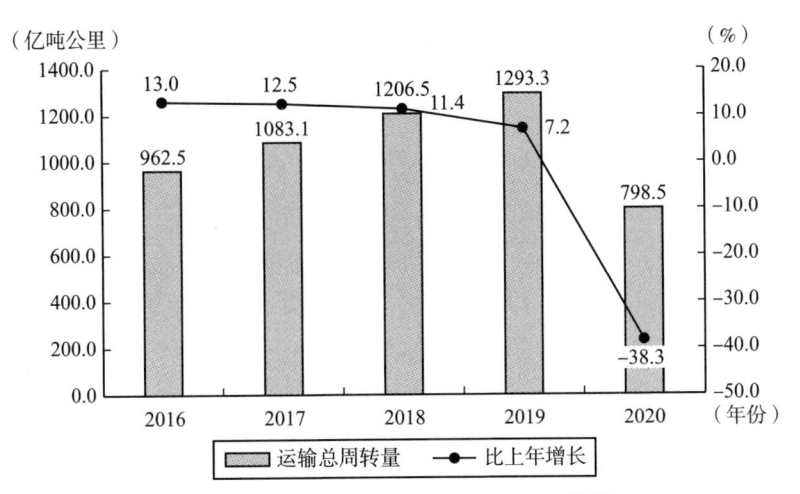

图 4-1　2016~2020 年民航运输总周转量

资料来源：根据民航行业发展统计公报相关数据整理所得。

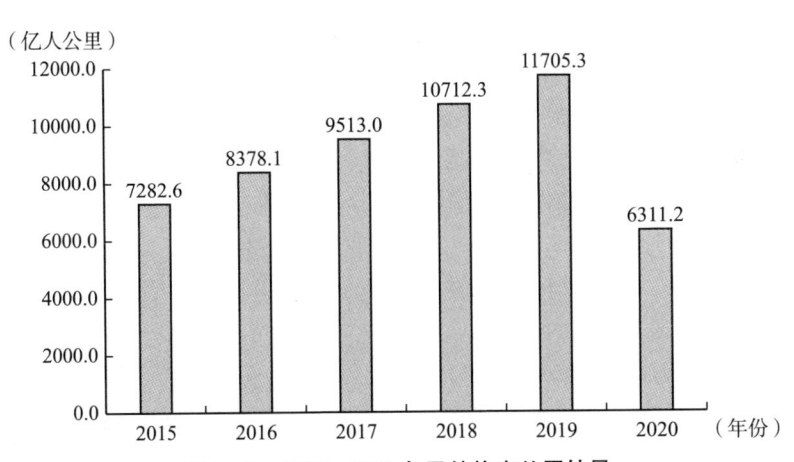

图 4-2　2015~2020 年民航旅客总周转量

资料来源：根据民航局、智研咨询相关数据整理所得。

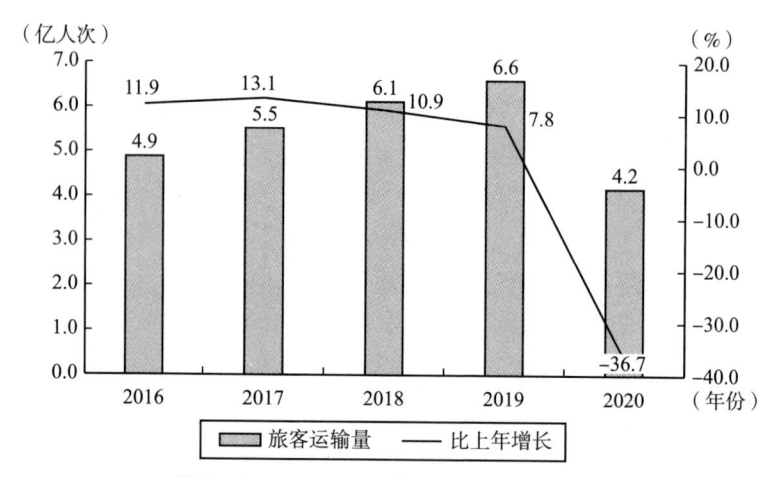

图 4-3　2016~2020 年民航旅客总运输量

资料来源：根据民航局、中商产业研究院相关数据整理所得。

国际航空运输协会（IATA）预计，2024 年中国旅客需求将超过美国，成为全球最大的航空客运市场；2035 年中国旅客数量将达到 13 亿人次。

根据交通运输部公布的《2020 年交通运输行业发展统计公报》，2020 年，完成营业性客运量 96.65 亿人，比上年下降 45.1%，完成旅客周转量 19251.43 亿人公里，下降 45.5%；完成营业性货运量 464.40 亿吨，下降 0.5%，完成货物周转量 196760.92 亿吨公里，下降 1.0%。铁路全年完成旅客发送量 22.03 亿人，比上年下降 39.8%，完成旅客周转量 8266.19 亿人公里，下降 43.8%。公路全年完成营业性客运量 68.94 亿人，比上年下降 47.0%，完成旅客周转量 4641.01 亿人公里，下降 47.6%。民航全年完成客运量 4.18 亿人，比上年下降 36.7%，完成旅客周转量 6311.25 亿人公里，下降 46.1%。其中，国内航线完成 4.08 亿人，下降 30.3%，港澳台航线完成 96.1 万人，下降 91.3%；国际航线完成 956.6 万人，下降 87.1%。[①]

从客座率的角度看（见图 4-4），我国民航业，以及三大航的客座率呈现逐年上升态势，并且与其他国家相比，我国民航市场客座率已经达到较高水平，仅次于印度和美国（见图 4-5），也在一定程度上表明了我国拥有较大的民航需求量。

---

① 2020 年交通运输行业发展统计公报［EB/OL］. 中国政府网, http://www.gov.cn/xinwen/2021-05/19/content_5608523.htm.

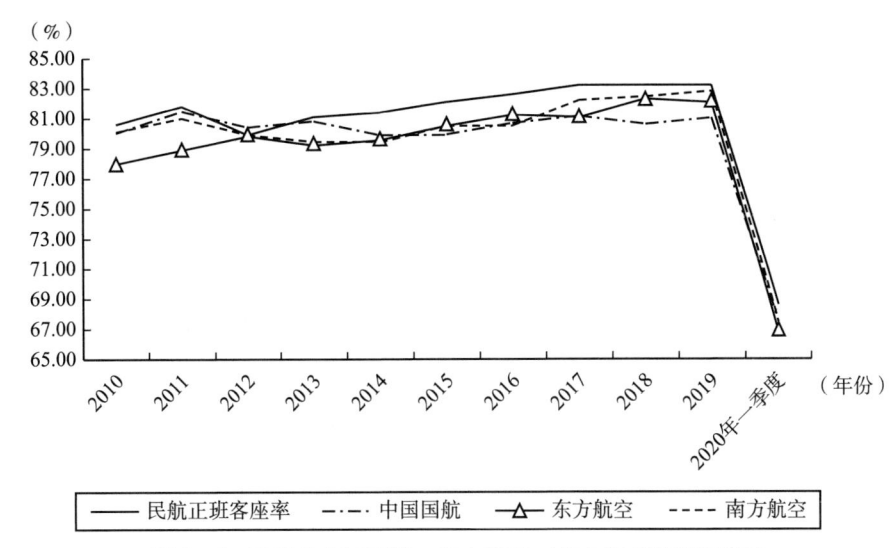

图 4-4　民航业中国国航、东方航空、南方航空客座率情况

资料来源：根据民航资源网相关数据整理所得。

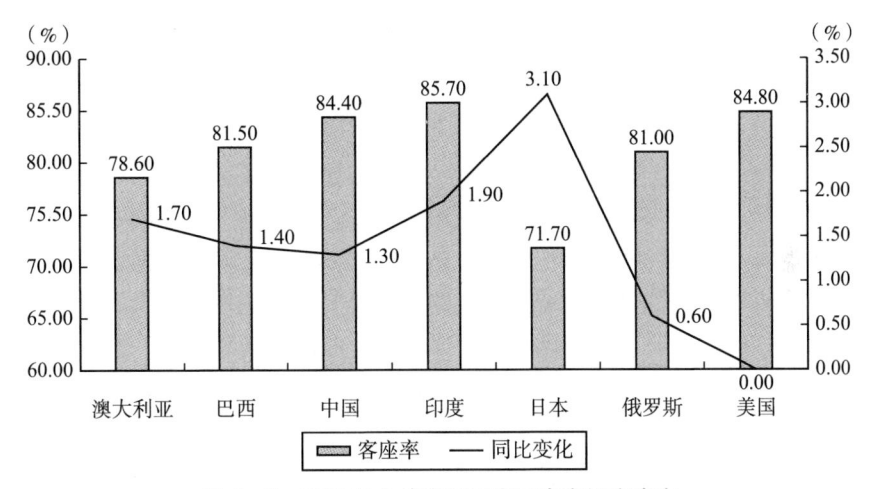

图 4-5　2017 年全球主要国家国内市场客座率

资料来源：2017 年中国航空运输行业发展概况分析 [EB/OL]．中国产业信息网，(2018-3-30)．

（二）问题

在中国航空运输业快速发展的同时，面对全球市场环境的紧缩，中国航空运输业也存在一系列严峻问题亟待解决。

1. 疫情的影响

2020年新冠肺炎疫情暴发以来，中国航空运输也受到较大冲击。一方面，国际各国针对疫情相继采取了一定程度的航班入境限制措施；另一方面，国内疫情多点散发、局部地区出现聚集性疫情，人员流动情况出现一定波动；国内外航线均受到不同程度的负面影响。中国民用航空局统计数据显示，2020年，我国民航旅客运输量为4.18亿人次，同比下降36.7%。其中，国内航线完成旅客运输量4.08亿人次，占比约98%，与2019年相比，下降30%；而国际航线完成旅客运输量为956.51万人次，同比2019年的7425.43万人次，掉了八成多。①

2. 成本的上升

如果国际油价继续呈现上涨态势，成本压力将会成为长久盘踞于航空公司头顶的一片乌云，具体表现为：

（1）空域限制。不仅造成行业内普遍的供不应求，还造成了航班严重误点，乘客对此深恶痛绝。

（2）飞行运行控制管。目前面临的主要问题是缺乏有效的控制和存在着多头管理。

（3）主业经营不善。一方面自身优势不能得到充分发挥，另一方面产品结构单一；资产运营不善，运营周期的延长，不利于收回资金。

（4）机场难题。我国航空运输业中的机场业务正处在发展的初期，它表现出来的矛盾也是非常激烈的，比如说，对机场的定位问题，各家说法不一，不仅是模式问题，还包括管理。就算定了位，或者确定它的管理模式，在它高速发展的阶段，就会存在着体制上需要进一步的变革，或者进一步地改革、完善它的管理体制。这是我国航运行业内遇到的一个比较大的挑战。

中国航空业一直都处于"勉强过活"的状态。作为重资产行业，即便是停飞没有收入，一些固定及半固定成本仍需支出。据民航大蓝洞统计，三大航中，国航集团固定成本（飞机折旧、管理费用、财务费用）约1.01亿元/天；南航集团固定成本约1.35亿元/天；东航集团固定成本约0.83亿元/天。② 这些支出能占到航企运营成本的一半。而航空业又是一个特殊且脆弱的行业，疫情、经济危机、战争、恐怖事件等都会对民航产生复杂而深远的影响，除了这些突发危机，

---

① 陈丽媛、杜一兰：《被疫情"卡顿"的民航业》，https://baijiahao.baidu.com/s? id = 1728787497302380294&wfr = spider&for = pc.

② 民航大蓝洞：新冠期间三大航集团赔了多少［EB/OL］. CARNOC官方澎湃号，https://m.thepaper.cn/newsDetail_forward_6398624.

我国航空业本就积弊颇深。

民航业是一个高杠杆行业，投入高、营业收入高，但利润率低。中国三大航空公司的净利率通常在7%以下。中国作为全球第二大航空市场，航司的股东回报率远远低于美国同行。2018年，中国航空公司的利润总额为250亿元。其中三大航、春秋、吉祥5家航空公司利润总额为221亿元，其余55家航司利润总额不到30亿元。这使得航空业本就外强中干，疫情一来便如风中浮萍，无枝可依。①②

3. 需求的下降

国际上，疫情使得航空公司国际航线的需求下降；国内市场，自然灾害等因素影响国内航线的需求增速远低于预期。且公众对航空公司的厌恶程度持续提高。航空业的不思变也是客流量下降的原因之一，在服务上，航空业并没有与时俱进，贴合用户需求。这一点在退换票上体现得淋漓尽致。相比于高铁、客车来说，线上飞机票退换一直不是很方便，不仅速度慢手续费高，还有诸多限制条件。此外，许多乘客还会遇到航空公司超额售卖座位的情况。而航空公司在航班预售超员，以及实际超员时只能采取"征集志愿者"的办法，即通过提供一定的经济奖励在已办理航班手续的乘客中征集志愿放弃该航班，改乘后续航班的旅客，来解决航班超员的问题。这一点一直饱受诟病。

另外，丢失行李也是不得不提的问题。根据统计，全球机场平均每天丢失2180万件行李，正是这些"小问题"，导致航空业遭受旅客的信任危机。

4. 国内外竞争对手的强势

新加坡航空公司、美国航空公司、国泰航空公司、阿联酋国际航空公司等国内外主要航空公司纷纷加快自身建设和扩张。

5. 高铁动车的不断提速

高速列车的出现，为市场提供了新的高速出行、运输选择，对民航业起到一定的冲击。

---

① 渴望"回血"的航空公司［EB/OL］. 钛媒体 App, https：//baijiahao.baidu.com/s? id = 1679802217784034701&wfr = spider&for = pc.

② 中国航空业："至暗时刻"和下一个十年［EB/OL］. 金融界, https：//baijiahao.baidu.com/s? id = 1661643207119922344&wfr = spider&for = pc.

(三) 趋势

针对航空运输行业的发展趋势，则需要结合国内航空运输业所处环境来分析：

1. 政治环境

航空运输业是受政策法规影响较大的行业，而且随着国内外经济环境的变化、民航业的不断发展，相关的法律法规、产业政策、签证政策等可能会进行相应的调整，这些变化给公司未来的业务发展和经营业绩带来一定的不确定性。

目前来看，中国航空运输行业拥有两大利好政策。

（1）旅游开放政策。

按照文化和旅游部的相关数据，现已开放的中国公民出境旅游和地区约百个，2018年，中国公民出国旅游花费排名世界第一。具体数据来看，2018年，来自中国的游客在国外花费2773亿美元，为排名第二的美国（1444亿美元）的2倍左右。2018年，中国游客在国外的全年消费增长5.2%。[①]

2019年中国人出境旅游消费依然世界第一，2019年上半年，中国境外旅行支出1275亿美元，超五成旅行支出发生在亚洲地区中国留学生主要集中在北美、欧洲、澳洲等地，这为中国航空运输业的发展提供机遇。国际旅游外汇收入如图4-6所示。

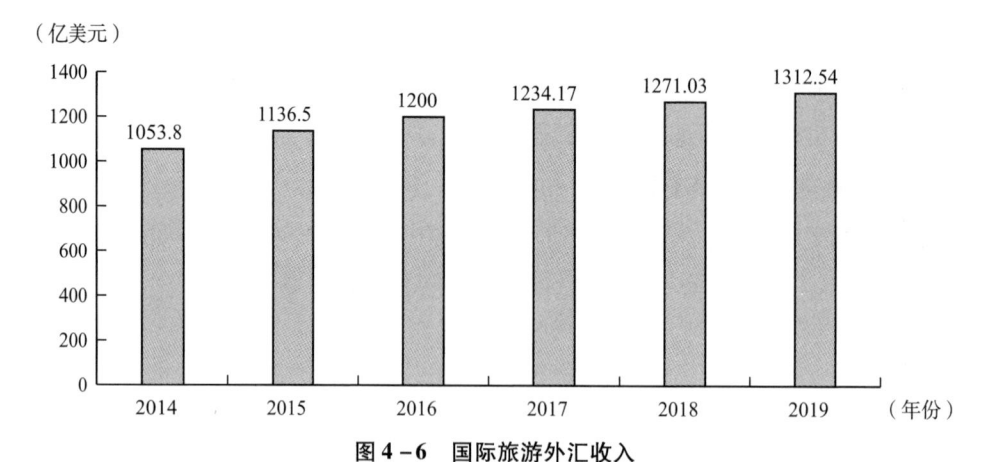

（亿美元）

年份	金额
2014	1053.8
2015	1136.5
2016	1200
2017	1234.17
2018	1271.03
2019	1312.54

图 4-6 国际旅游外汇收入

资料来源：根据国家统计局旅游业——旅游外汇收入相关数据整理所得。

---

① 2018年，全球旅游花费1.7万亿美元！中国2773亿全球第1，美国呢？[EB/OL]. 财经ABC，https://www.sohu.com/a/319383628_591132.

(2) 国家发展规划。

"双循环"概念的提出。构建以国内大循环为主体、国内国际双循环相互促进的新发展格局是根据我国发展阶段、环境、条件变化提出来的。在交通方面我国要以供给侧结构性改革为主线，加快完善现代化综合交通运输体系的建设，为形成以国内大循环为主体、国内国际双循环相互促进的新发展格局提供坚强的交通运输保障。由于中美贸易战和新冠肺炎疫情的影响，不仅国际经济出现下行状态，而且对我国来说，原料和配件进不来，产品和服务出不去，外循环的动能和流量急剧下降，外向经济出现萎缩。因此，需要依靠我国地广人多和产业门类比较齐全的优势扩大内需、完善备齐产业链。

2. 经济环境

航空运输业是与宏观经济发展状况密切相关的行业。民航运输业受宏观经济景气度的影响较大，宏观经济景气度直接影响经济活动的开展、居民可支配收入、贸易保护主义程度、进出口贸易额的增减，进而影响航空运输需求。如果未来宏观经济景气度下降，可能会对中国航空运输企业的经营业绩和财务状况造成不利影响。

对此，中国航空运输企业应密切关注国际和国内宏观经济形势的变化，主动把握国家推进"一带一路"建设、设立雄安新区、经济结构调整、居民消费升级、旅游经济发展、建设北京新机场等带来的机遇，优化运力投放、生产组织和市场销售，力争实现良好的经营业绩。

3. 技术环境

影响中国民航业的技术环境因素有飞机制造技术、机场设施技术、信息技术。目前，世界两大飞机制造商美国波音公司和欧洲空中客车公司，都把中国这个快速增长的重要市场作为"争夺"的目标，国内1000多架飞机中大部分是波音公司制造的，而空客A380的引进将为民航发展起到推动的作用。机场设施不断改善，如乘客登记台、行李设施、到登机门的穿梭运输车等，这些不断改善的设施促进了机场的发展，增加了客户满意度，从而促进整个行业的发展。另外，信息技术的使用使旅客能够更方便地购买到机票、在网上订座等，对航空旅客数量的提高有一定的促进作用。

4. 社会文化环境

由于人们生活方式和价值观念的改变，乘飞机已经不再是一种奢侈的享受，而是越来越平民化了。越来越多的消费者已经将飞机作为中长途旅行的重要交通工具。这对中国航空运输业尤其是廉价航空业的发展意义重大。

二、民航企业战略实施案例

（一）中国国际航空股份有限公司[①]

1. 企业简介

中国国际航空股份有限公司（以下简称"国航"），是中国唯一载旗航空公司以及世界最大的航空联盟——星空联盟成员、2008年北京奥运会航空客运合作伙伴。作为中国航空运输企业的龙头老大，中国国际航空公司这支名副其实的"金凤凰"已经翱翔了58年个年头，它见证了中国民航发展的从无到有，逐步壮大发展成为现在排名世界第二的民航企业。1955年1月1日，国航的前身——民航北京管理局飞行总队正式成立，1988年成立中国国际航空公司。2002年10月28日，以原中国国际航空公司、中国航空总公司和中国西南航空公司三方共同组建了中国国际航空公司。

（1）组织架构。

国航总部设在北京，辖下有西南分公司、浙江分公司、重庆分公司、内蒙古分公司、天津分公司、上海分公司、湖北分公司、贵州分公司、西藏分公司，华南基地、工程技术分公司，中国国航的子公司有16个，分别是：Total Transform Group Ltd、大连航空有限责任公司、中航兴业有限公司、北京飞机维修工程有限公司、中国航空集团财务有限责任公司、中国国际航空内蒙古有限公司、深圳航空有限责任公司、北京航空有限责任公司、国航进出口有限公司、浙江航空服务有限公司、Air China Development Corporation (Hong Kong) Limited、成都富凯飞机工程服务有限公司、上海国航航空服务有限公司、北京金凤凰人力资源服务有限公司、昆明航空有限公司、澳门航空股份有限公司国航还参股深圳航空公司、国泰航空公司等企业，是山东航空公司的最大股东，控股澳门航空有限公司。国航继续经略北京枢纽的同时，又着力强化成都为中心的华西、上海为中心的华东、广州为中心的华南等区域枢纽（见图4-7）。

[①] 根据中国国际航空股份有限公司（http://www.airchina.com.cn/）相关信息整理所得。

管理支持部门（14）

总裁办公室 | 规划发展部 | 人力资源部 | 财务部 | 航空安全技术管理部 | 飞行技术管理部 | 资产管理部 | 运行标准部 | 产品服务部 | 航站管理部 | 企业文化部 | 审计部 | 保卫部 | 工会办公室 | 董事会秘书局

分公司/基地（10）

西南分公司 | 浙江分公司 | 重庆分公司 | 天津分公司 | 上海分公司 | 湖北分公司 | 贵州分公司 | 西藏分公司 | 温州分公司 | 华南基地

事业管理单位（13）

运行控制中心 | 飞行总队 | 商务委员会（市场部、销售部、网络收益部、结算部、对外合作部、区域营销中心、地区总部）| 地面服务部 | 客舱服务部 | 培训部 | 综合保障部 | 信息管理部 | 空中保卫支队 | 集中采购部 | 离退休人员管理部 | 专机办公室 | 北京新机场基地建设指挥部

主要子公司（16）

中国国际货运航空有限公司 | 北京飞机维修工程有限责任公司 | 深圳航空有限责任公司 | 北京航空有限责任公司 | 大连航空有限责任公司 | 中国国际航空内蒙古有限责任公司 | 中国航空集团财务有限责任公司 | 中航兴业有限公司 | 澳门航空股份有限公司 | 国航进出口有限公司 | 国航香港发展有限公司 | 北京金凤凰人力资源服务有限公司 | 上海国航服务有限公司 | 浙江国航服务有限公司 | 成都富凯飞机工程服务有限公司 | 中国国际航空汕头实业发展公司

（母公司：中国国际航空股份有限公司）

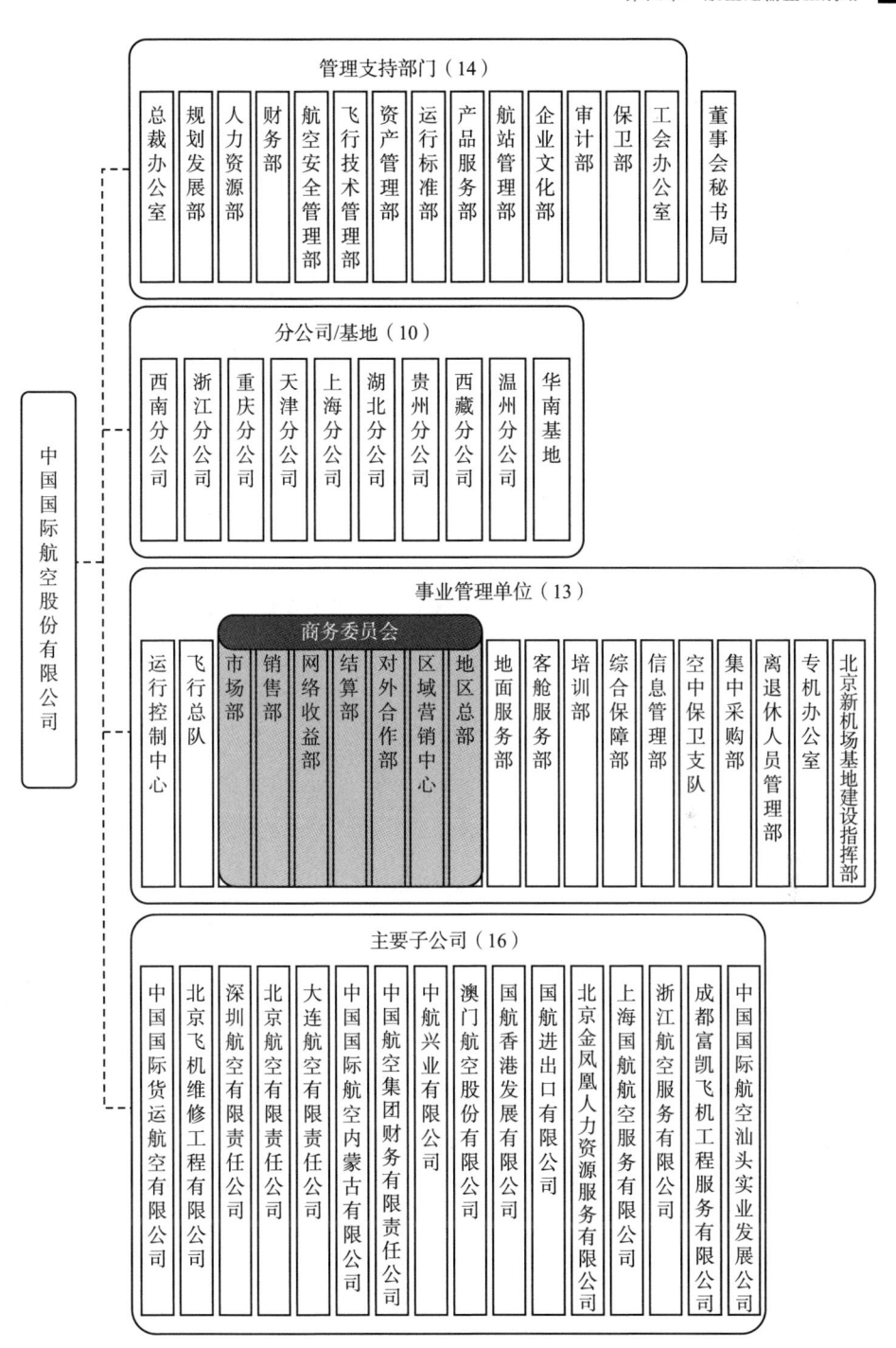

图4-7 国航组织架构

资料来源：根据国航组织架构（http://www.airchina.com.cn/cn/investor_relations/organizational_structure.shtml）整理所得。

（2）企业现状。

中国航空集团有限公司（以下简称"中航集团公司"）拥有包括国家唯一载国旗航空公司——中国国际航空股份有限公司在内的二级企业8家，三级以上企业130多家。作为以航空运输业为主、相关服务业为辅，集生产经营和资本运营为一体的企业集团。参股航空企业包括山东航空、大连航空、深圳航空、内蒙古航空等，旗下还拥有中国货运航空集团和北京飞机维修集团。经营业务涵盖航空客货运及销售地面服务、飞机维修、航空物流、机场管理、航空旅游、金融理财、基本建设开发、传媒广告等相关产业。员工总数8万多人。总资产1000多亿元人民币。[①]

截至2020年12月31日，国航（含控股公司）共拥有以波音、空中客车为主的各型飞机707架，平均机龄7.74年；经营客运航线已达674条，通过与星空联盟成员等航空公司的合作，将服务进一步拓展到195个国家（地区）的1300个目的地。国航于2007年12月加入星空联盟。作为星空联盟成员、中国唯一的载旗航空公司，国航运营着世界级的航空网络，每周为旅客提供超过8500个航班，连接全球40余个国家和地区的180余个目的地。

（3）企业战略。

中国航空集团公司发展目标是要成为"具有国际竞争力的航空产业集团"，在中航集团公司总体战略上实行单位成本效率领先战略、产业链一体化战略、国际化战略、多品牌运营战略。

①单位成本效率领先战略。

单位成本领先战略，即企业的单位成本获得的利润要大于竞争对手的单位成本，力争在同行业里处于领先地位。要实现此战略，首先在机型配置方面，国航要尽量配置故障少，维修相对方便的机型梯队；优化生产流程，提高生产业务效率，降低生产成本；适当控制服务、销售、广告等方面的成本。由此，可以控制企业的总成本，扩大利润空间。但是，控制成本不代表消除成本，航空运输是服务行业，在销售、机上和地面这些方面的服务质量绝对不可忽视，而在航空公司的"生命线"航空安全方面，不仅不可缩减成本，反而要加大投入力度。宁可不要利润，也不能忽视安全。只有在实现了安全这个航空公司运营的大前提下，其他一切的降低成本提高利润率才可以作为整个集团的战略主题。

②产业链一体化战略。

国内大型航空公司目前都拥有酒店、运输、机场服务等一系列的配套服务，

---

① 根据企查查（https://www.qcc.com/firm/fe050b7dca55f2b60200a0439a8dd0e8.html）相关信息整理所得。

这样一体化服务可以为航空公司带来客运和货运收入之外的额外高额收益，当然这个必须是建立在正常的客运航线运营的基础上。国航作为国内三大航空公司之一，在货运和客运方面都已经形成了一定的规模，从近几年的数据来看，国航的客运和货运增长速度日趋缓慢，国内航空市场已日趋饱和，在国际航线上又因为其他航空公司的航线网络布局，使国航传统优势的航线空间被挤占。在这种情况下，如果能抓住由航空带动的旅游业、酒店业等产业，打造一条龙服务品牌并给予价格上的优惠，产业链一体化战略不失为一个非常好的战略选择。

③国际化战略。

因为国航很早就开始经营国际航线，所以目前所飞行的国际航线基本都是北京、上海、成都、广州、深圳等一线城市与国外一线城市的直达航线，有着先发优势。国航应该在这些航线基础上，加大国际航线的利用率，以国内至国外的航线为起点，参与到国际航空业的竞争中去。

④多品牌运营战略。

近年来，国内新成立航空运输公司呈递增趋势，其中大多为大型航空公司与地方政府合作出资共同建设，运营本区域内线路的支线航空。这些中小型航空公司凭借自身便利条件与当地政府对于旅游品牌建设的需要，在运营成本和地空产品等方面具有优势，挤占本来运营这些航线的大型航空公司的航线空间，造成航线收益率大大降低。为此，中航集团公司在2010年开始制定了多品牌运营战略，主动与一些地方政府合作成立支线航空公司，并通过收购注资深圳航空、山东航空、北京航空，大连航空、西藏航空、内蒙古航空等措施，分摊运营成本，提高了航线收益率，并形成航空公司群的态势。

2. 企业分析

（1）组织分析。

国航始终注重以技术促服务，是国内首家向乘客提供机上全球卫星通信互联网服务的航空公司，使地面和空中真正实现了网络互连，提升了旅客体验；2010年8月15日，国航推出手机App，启动移动战略，目前获得上多万次下载量，为国航带来了数亿元的销售额。同时，国航持续不断加大服务硬件建设，在北京、成都、广州建有高端值机区，在北京、上海、广州、成都等11个机场建有21个自营休息室，陆续推出72小时免费停车服务、"一对一"引导及办理值机服务、"飞行管家"服务等。此外，国航始终关注航线网络优化，2012年优化航班波设计，北京三个进出港航班波之间衔接效率显著提高；2013年上半年，国航在纽约、温哥华、法兰克福等15条航线的19个航班开通北京中转国际转国内联运行李免提业务，并开发72小时过境免签自由行产品，进一步加强了国航北京枢纽建设。

国航拥有较为稳定的高品质客户群体。2013年上半年，国航简化常旅客入会流程，推行一体化服务管理，并完成与山东航空常旅客计划融合，"凤凰知音"会员总量达2706万人，常旅客贡献收入92.6亿元。国航已经成为众多中国政府机构及公司商务客户首选的航空公司。①

（2）SWOT分析。

①优势。

国航的发展具有自身独特的优势，下面就从技术技能优势、有形资产优势、无形资产优势、人力资源优势、竞争能力优势五个方面，分析国航的自身优势因素。

第一，国航独有的国家载旗航空公司的尊贵地位。国航的历史前身是民航北京管理局，是中国五大民航管理局中实力最强的管理局，不但承担着国内主要航班飞行，还兼任国家首脑的专包机任务。是中国最大的国有航空运输企业，也是目前国内公认的安全水平最优势。高、综合规模最大、拥有最新最好机队的航空公司。

第二，国航拥有较为专业规范的技术保障和较长时期的安全运营积累。国航下属的工程技术公司拥有150余个国内和国际维修站点，形成了辐射国内外的维修网络。其中，国航同德国汉莎航空公司合资兴建的北京飞机维修工程有限公司，是国内公认的飞机维修行业的龙头企业。同时，国航机务系统持有中国民航局（CAAC）、美国联邦航空局（FAA）及欧洲航空安全局（EASA）以及其他18个国家颁发的维修许可证，国航自行研制开发了运行管理系统，集成了卫星电话系统、空地数据通信系统和短波无线电系统等，成为国内第一家具有超远程监控能力的航空公司。在飞行难度举世公认、曾经被国际民航界视为"空中禁区"的成都—拉萨航线上创造了安全飞行49年（1965年开始）的骄人成绩。安全飞行是民航运输企业恪守的灵魂法则，是企业生产运行做根本的要求，也是顾客选择这家航空公司最看重的因素，良好的安全飞行记录为国航赢得了肯定和认可。

第三，国航具有一定的资本优势。2020年，新冠肺炎疫情对全球航空业造成巨大冲击，中国航空业在前所未有的严峻局面中，率先实现稳健恢复态势。2020年国航半年报显示，国航的总资本为2936.36亿元，国航集团实现营业收入总额296.46亿元，为去年同期28.76%，归属于母公司股东的净亏损94.41亿元。全行业共完成运输总周转量319.1亿吨公里，为去年同期的50.8%；完成旅

---

① 国航"凤凰知音"会员人数总量达到2700万人［EB/OL］.民航资源网，http：//news.carnoc.com/list/254/254976.html.

客运输量 1.5 亿人次，为去年同期的 45.8%；完成货邮运输量 299.7 万吨，为去年同期的 85.2%。国航冷静应对市场变化，及时调整生产组织模式，迅速制定了超常规的生产经营策略，确保边际贡献总量最大化，应对好疫情带来的挑战。

第四，国航具有一定的机队优势及航线优势。2020 年上半年，国航集团公司共引进飞机 3 架，包括 2 架 A320NEO 飞机和 1 架 ARJ21-700 飞机；退出飞机 2 架，包括 1 架 B737-800 飞机和 1 架 A319 飞机。截至 2020 年 6 月 30 日，中航集团公司共有飞机 700 架，平均机龄 7.40 年。其中，国航共有飞机 428 架，平均机龄 7.68 年。上半年本公司引进飞机 3 架，退出飞机 1 架。国航运输业的航线数量和航线里程有显著发展，截至 2019 年末，中国民航定期航班航线 5521 条，其中：国内航线 4568 条（港澳台航线 111 条）、国际航线 953 条。按重复距离计算的航线里程为 1362.96 万公里，按不重复距离计算的航线里程为 948.22 万公里。产业链供应链受到疫情重大冲击的时候，国航率先推出客机货班，改装 4 架 B777-300 飞机和 2 架 A330-200 飞机，执行 5800 余班客机货班，确保重要国际制造商不停产，为维护我国在全球产业链供应链的中心地位提供了保障。

第五，国航具有一定的品牌价值优势及人力资源优势。2007~2019 年公司连续十三年荣列世界品牌实验室"世界品牌 500 强"，排名由 2007 年第 461 位上升至 2019 年第 281 位，以 1678.76 亿元的品牌价值成为 2019 年入选该榜单的唯一中国航企；2013 年 12 月，国航同时连续八年获得了"中国品牌年度大奖 NO.1（航空）"；2019 年 12 月，中国国际航空股份有限公司入选 2019 中国品牌强国盛典榜样 100 品牌。国航拥有明确的发展战略，以全球领先的航空公司为愿景，以安全第一、四心服务、稳健发展、成就员工、履行责任为根本出发点，继续坚持竞争实力世界前列、发展能力持续增强、客户体验美好独特、相关利益稳步提升的四大战略目标，着力建设专业信赖、国际品质、中国风范的品牌形象，形成完备的经营、竞争、服务和发展理念。

国航作为国内最大的航空公司，拥有一支业务技术精湛、作风严谨、服务良好的飞行员队伍。在 2600 多名飞行员中，安全飞行 20000 小时以上的功勋飞行员 130 余人，安全飞行 16000 小时以上获金质奖章的飞行员 500 余人，国航飞行总队获得了"国际民航组织荣誉奖章""全国安全生产先进集体""安全飞行标兵单位"等诸多荣誉。国航具有自己的飞行训练中心，日常使用全任务飞行模拟机和计算机基础训练器开展飞行员培训，具备围绕波音系列机型，开展飞行员转机型训练、定期复训和飞行检查的综合培训能力。国航还建立了乘务训练中心，中心教员均具备高级乘务员职称，具有国际航协教学资格，以及国际航协（CRM）训练认可的教员资格，在做好国航乘务员系统培训的同时，也为国内外航空公司培训学员。

②劣势。

第一，国航竞争发展过程中的曾出现目标动摇。国航在国内枢纽及航线网络质量方面，要优于其他国内航空公司。但在相当一段时期内，国航急于开辟国际市场，急于成为超级承运人，但由于开拓国际市场的能力偏弱，又缺乏构建国际航线网络的整体思路和执行意志，再加上欧美经济萧条造成国际航线不景气，国航的国际战略并不成果，不仅没有获得更多的国际市场，而且在国内市场竞争中也处于劣势地位。

第二，国航的管理成本处于竞争劣势。在成本项目对比中，国航的财务费用同飞机租金和汇率高度关联，而以汉莎为代表的欧美航空公司的财务费用主要为利息支出，高额的财务费用吞噬了企业利润。同时，国航的最大成本项目是燃油费用，约占总成本的40%，这一比例比美国航空公司高出46%，比石油进口国日本高出60%。

③机遇。

第一，在经济全球化的大趋势下，国航的发展也面临着外部机会，具体包括：国家政策的支持、国际经济的向好、市场需求的增长、政府采购的优势地位等。

"十二五"规划以来，民航科技创新活动纳入国家科技计划体系。完成"十二五"国家计划重大项目"中国民航协同空管技术综合应用示范"研究任务，承担国家科技计划14项，民航联合研究基金145项。民航科技创新能力迅速提升。实施科技计划项目292项，取得了PBN飞行程序设计、EMAS、翻盘式高速行李自动处理系统等一批重大科技成果。民航科技创新平台和团队建设取得进展。国务院关于促进民航业发展的若干意见中明确提出"到2020年，我国民航服务领域明显扩大，服务质量明显提高，国际竞争力和影响力明显提升，可持续发展能力明显增强，初步形成安全、便捷、高效、绿色的现代化民用航空体系"。按照"十三五"规划明确提出民航发展的主要目标：到2020年，航空运输在综合交通中比重进一步提升，旅客运输量7.2亿人次，同比增长10.4%。

第二，我国发展处于可以大有作为的重要战略机遇期。和平与发展的时代主题没有变，世界多极化、经济全球化、文化多样化、社会信息化深入发展，世界经济在深度调整中曲折复苏，新一轮科技革命和产业变革蓄势待发，全球治理体系深刻变革，发展中国家群体力量继续增强，国际力量对比逐步趋向平衡。同时，国际金融危机深层次影响在相当长时期依然存在，面临诸多矛盾叠加、风险隐患增多的严峻挑战，我们要准确把握战略机遇期内涵的深刻变化，更加有效地应对各种风险和挑战，继续集中力量把自己的事情办好，不断开拓发展新境界。

第三，市场需求的增长。我国统筹发展与安全，加快形成以国内大循环为主体、国内国际双循环相互促进的旅游经济新发展格局；以科技创新全力推进产业升级，推进文化和旅游融合发展，建设一批文化底蕴深厚的世界级旅游景区和度假区、文化特色鲜明的国家级旅游休闲城市和街区、发展红色旅游和乡村旅游，完善旅游发展环境，增加优质产品供给等将构成2021年旅游工作的新格局和主旋律。大众旅游新阶段和小康旅游新时代的特征将更加明显，国民旅游权利更加普及，旅游消费升级越发明显。未来，我国旅游市场将呈现客源地由中大型城市向中小型城镇的梯度下沉，更多的人有条件和闲暇加入到旅游行列，未来将是国民权利纵向延伸、横向扩张的大众旅游，是消费升级、个性张扬的小康旅游，是数字驱动、场景创造的智慧旅游，是科技创新支撑的现代旅游。科技创新也将进一步带动智慧旅游升级，国内旅游大循环促进旅游消费回流。受益于科技创新和智慧旅游的发展，一个国内旅游市场为主体、国际国内旅游市场双循环相互促进，旅游需求和旅游供给双升级相互激励的新时代已经来临。大数据加持的"预约、限量、错峰"不仅是疫情期间，也将是旅游出行的常态。受疫情影响，出境旅游基本停滞，停滞期将超过一年，预计规模化重启将在2021年下半年以后，其间势必出现国内游对出境游的替代现象。此外，近年来国内休闲度假旅游产品供给数量和品质显著进步，越来越多游客认识到出境走马观花不如在国内"走透透"，出境游转国内游成为重要发展趋势。小而美、小而精，品质旅游也成为消费回流的重要去向。中国旅游研究院发布《2020年旅游经济运行分析与2021年发展预测》研究报告，报告预计2021年国内旅游人数41亿人次，国内旅游收入3.3万亿元，分别比上年增长42%和48%。在新冠疫苗普及较为顺利，疫苗有效性相对乐观的情况下，入出境旅游市场有望在下半年有序启动，全年恢复至疫前的三成左右，其中接待入境游客同比增长超五成；实现国际旅游收入同比增长超六成；中国公民出境旅游人数可望同比增长达七成。

④威胁。

第一，严峻的市场竞争环境。根据2012年5月的OAG数据来看，在我国主要航空运输市场，外航占据的市场份额都几乎超过50%。在北京、上海与广州这些一线市场，外航提供的周航班数量分别占总体市场的55.1%、50.2%和44.4%；提供的周座位数占有的市场份额则分别为58.3%、57.6和49%。

第二，外航的先发垄断地位。国航是国内最先组建的航空公司，但相对外航仍然起步较晚，技术和国际市场占有率很低，尽管中国的国际影响日益增长，包括国航在内的中国航空业要想赢得这场竞争还需要做出更多的努力。虽然国航通过加入星盟扩大国际市场，但联盟只是行业发展过程中一个阶段性的产物，随着国际环境的不断变化，联盟这种形式很可能其他的行业形势所取代，航空联盟的竞争格局一定程度上肯定会受到冲击和影响。

第三，疫情冲击。突如其来的新冠肺炎疫情，中断了中国航空业连续十多年的增长黄金期。中国航空业的国际客运量几乎降至冰点，几大航空公司的国际客运市场均以惨淡收场。据中国民航局2021年3月12日公布数据显示，2021年2月，全行业旅客运输量较去年同期下降84.5%，行业亏损额达到245.9亿元，创历史上单月亏损最大纪录。即便是放眼全球，航空业都面临着巨创，波音公司深陷负债困境，股价已经跌去3/4，诸多老牌航空公司已经申请破产。

（二）中国东方航空集团有限公司[①]

1. 企业简介

中国东方航空集团有限公司（以下简称"东航"）总部位于上海，是我国三大国有骨干航空运输集团之一，前身可追溯到1957年1月原民航上海管理处成立的第一支飞行中队。经过持续的产业结构调整和资源优化整合，现已成为以航空运输及物流产业为核心，航空地产、航空金融、传媒免税、配餐饮食、贸易流通、实业发展、汽车和产业投资九大板块协同发展的大型航空产业集团。

东航始终坚持服务国计民生、服务经济社会发展、服务改革开放，追求"国家利益、经济效益、社会公益"的协调发展。2011年，提出了"推进客货运转型、打造现代航空服务集成商"的发展方针；2012年，在中国梦的感召下，提出了"东航梦"，即实现"打造世界一流、建设幸福东航"的两大战略目标。

（1）组织架构。

早在1993年10月6日，东航成立，就明确提出要把东航建设成"以航空运输为主，相关产业配套，多角化经营，全方位渗透的跨地区、跨行业的国际性航空集团"。

目前，东航主要经营公共航空运输、汽车业务及与航空运输相关产品的生产和销售（含免税品）；航空器材及设备的制造和维修、航空客货及地面代理、飞机租赁、航空培训与咨询等业务。另外，东航还广泛涉及航空进出口、金融服务、航空食品、旅游票务、酒店、房产物业、广告传媒、机械制造等行业，多元化拓展已形成全新格局。

面对未来，东航致力于打造"员工热爱、顾客首选、股东满意、社会信任"的世界一流航企，以精准、精致、精细的服务为全球旅客不断创造精彩体验。

因此，东航的组织架构（见图4-8）也呈现出独有的特征。

---

① 根据中国东方航空集团有限公司（http://www.ceairgroup.com/）相关信息整理所得。

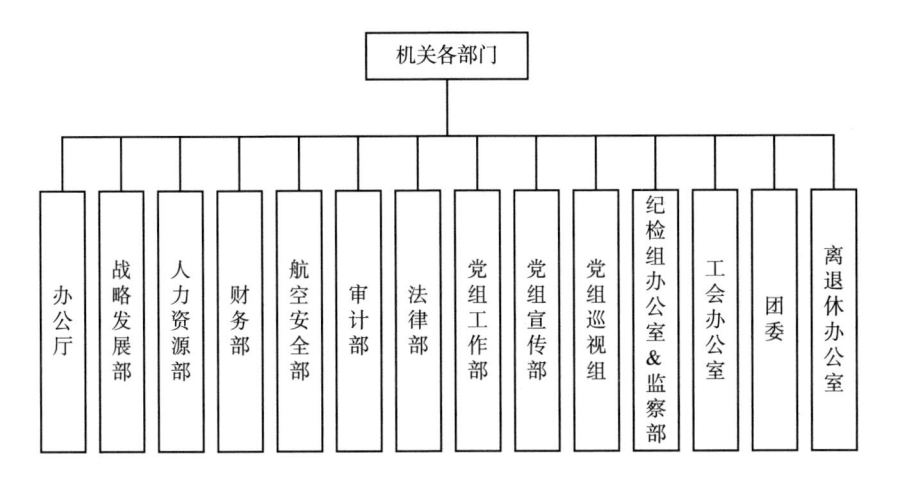

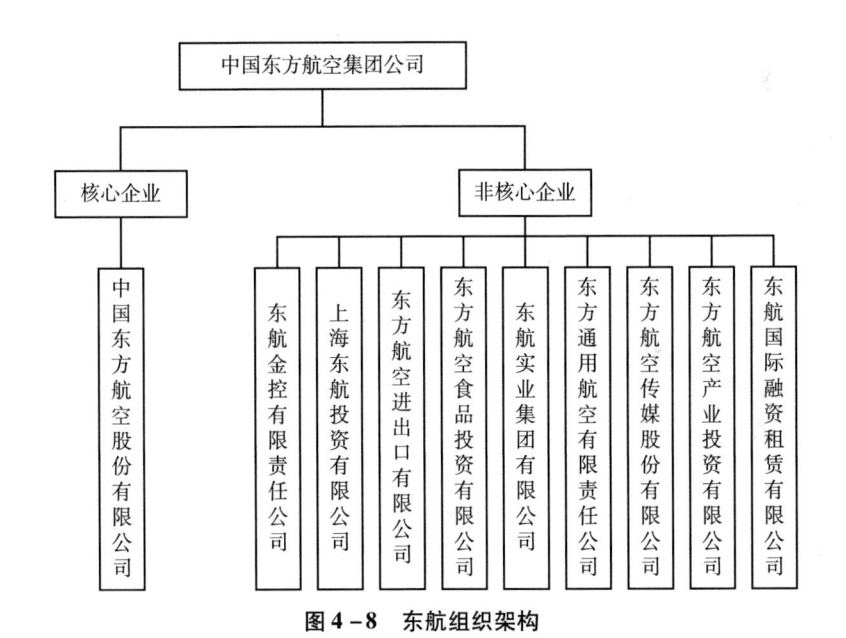

```
                        机关各部门
   ┌───┬───┬───┬───┬───┬───┬───┬───┬───┬───┬───┐
  办  战  人  财  航  审  法  党  党  党  纪  工  团  离
  公  略  力  务  空  计  律  组  组  组  检  会  委  退
  厅  发  资  部  安  部  部  工  宣  巡  组  办        休
      展  源      全      作  传  视  办  公            办
      部  部      部      部  部  组  公  室            公
                                      室               室
                                      &
                                      监
                                      察
                                      部
```

```
               中国东方航空集团公司
              ┌──────────┴──────────┐
            核心企业              非核心企业
              │         ┌───┬───┬───┬───┬───┬───┬───┐
            中国       东  上  东  东  东  东  东  东
            东方       航  海  方  方  航  方  航  航
            航空       金  东  航  航  实  通  航  国
            股份       控  航  空  空  业  用  空  际
            有限       有  投  进  食  集  航  传  产  融
            公司       限  资  出  品  团  空  媒  业  资
                       责  有  口  投  有  有  股  投  租
                       任  限  有  资  限  限  份  资  赁
                       公  公  限  有  公  责  有  有  有
                       司  司  公  限  司  任  限  限  限
                              司  公      公  公  公  公
                                  司      司  司  司  司
```

图 4-8 东航组织架构

（2）企业现状。

作为国有控股三大航空之一，东航总部和运营总基地位于国际特大城市上海。上海位于亚欧美大三角航线端点，飞往欧洲和北美西海岸航行时间约 10 小时，飞往亚洲主要城市时间在 2~5 小时，航程适中；间接服务区 2 小时飞行面圈资源丰富，涵盖中国 80% 的前 100 大城市、54% 的国土资源、90% 的人口、93% 的 GDP 产出地和东亚大部分地区。

公司旗下江苏和浙江分公司分别在江苏和浙江两省具有基地运营优势和较强

的品牌影响力。公司的发展将持续受惠于国家实施长江经济带战略和中国（上海）自由贸易区以及上海推进国际"经济、金融、航运、贸易"四个中心建设和具有全球影响力科创中心建设。

东航以经济高度发达、出行需求旺盛的上海为核心枢纽、以地处东南亚门户的昆明、国家"一带一路"建设西北门户的西安为区域枢纽，通过与天合联盟成员合作，建构并完善了覆盖全国。通达全球的航空运输网络。

国内航线方面，东航在上海、北京、云南、山西、江苏、浙江、安徽、江西、山东、山西、湖北、甘肃、四川、河北、广东15个省份设有分子公司，公司航线网络可直接通达中国全部省会城市和计划单列市；国际航线方面，公司航线网络可直接通达港澳台、日韩、东南亚的主要知名城市和旅游目的地以及欧洲的巴黎、伦敦、法兰克福、罗马、阿姆斯特丹等知名国际都市。

随着"一带一路"建设的实施推进，西安市成为"一带一路"的中心区域和重要节点，其物流枢纽地位重要性更加凸显。东航积极与陕西省政府、西安市政府签署战略合作框架协议，共同推动"空中丝绸之路"建设。2016年12月，东航率先开通从西安直飞阿姆斯特丹的西北地区首条国际货运航线。该航线成为东航与陕西省政府、西安市政府合作的首个标志性成果，实现西安与国际市场的直接对接，推动西安发展外向型经济。

在航空运输主营业务方面，东方航空正全面实施"中枢网络运营"战略，构建了一个以上海为中心、依托长三角、连接全球市场、客货并重的庞大航空网络。

（3）企业战略。

东航以全面深化改革为主线，以国际化、互联网化为引领，围绕转型发展、品牌建设、能力提升，致力于实现"打造世界一流、建设幸福东航"的发展远景。公司深入推进"枢纽网络、成本控制、品牌经营、精细化管理、信息化"五大战略，充分运用互联网思维、客户经营理念和大数据分析手段，强化客户体验，加快从传统航空运输企业向现代航空集成服务商转型。

①成本控制战略。

公司持续改善成本结构，通过强化全面预算管理，严格控制各项成本支出；结合全新飞机引进和老旧机型退出，精简机队种类，优化机队结构与配置；严控新进员工人数，完善人员退出机制，不断降低人机比，严格控制人工成本；聚焦核心和关键市场，优化运力资源的布局结构，提高资源使用效率；完善运控、客舱等系统一体化管理机制，提高人员工作效率；通过推广运用资产管理平台，有效盘活现有资产。

②信息化战略。

东航致力于打造"信息化东航"，发挥信息化支撑引领作用。通过实施信息化战略,不断提升互联网技术(IT)项目建设和管控能力,目前已经建成了营销、服务、运控、机务和管控等主要业务系统的信息化体系,主要业务领域自动化覆盖率已提升至95%以上,有效提高了公司的运行效率。公司大力推进线上服务集成建设,稳步提升服务品质,优化旅客服务体验;拓宽自助值机覆盖范围,国内自助值机率突破62%,极大地方便了旅客出行;推广行李查询系统,行李运输差错率同比下降1.87%,行李运输保障能力显著提升;优化非正常航班信息发布平台,进一步弥补服务短板。

东航近几年一直加大在信息化建设方面的投入,在企业管理、旅客服务等方面不断创新,并取得一定实效。

③人才战略。

东方航空是国内首家联合航空军事院校培育机务人才的航空公司。公司采用先进的OracleiLearnin电子学习平台构建了面向全公司20000多员工的网络培训系统,提高培训效率并确保培训质量,同时降低培训成本,借助信息化手段,实现全公司培训的统一化和认证化。此外,东航与复旦签署了"EMBA教育合作协议",积极培养航空公司管理人才。

④绿色发展理念。

提高燃油效率是航空公司减排的关键措施。公司持续通过技术优化、机队优化、运行优化等措施,提高燃油效率,达到节能减排的效果。由于公司的机队构成中客机的比重不断上升,2014~2016年,公司整体机队的吨公里油耗略有上升;单位客运油耗呈持续下降的趋势,符合国际民航组织提出的年平均燃油效率改进2%的目标。

2. 企业分析

(1)组织分析。

东方航空业务类型很多,不同的业务之间有密切的联系,东航积极利用不同业务活动之间形成的协同优势。例如,为了保障航空运输这一核心业务,公司积极拓展航空进出口、航空食品、酒店等配套业务,使之形成一个有效的业务体系,主副业务相辅相成。

因此,在核心企业与非核心企业的协同发展下,东航构建了独特的管理架构,并致力于推进信息化、数字化和互联网化,成为国家首批"两化"(工业化、信息化)融合标杆试点企业,通过推进营销、服务、运行等九大业务领域信息化建设,实现业务自动化覆盖率突破95%;借助大数据、云计算等技术手段,提高市场分析和决策能力,提升收益管控水平;依托全面预算管理系统,加强资金管控,有效降低财务成本;完善线上财务集成,推进空地互联建设,不断提升服务品质,优化旅客乘机体验。

东航坚持创新驱动发展，在体制机制改革和商业模式创新上不断探索，释放经营活力；顺应市场需求，推动中联航转型低成本航空，开启"全服务—低成本"双模式运营的创新之路；成立东航电商，主动拥抱"互联网+"，着力资源整合，延伸服务范围；成立东航技术和地面服务外航服务中心，逐步探索将保障性资产转变为经营性资产。

（2）SWOT分析。

①优势。

第一，地理优势。上海是中国乃至亚洲的经济中心，上海机场目前也是中国的主要门户机场，上海又已被国家确定发展为主要枢纽机场，多候机和多条跑道的规划将是枢纽机场的重要保证，同时上海又具有丰富的当地客源。作为上海机场的基地航空公司，同时也是国家的骨干航空公司，东方航空公司有责任也有机会在枢纽港建设上承担重要角色。

第二，航线网络优势。东航是在中国东方航空公司、中国西北航空公司以及云南航空公司的基础上出现的，在这之前的三家航空公司位于国内九大航空公司的前列，由中国民用航空局直接领导，它们在上海、西安和昆明的市场占有率很高。特别是中国东方航空公司在华东地区的竞争实力也很强。

第三，品牌优势。东航看到了联盟网络以及品牌效应，借助一切可以利用的条件来提高自身品牌的知名度。

东航不断致力于推进品牌形象管理、传播推广、品牌维护等相关工作，通过多年的努力，在市场上树立了优质的品牌形象，连续五年荣膺金紫荆奖，获得"最佳创新上市公司"和"'十三五'最具投资价值上市公司"称号，接连荣获第8届和第9届TTG中国旅游大奖"最佳中国航空公司"等奖项。

第四，人员优势。东航在多年的发展过程中牢牢把握国内良好发展机遇，公司不仅获得了良好的社会效益而且收获了巨大的经济效益，而这也为东航吸引高学历、高水平人才的到来提供了良好的前提条件。东航内部设有相对健全的培训机制，为高水平人才提供了良好的发展空间；相应地，人才的勤敏好学及过硬的专业素质也为东航的发展壮大贡献了巨大的建设力量。东航的飞行员队伍建设优良，即使遇到十分危急的情况也能够冷静、沉着、正确应对，从而保证旅客的生命安全和财产安全。由此可见，东航具有得天独厚的人力资源优势，这也是东航在国内居于领先地位的最重要因素。

②劣势。

企业的发展如同大树的生长，岁月有可能让枝干的年轮日益丰盈，也可能让原本枝繁叶茂的树冠凋落衰败，过于频繁的重组一直被认为是影响东航健康发展的主要原因。从1997年下半年兼并中国通用航空公司开始，东航在五年内重组了五家航空公司。三大航空中，东航重组并入的航空公司最多，整合、融合的力度最大，历史包袱也最重，在重组过程中支付了大量的改革和改制成本，损害了主业的元气，在激烈的竞争中存在诸多劣势，如：机型繁杂，运营成本高；机比过高，收益率低；资金短缺，面临压力；复合型人才不足。

③机遇。

我国民航业迅猛发展，发展前景较好，我国经济在稳定、持续发展，民航运输业具有较高的运输总周转量。

按照文化和旅游部的相关数据，现已开放的中国公民出境旅游和地区约百个，中国留学生主要集中在北美、欧洲、澳洲等地，这为东航的发展提供机遇。

尤其是随着"一带一路"建设广泛深入推进，必将极大地拓展我国对外开放的战略视野，为中国企业参与全球竞争提供广阔空间，也给我们航空企业带来了新的机遇。我们将开放作为实现繁荣发展的必由之路，以全球化的视野布局全球化发展，努力吸引全球优秀人才，在更大舞台、更高水平、更广层面上，积极服务全球航空运输需求，倡导国际商业伦理，展示中国企业的国际影响力。

④威胁。

第一，国航、南航等同业竞争。由于三大国有航空公司在规划发展上没有相应的侧重和分工，导致三家单位存在较为激烈的竞争关系。

第二，航班安全性和正常性。随着航空公司对于航班安全性和正常性的要求不断提升，也就意味着对机队质量提出了更高的要求。

第三，民营航空公司及低成本航空公司的冲击。廉价航空公司的萌芽直到迅速的发展，丰富了航空旅行的行业，将大众、经济型推上了历史舞台，逐步取缔豪华、奢侈型。我国的廉价航空起步较晚，由于现实社会经济方面的影响，我国廉价航空在发展方面与国际上先进的廉价航空相去甚远。通过分析我国经济的发展水平、人民的消费水平，说明我国的市场中廉价航空具有广阔的发展空间，因此有力地冲击了传统航空企业。

第四，高铁的迅猛发展对东航产生一定的冲击。国内运输产业取得飞速的发展，尤其是高铁。历经经济危机之后，为了促进国内经济的发展，国家加大投资交通运输等设施建设的力度。在中短途运输的过程中，高铁具有相对的优势，冲击了航空产业。例如西安到郑州之前铁路慢车需10小时，快车需7小时，飞机只要40分钟。2007年，郑西高铁运营，从西安到郑州仅需1.5小时，分散了航空的稳定客源。并且，国家将进一步加大对基础设施（如高铁）的投资力度，更明显地冲击东航公司。随着高铁遍及的区域越来越大，只采用减少航班、压低票价、回避竞争的暂时性的政策显然并非长久之计。制定长远考虑的竞争举措，使东航重新"站起来"已迫在眉睫。

（三）中国南方航空股份有限公司[①]

1. 企业简介

中国南方航空股份有限公司（以下简称"南航"），总部设在广州，成立于1995年3月25日，以蓝色垂直尾翼镶红色木棉花为公司标志，是中国运输飞机最多、航线网络最发达、年客运量最大的航空公司。南航年客运量居亚洲第一、世界第三；机队规模居亚洲第一，世界第四，是全球第一家同时运营空客A380和波音787的航空公司。是中国航班最多、航线网络最密集、年客运量最大的民用航空公司。公司坚持"安全第一"的方针；先后联合重组、控股参股多家国内航空公司，加入国际性航空联盟，与国航和东航合称中国三大民航集团。

南航是中国运输飞机最多、航线网络最发达、年客运量最大的航空公司。企业集中资源开发了常客管理系统、效益系统、数据仓库系统、货运系统、网上订票、电子客票、网上订舱、呼叫管理系统等的使用对增强南航的市场竞争力、提升南航的形象、提高收益起到巨大的促进作用。在公司内部管理方面，人力资源系统、视频系统和办公自动化（OA）系统先后投入使用并不断扩充完善，明显地促进了公司管理的制度化、规范化、降低了管理成本，提高了管理效率。

（1）组织架构。

南航以建设"阳光南航"为使命，以"顾客至上、尊重人才、追求卓越、持续创新、爱心回报"为文化理念，以"成为顾客首选、员工喜爱的航空公司"为愿景，持续打造"中国最好、亚洲一流"的航空公司。

在这样的企业愿景下，南航的组织架构如图4-9所示。

（2）企业现状。南航是国内运输飞机最多、航线网络最密集、年客运量最大的航空公司。但在收购北航和新疆航空后，却效果不好，导致开支加大、成本上升等诸多问题。对此，南航也在不断地摸索中，形成了两大核心竞争力。

[①] 根据南方航空股份有限公司（https://www.csair.com/）相关信息整理所得。

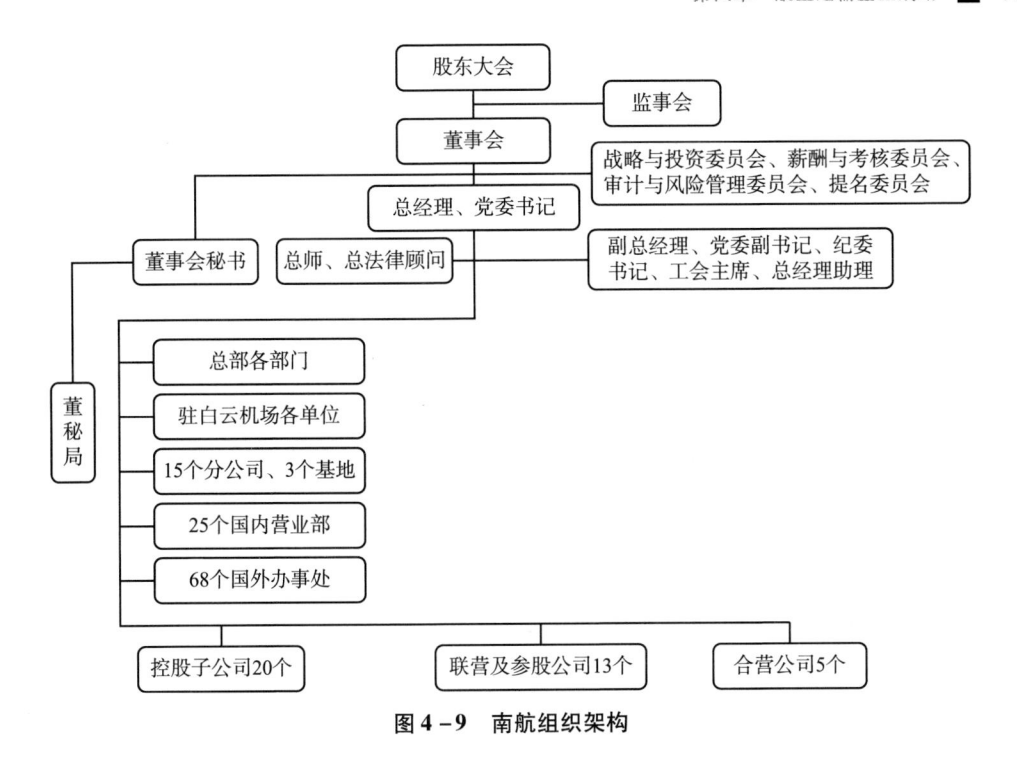

```
         ┌──────────┐
         │ 股东大会  │
         └────┬─────┘
              │      ┌──────┐
              ├──────┤监事会 │
         ┌────┴─────┐└──────┘
         │ 董事会   │────── 战略与投资委员会、薪酬与考核委员会、
         └────┬─────┘       审计与风险管理委员会、提名委员会
              │
         ┌────┴──────────┐
         │ 总经理、党委书记 │────── 副总经理、党委副书记、纪委
         └────┬──────────┘        书记、工会主席、总经理助理
  ┌───────────┤
  │    ┌──────┴─────┐
 董事会秘书│ 总师、总法律顾问│
  │    └────────────┘
  │
董秘局
  │    ┌──────────────┐
  ├────┤ 总部各部门    │
  │    ├──────────────┤
  ├────┤驻白云机场各单位│
  │    ├──────────────┤
  ├────┤15个分公司、3个基地│
  │    ├──────────────┤
  ├────┤25个国内营业部 │
  │    ├──────────────┤
  └────┤68个国外办事处 │
       └──────────────┘

  控股子公司20个    联营及参股公司13个    合营公司5个
```

图 4-9 南航组织架构

①较强的财务管理能力。

南方航空公司从进入调整发展阶段，开始建立了"成本与收入"财务管理的数学模型，从运营的边际成本与收益管理入手分析数据，为指导市场营销提供了有力的依据。因而，南航是在民航业中按财务分析的数据制定营销策略的航空公司，并将票价升降幅度定在较好地适应市场竞争需求的范围内。由于符合市场经济的规律，近几年在中国民航业当中运营收益排名第一南方航空公司十分注意活化内部财务管理，率先在中国民航使用 ORICAL 财务管理系统，全面规范预算管理，各项费用支出得到严格控制。1999 年通过自己开发与社会开发结合先后建立了财务收入分析系统、财务结算系统、航材采购监督系统等。这些财务管理系统的建立，使南航公司财务管理工作在原有基础上得到很大的提高。在中国民航主要运输生产指标统计中，其运输完成情况、航班效率和机场完成情况均处于国内民航业领先水平。1998~1999 年全民航 10 次运输成本指标中有 8 项指标处于国内民航业领先水平。

②较为合理的人机比及人力资源结构。

南方航空公司人力资源状况关系企业的战略发展，关系企业的长盛不衰的大问题。南航的人力资源管理一方面可以保证航空公司获取运行和发展所需要的人才，另一方面也可以保证公司实现以最低的人力成本和最高的工作效率来获取竞争优势。这一点在下面的南航人力资源观有所体现。

③企业战略。

第一，战略方针：在南航实行战略转型的过程中，南航党组认为，作为观念形态的企业文化具有重要的先导、渗透和黏合作用，企业的转型过程也就是新的企业文化形成和完善的过程。企业战略体现企业宗旨和核心价值观，是企业文化的反映。同样，实现战略目标，须有优秀文化的导航和支撑。

第二，战略定位：国内主流旅客首选，最安全，盈利能力最强有国际竞争力的网络型国际航空集团公司。

第三，南航的发展战略目标：建设成为国际化规模网络型航空公司。

南航的发展战略目标也被描述为："集团要努力朝着国际化、精益化、规范化和信息化的方向发展。国际化，就是努力与国际一流的管理对标、看齐，积极稳定和开拓国际、国内两个市场，利用好国际、国内两种资源；精益化，就是以最小耗费、最低成本做最有实效的正确的事；规范化，就是不断健全和完善企业的各项规章制度；信息化，就是不断建立和完善保障安全运行、生产营销、服务优化等方面的信息化系统。"

2. 企业分析

（1）组织分析。

在"建设成为国际化规模网络型航空公司"的战略目标下，南航构建了一套完整的组织架构。2019年南方航空宣布，将不再续签天合联盟协议，在年内完成各项过渡工作，将加强与美国航空等全球先进航空公司的合作，努力推进双边、多边合作，建立新型合作伙伴关系。

从南航战略发展目标分解来看，主要有两层含意：第一，国际化规模，也即在2010年，南方航空公司的规模（机队、主营业务规模等）要达到世界级水准，或许还应该包括国际航线业务占总运营收入一定比例的规定；第二，网络型航空公司，这是相对于点对点线性航空公司而言，网络型航空公司需要具有运营中枢——轮辐结构航线网络，提供中远程航线、高端产品服务。

（2）SWOT分析。

①优势。

第一，2018年，南航旅客运输量达1.4亿人次，连续40年居中国各航空公司之首。截至2019年1月，南航运营包括波音787、波音777、波音737系列，空客A380、空客A330、空客A320系列等型号客货运输飞机超过840架，是全球首批运营空客A380的航空公司。机队规模居亚洲第一、世界第三。

第二，地理位置优越，航线网络优势大。近年来，南航持续新开和加密航班网络，强化中转功能，利用第六航权，全力打造"广州之路"国际航空枢纽，形成了以欧洲、大洋洲两个扇形为核心，以东南亚、南亚、东亚为腹地，全面辐射北美、中东、非洲的航线网络布局，是国内运输飞机最多、航线网络最密集、年客运量最大的航空公司。目前，南航经营客货运输飞机330多架、航线网络通达全球841个、目的地连接162个国家和地区，是国内唯一一家进入世界航空客运前十强的航空公司全球排名第9位。

第三，飞行实力出众。拥有3300多名优秀的飞行人员，作为目前国内唯一一家拥有独立培养飞行员能力的航空公司，南航建立了完整的飞行培养训练体系：与北京航空航天大学联合创办飞行学院，与中国民用航空飞行学院、中国民航大学等建立合作关系。是目前国内唯一一家拥有独立培养飞行员能力的航空公司。

第四，机务维修实力雄厚。旗下广州飞机维修工程有限公司建有亚洲最大的飞机维修机库。

第五，保障体系完善。拥有获得国家科技进步二等奖的飞行运行控制系统SOC以及同获国家科技进步二等奖的发动机性能监控系统等国内航空业最为先进的IT系统。

第六，服务优良。中国南方航空股份有限公司秉承"客户至上"的承诺，通过提供"可靠、准点、便捷"的优质服务致力满足并超越客户的期望。拥有目前超过420万会员、里程累积机会最多、增值最快的常旅客俱乐部——明珠俱乐部。

②劣势。

第一，南航收并的北航和新疆航空就是难以消化的"硬骨头"。北航的资产负债率不仅高达10%，而且拥有的41架飞机大多是麦道82及空中巴士，并无波音飞机，而南航的81架飞机中有34架为波音737。合并后，南航不得不培训适应不同机型的机长和工程人员，购买特定的飞机配件，令成本增加，而维修开支亦会上升。

第二，机数量多、航线分布广、员工待遇较好、成本较高。

第三，大型客机需从国外购买，价格较高。

③机会。

第一，中国经济持续发展，人均收入不断提高，乘坐飞机的旅客越来越多。

第二，消费者对航空公司的服务、质量要求不断提高。

第三，金融危机的爆发，部分实力弱的航空公司受到很大的影响。

随着国际化程度的扩大，国外旅客及国内旅客的需求在增加，将为南航的网络的拓展、市场占有率的提高提供发展机遇和空间。

④威胁。

同属于国内民航龙头企业，南航面临的企业威胁也与东航类似，在同业竞争越发激烈的同时，高铁动车的提速，也对南航造成了巨大冲击。

（四）中外运空运发展股份有限公司[①]

1. 企业简介

中外运空运发展股份有限公司（以下简称"外运发展"）成立于1999年10月，于2000年12月28日在上海证交所成功上市，是国内航空货运代理行业第一家上市公司。外运发展由中国外运民航集团有限公司（以下简称"中国外运长航"）的优质空运业务资产重组而成，核心业务包括航空货运代理和速递业务，其中国际货运代理业务稳居国内行业第一，速递业务也已形成高速发展的自有品牌——中外运速递。

外运发展在全国拥有5大区域、64家分公司和300多个物流网点，运营网络辐射全国。凭借完善的国内服务网络，通过与DHL、OCS等国际物流巨头结成战略伙伴，目前国际上服务范围已覆盖全球200多个国家和地区。2006年9月以来，公司通过与大韩航空、澳门航空、南方航空、沈阳桃仙机场等建立战略联盟，跨进了航空承运领域和机场核心作业领域，逐步发展成"天地合一"的整合物流供应商。公司还与惠普公司长期合作，开发出先进的全国货运和快运管理信息系统，信息化程度在业内名列前茅。近年来公司通过与诺基亚、三星、海尔、上海大众等国内外行业领先客户的长期合作，积累了丰富的服务经验，也取得了客户的广泛认同。

（1）企业发展愿景及使命。

作为中国外运长航重要的收入增长引擎之一，外运发展依托于中国外运长航的全国网点优势，国际先进的业务运营模式，国内领先的信息系统和作为上市公司的雄厚资金基础，更加强调立足于企业的可持续发展，以市场需求为导向，以战略为动力，重点实现集约化经营，专业化发展，通过在直客销售，运营管理，网络协调能力三方面能力的突破，带动公司收入与利润齐头并进，努力成为航空货运代理业和速递领域的运营标杆企业。

外运发展在内部建立以客户为中心的文化氛围，并大力推行以业绩为导向绩效评估体系，对于绩效表现优异的员工予以着重奖励。面对激烈的市场竞争，公司领导希望吸取每名员工的聪明才智和服务经验，向"成为国内外客户首选的具有国际竞争力的物流服务供应商"这一目标快速前进。

外运发展的企业愿景是：成为客户首选的物流供应商。作为以"综合物流服

[①] 根据中外运空运发展股份有限公司相关信息整理所得。

务全球天地人和承载未来"为使命的物流企业,公司员工要想客户之所想,急客户之所急,做客户之所需,用更好的方案、更高的标准、更完整的服务体系、更周全的服务,更专业的水准,为客户提供"安全、迅速、准确、节省、方便"的一体化物流服务产品,与客户建立更好的合作关系,将成为客户首选的物流合作伙伴作为永远的目标追求。

外运发展的企业使命是:综合物流服务全球天地人和承载未来"综合物流服务全球"秉承于中国外运长航的企业使命。为了实现"综合物流,服务全球"的企业使命,达成"成为客户首选的物流供应商"的企业愿景。

(2)企业现状。

企业与其外部客观的经营条件、经济组织及其外部经营因素之间处于一个相互作用、相互联系、不断变化的动态之中。对这些在企业外部而非企业所能全部控制的外部因素进行分析的目的,是找出外部环境为企业所提供的可以利用的发展机会以及外部环境对企业发展所构成的威胁,以此作为制定战略目标和战略的出发点、依据和限制的条件。

中国外运股份有限公司(以下简称"中国外运")以换股方式吸收合并外运发展,换股吸收合并完成后,中国外运和外运发展将实现海运、陆运、空运等物流资源全面整合,外运发展以空运货代为核心的货运代理业务将纳入中国外运的统一体系。

①顾客分析。

外运物流航运业务的主要目标客户是国际大型跨国公司和国内名牌企业以及国内外知名化工企业,这些客户对国际物流服务需求强劲、规模大,追求高品质的综合物流服务,且这一类客户黏性较大,一旦建立合作关系较为容易发展为长久稳定的伙伴关系。此外,外运也承担着为国家输送能源的重任。

②竞争对手分析。

目前,跟中国外运争夺国际物流市场的主要是 UPS 公司和中国邮政。UPS 即联合包裹速递服务公司,是一家成立于美国的运输、物流、资本与电子商务服务的领导性的提供者,每天,在世界上 200 多个国家和地域管理着物流、资金流与信息流,是世界上最大的快递承运商与裹递送公司。

③同盟者分析。

就国际物流市场而言,目前中国外运的同盟者主要有 DHL 和 OCS。DHL 的业务遍布全球 220 的国家和地区,是全球国际化程度最高的公司,在全球的员工人数超过 325000 人,几乎能够为各种物流需求提供完美的解决方案;它的国内合资伙伴就是中国外运,双方于 1986 年 12 月 1 日在北京正式成立中外运敦豪国际航空快件有限公司,各占一半股权。而 OCS 则是中国对外贸易运输(集团)

公司（SINOTRANS）和日本海外新闻普及株式会社（OCS），通过整合双方的国际和国内网络资源，共同合资成立的，服务范围已覆盖了全球220多个国家和地区，提供全球性门到门、桌到桌的文件、包裹和货物快递服务的快递公司。

④其他微观环境因素分析。

在过去60年，外运发展是中国最专业，也是最大的空运和海运的物流供货商。公司积累大量资源，在中国所有的口岸和重点城市，都有自己的运输网络；在海外一百多个国家，也有运输网络，有全球的运力资源；在海外有海仓，国内重要口岸有保税仓库；以及多年跟政府合作的基础，与海关的双向可视化接口，具备做跨境电商的天然优势。公司已经建立基于国际74航空公司和30个海关数据交换平台，打造的供应链可视化，同时解决金融和在线支付问题，消除信息不对称。总体而言，中国外运的微观环境较为乐观。

（3）企业战略。

企业战略体系是企业各层级的战略措施，是实现企业使命、愿景与战略目标的途径和方式。企业战略体系由三个层次构成，即总体战略、竞争战略和职能战略。其中，企业的总体战略和竞争战略分层次地表明了企业的产品、市场、竞争优势和基本目标，规定了企业的核心任务和总的方向。而企业要实现这样的战略设想，必须通过有效的职能活动来运用资源，使企业的各个环节密切结合，与前两个战略协调一致。

①总体战略：决定和揭示企业的目的和目标，是企业最高管理层制定的战略总纲，是企业最高层次的战略措施，决定企业的发展态势。

②竞争战略：解决企业如何选择所经营的行业和如何选择企业在一个行业中的竞争地位等问题。

③职能战略：为实现企业总体战略和竞争战略而对企业内部各项关键的职能进行确定，即综合物流，服务全球使命。

2. 企业分析

（1）组织分析。

为了实现"综合物流，服务全球"的企业使命，达成"成为客户首选的物流供应商"的企业愿景，中国外运按照部门化的组织星立基础，构建了以上的组织架构：这种类似于职能制的组织结式结构公工细密、注重专业化管理，可以充分发挥职能部门机构的专业管理作用，保持统一指挥的优点，有助于提高管理工作的效率。但是另外，这种组织架构是典型的"集权式"结构，明显看出企业的权力主要集中最高管理层，下层主要的工作执行者缺乏相对自主权；此外，各个职能部门之间的横向联系较难，信息传递线路长，反馈较慢，不利于各部门的配合，对迅速变化的复杂环境的适应性较差。

为了适应我国新的经济发展形势，应对国际物流行业的发展，个人认为外运应该紧跟时代脚步变革组织，向着扁平化、柔性化、网络化、虚拟化和临时性非正式化的变革趋势靠拢。具体表现为：

①减少管理层次、扩大管理幅度，适当剔除或整合中下管理层，充分发挥人的积极性、主动性、创造性；

②适当下放管理权力，对基层员工给予最灵活的自主权力，提高决策的时效性和灵活性；

③在各个职能部门的沟通、办公充分借助信息技术，降低企业成本；

④保留最关键的最具竞争优势的功能，其他的则进行虚拟化，极致利用企业的有限资源；

⑤面向短期的可变的小组或项目团队授权，最大限度发挥潜能，适应市场变化。

（2）SWOT 分析。

SWTO 分析矩阵是对企业进行外部环境和内部条件分析的基础上，寻找二者最佳可行战略的组合的一种分析工具。其中，S 代表企业的"优势"（strengths）；W 是企业的"劣势"（weaknesses）；O 代表外部环境中存在的"机遇"（opportunities）；T 为外部环境所构成的"威胁"（threats）。接下来将分析一下中国外运的 SWOT：

①优势：中国外运作为大型国际化现代企业集团，是以物流为核心主业、航运为重要支柱业务、船舶重工为相关配套业务的中国最大的综合物流服务供应商，是中国一流的老牌子央企。

②劣势：但由于所处的行业并非垄断行业，仍然属于竞争性行业；并且其管理模式在一定程度上是陈旧的。

③机遇：中国经济程度越来越开放，世界经济一体化进程加快，电子商务、跨境电商的兴起这列都为外运提供了极好的发展机会。

④威胁：外国船公司纷纷设立自己的货代分支机构，直接向客户揽取货源，跳开货代的趋势越来越明显，这将很大程度上减少外运的客户量。

（五）顺丰航空有限公司[①]

1. 企业简介

顺丰航空有限公司（以下简称"顺丰航空"）是由深圳市泰海投资有限公司

[①] 根据顺丰航空有限公司（http：//www.sf-airlines.com/）相关信息整理所得。

和顺丰速运（集团）有限公司合资组建的民营航空货运公司，直接为顺丰速运（集团）有限公司（以下简称"顺丰集团"）的航空快递运输业务服务。

顺丰集团是一家成立于1993年3月的港资速运企业，主要经营国际、国内快递及报关、报检等业务，包机和机腹舱是顺丰集团主要的航空运输手段。2010年7月，顺丰开通拉萨航线，至此，顺丰集团快递服务网络覆盖全国34个省份以及港澳台地区，是目前国内业务量最大的民营速运企业。顺丰航空自购波音757-200全货机2架、波音737-300全货机3架运行，另租用东海和扬子江快运共13架全货运飞机和530多个客机航班的机腹舱。长期以来，顺丰集团专注于满足市场需求，不断拓宽服务区域，逐步搭建起立足华南，拱连华东、华北，拓展华中的战略网络格局，为客户提供快速安全的速运服务。

（1）企业现状。

自2009年开航以来，顺丰航空以B757、B737机型为主的全货机运力始终保持稳步增长，2013年，顺丰航空首条国际航线"石家庄＝仁川"顺利开通，韩国仁川也由此成为顺丰航空首个国际通航站点。直至2015年12月，首架B767-300 BCF在新加坡正式交付，顺丰航空保有了近六年的机型格局取得里程碑式的突破，顺丰速运也由此成为国内首家拥有B767-300型宽体全货机的快递公司。经过多年探索发展，顺丰航空在保障顺丰速运航空快件安全高效运输的同时，已逐步建立起适应市场需要的、以客户需求为核心的国际包机运输机制，具备了快速为客户提供定制化航空物流解决方案的能力。

此前，顺丰航空已成功启用B767-300BCF运营"深圳＝金奈""深圳＝新加坡"等国际航线，有效助力包机客户降低物流成本、提升经营效率。顺丰航空目前拥有以波音747、波音767、波音757、波音737机型为主的全货机机队。截至2020年7月，全货机数量已达60架。国内外通航城市与地区超过70个，更充沛的运力资源、更丰富的机型配置，为顺丰速运追赶快件时效添足动力。成长为目前国内运营全货机数量最多的货运航空公司。

（2）企业战略。

顺丰航空始终致力实践"立足航空，共赢物流"的发展理念，稳步提升运行实力和运营保障。为保障"成都＝仁川"国际货运航线顺利开通、实现客户诉求，顺丰航空在时刻协调、运力配备、客户服务等方面加大投入。新航线的顺利启航，有助于航线辐射的西部区域拓宽出海物流渠道，同时也有望进一步带动两区域间的商贸流通与经济往来。截至目前，顺丰航空在役全货机已达53架，国内外通航城市与地区超过50个，是顺丰快递业务的核心竞争力，也是顺丰服务迈向国际的坚实羽翼。未来，顺丰航空将持续优化航线运行品质、提升服务能力，致力成为客户最值得信赖的空运合作伙伴。

2. 企业分析

（1）组织分析。

顺丰航空公司将航班准点率列为公司重点考核指标。相对于传统航空货运公司，顺丰航空在货物生产模块进行了重新设计，在业务快速增加的同时保证产品的高品质，形成了一个良性循环。

顺丰航空设立了航站管理部，对各航站的周转业务进行专门协调、管理。各运行航站均派驻人员，具体保障业务由委托、自我监督和协调等方式实施。顺丰航空建立了各航站标准操作流程，包括人员配置标准、岗位职能、工作流程、关键工作流程时间节点以及报告程序等，以保证航空运行控制中心（airplane operating control，AOC）集中统一管理的实际落地。

随着航班量的日益增长、对于客户业务分析的逐步加深以及对于时效性的要求，部分外委商的资源、服务已不能完全满足航班保障需求，目前顺丰航空公司正建设以深圳为核心的各货运基地保障实体业务的自营建设。

（2）SWOT 分析。

①优势。

第一，优化航前地面运行流程，提升安全管理信息化水平，保障地面业务高效对接。自 2015 年 1 月起，顺丰航空陆续实现了深圳、杭州与北京三地地面保障业务的自营，现有地面保障效率得到极大提升，快件从交付处理到装机出港的空地衔接效率较以往提升近 30%。在改善地面运行实际操作流程的同时，顺丰航空也非常重视配套信息系统的开发。2016 年 8 月，顺丰航空地面保障信息系统（GHS）顺利上线，地面保障业务自营的时间效能、成本费用、人力配置、流程管理与差错控制等方面得到系统性优化，整体运行品质也得到进一步提升。为确保运行安全，顺丰航空一直致力于"老龄飞机"管理办法的探索。2016 年 4 月，由顺丰航空耗时三年组织开发的 ASMS（飞机结构管理系统）正式投入运行，为国内"老龄飞机"管控领域提供了得力有效的管理工具，获得了民航主管单位与同行的认可。

第二，加强人才队伍建设，建立先进的人才培养体系。为运行"保质"前端管理提供强大智力支撑的，是顺丰航空超过 2000 人的专业人才团队。秉承顺丰文化价值观与人才培养理念，顺丰航空多次开展"丰翼行动"，面向顺丰内部员工招收与培养航空专业技术人员，为顺丰航空的可持续发展夯实人才队伍建设。目前，通过"丰翼行动"成长起来的航空专业人才已开始在飞行、签派、机务等岗位发挥骨干带头作用，持续为公司人才培养与团队建设带来正向驱动力。

第三，高度的国际认证助力业务扩展。为尽早实现与国际先进水平的全面接轨，顺丰航空于 2016 年 2 月正式启动国际航协运行安全审计（IATA Operational

Safety Audit），并于 11 月以优异的成绩通过审计，为成功加入 IATA 打好了前哨战。在安全运行品质提升与航空运输服务优化的全新起点上，顺丰航空正式迈向国际交流与合作的新格局，与此同时，更开放、更顺畅的国际合作也将为顺丰集团的国际业务带来更广阔的发展空间。

②劣势。

第一，高精尖物流专业人才匮乏，从业人员的素质总体较低。我国航空物流行业与发达国家有一定差距，需要一大批具有专业技能的物流人才队伍，我国物流人才不仅在数量上远远不能满足市场要求，现有物流行业工作人员的综合能力和素质也需要进一步地提升。顺丰航空作为我国航空快递行业的领先企业，物流管理人才依然匮乏，更多的是从事最基层的一线快递员，他们的招录标准低，工作辛苦，但是决定着服务的质量，所以公司需要加大对空运管理人才的培养，加强基层人员的培训。

第二，顺丰航空公司存在有许多不可避免的风险。如使用和购买飞机耗资巨大，如果顺丰从现有业务的运营资金中抽出这笔开支，则势必会降低企业发展速度。在这个快递业高速发展的时代，每年快递企业的业务发展率可高达 100% 以上，顺丰随时可能被其他企业超过。且自建货机比租用腹舱舱位的成本平均高出 30%~50%，相应地快递收费也会增加，届时，市场是否能接受这一价格增长仍是个疑问；且航空货运对货物的安全性要求更高，在货物安检抽查时，势必会降低快递的运送速度。而且会需要大量的管理投入和资金投入，风险也巨大。顺丰航空的物流运输必须依赖机场的基础设施，很多服务标准受到机场相关标准的限制，然而这些标准很多情况下无法满足客户对于服务的需求，需要进一步地更新标准，提升服务质量。

第三，顺丰目前的航空网络覆盖面仍有待提升，顺丰航空公司的航线主要集中在东南沿海，长江三角洲及北京地区；内地中西部地区的航线覆盖面小，且往返流向上货量不均衡。顺丰航空的航线设置过于分散，造成部分货机的利用率偏低，运输成本高于正常航运核算成本。因此，设立适当的航空运输枢纽，合理安排空运航线进行点对点的调配，使资源分布最优化，货机利用率提高，从而降低航空运输单位成本，制定出市场更能接收，更有竞争力的"优质"快递价格，是顺丰航空需要解决的问题。

③机会。

航空物流发展的市场与政策利好的环境。在中国民航局发布的《中国民用航空发展第十三个五年规划》中，"推进航空物流发展"一项已被明确为五大发展任务中"全面提升航空服务能力"的重要指标。"十三五"规划背景下，中国新经济增长正推动高端快递行业加速发展，而航空物流正是驱动高端快递行业发展的重要力量。尤其是近年来电子、医药、生鲜货品等的运输需求增长较快，激发了较大的市场活力，但相比传统航空货运，航空快递运输却也面临着不小的挑战，快件运输服务的时效性与安全性，已成为影响客户感知的关键。如何提升快件空运阶段的运能与效率，实现顺丰速运各类时效产品的服务承诺，是顺丰航空外拓平台、内修管理的极致目标。与此同时，如何实现货物高效转运与节能减排之间的平衡，如何在收获发展的同时承担更多的社会责任也应是顺丰航空致力探索的课题。

④威胁。

第一，国内快递企业的挑战。从国内快递企业来看，如圆通速递也相继成为自建航空公司的中国民营快递企业，目前圆通每天的航空货运量大概在 1000 吨。按照圆通的计划，在接下来十年内投资 55 亿元，3 年内就会拥有 15 架自有飞机，76 个国内机场间互飞。快递业的战争也从陆战上升为空战领域；EMS 的战略方向也正在改变，开始更贴近市场的需求进行变革，以及其他的民营快递企业开始寻求进入航空货运的途径，顺丰的优势正在慢慢接受着竞争对手的挑战。像顺丰这样的民营快递企业，正在面对着国资和外资的双重压力，应思考如何巩固自己在快递行业的地位，把顺丰航空变成可持续发展的动力和良性循环的关键。

第二，外资快递企业强势入场。顺丰航空的货机中，载货吨位大，续航时间更长的波音 767 机型占到 1/3 之多，这也就意味着顺丰速运接下来的战略布局瞄准跨境物流上。而国际上有 FedEx、DHL、UPS 等外资快递企业，在国内快递企业如此成功地发展，且环境、政策等都不利条件下，在 2018 年，外资企业业务收入在中国快递业务与包裹市场收入总量中仍占 5.4%。外资快递企业高水平的管理技术和先进的管理理念，是顺丰航运值得敬畏和学习的。

三、航空运输行业案例评析

航空运输服务创新是指航空运输服务提供者基于创新理念在服务过程中为旅客提供的新服务产品。

研究已经证实，服务创新已经成为服务行业中的企业获取竞争优势的重要来源之一。经济全球化浪潮的推动和航空自由化步伐加快，使得航空运输领域的竞争日趋激烈。如何在新一轮的航空运输竞争中通过服务创新以获取并扩大自身竞争优势，已经成为我国航空界必须面对的问题。

无论是外运发展，还是东方航空、南方航空，在其企业战略中，服务创新都是其中的重要内容。与此同时，以多元化发展为代表的产业创新战略，也正在拓宽航空运输行业的产业边界。

（一）服务创新

首先，从航空运输自身特点来讲，航空运输服务是一项价值链条长、环节众多、系统性强、过程复杂、影响因素多的服务过程。其次，从提供航空运输服务时间顺序来说，航空运输服务包括了售票环节的服务、办理登机手续的服务、候机服务、登机服务、机上服务、下机服务、行李提取服务以及有这些环节延伸出来的相关服务。

航空公司服务创新的闭环系统中，所包含的五大基本要素是指服务概念创新、服务内容创新、服务流程、服务传递系统创新、服务技术创新。

1. 服务概念创新

服务概念包含了丰富的内容，表明航空公司对某一服务的认识，也预示着消费者的接受程度。而服务概念的创新，体现的是航空公司对某一服务的动态认识关系，旨在动态满足消费者日新月异的需求。因此，它是航空公司服务创新中最根本性的东西，具有统领性的作用。好的服务概念，不仅能够较充分地体现航空公司的服务意图，而且能够极大地激发消费者的好奇心，从而促进消费者的购买欲望。

2. 服务内容创新

服务内容是指航空公司为消费者所提供的运输服务中所包含的项目，服务内容创新要求航空公司立足于对消费者动态需求满足的角度，对所提供的服务项目在数量上有增减，在质量上有升降，在范围上有伸缩。它是消费者所能够直接感受到的服务部分，成为消费者对航空公司形成服务印象，进行服务评价的主要依据。

3. 服务流程创新

所谓服务流程创新，是指服务者为被服务者提供服务的过程环节发生了新的变化。过去，在如售票、值机、安检、候机、登机、运输、下机、取行李等服务环节中，有的环节耗时长，效率低；现在，随着新服务技术的发展和应用，通过创新流程实现使各环节服务衔接更加紧凑高效，使消费者感到更加便捷，服务体验更好。

4. 服务传递系统创新

服务传递系统是指为消费者提供服务的组织。它是市场竞争的重要主体之一。由于消费者的需求是处于动态的过程,这对航空公司提出了更高的要求。服务传递系统为了应对这种动态的发展变化,需要对自身的适应性和灵活性保持较高的柔性。因此,服务传递系统创新是指航空公司面对消费者的需求变化而保持的灵活性和可变度。

5. 服务技术创新

航空运输业是建立在高科技集合基础之上的产业。航空运输具有资金密集型、技术密集型、高风险的特性。而技术支撑是航空运输服务得以正常开展的重要基础。如果没有对高科技技术的充分运用,航空公司难以为对消费者提供便捷、舒适的服务。从购票环节、信息提供、候机环节、登机环节、乘机环节、下机乃至行李领取环节等,都离不开服务技术的使用。可见,服务技术创新是至关重要的。

实践已经证明,航空运输业对社会经济发展的推动作用十分突出。但是,囿于国际国内的双重压力,我国航空运输业面临的生存和发展环境非常严峻。在未来的新一轮竞争中,我国航空运输企业要获得优势地位,必须加强服务创新能力建设,不断推动自身服务创新;国家要从行业发展的战略高度,统筹规划,完善政策;企业积极构建服务创新机制,加强组织学习,积极应用最新科技成果,助推自身服务创新。

(二) 产业创新

航空运输产业是 20 世纪科学技术飞跃进步、社会生产突飞猛进的结果,纵观航空运输业的发展历史,一直是在很强地周期性扩张、繁荣、衰退、低迷中度过的。2018 年以来,受人民币汇率贬值、航油价格上涨等各种不利因素影响,我国航空运输业的经营环境急剧变化,使航空公司的经济效益出现下滑。如何适应 21 世纪的新形势,实现健康发展,产业创新势在必行。

航空运输产业是具有高技术含量的产业,除了具备服务性、国际性、准军事性、资金、技术及风险密集性和自然垄断性六大特点以外,还具有其自身的产业特征:强周期性和准金融性。在每个盈利周期,都有大量资本投向航空运输业,航空公司不断订购飞机、扩大规模。而在每个亏损周期,又有不少航空公司破产倒闭或被兼并重组。由于飞机价格昂贵,航空公司的许多飞机是通过融资租赁或经营租赁的方式获得的,我国航空运输业作为一个负债率很高的行业,其盈利与利率、汇率、油价密切相关。一个完整的航空运输产业链很长,要实现整个产业的创新,仅仅靠一两家企业是无法实现的,必须由相互配套的企业共同合作,完成整个产业链相关环节的创新,才能实现产业创新能力的提升。提升我国航空运输产业的创新能力，在坚持技术创新为核心，技术创新、组织创新、创新支撑环境相协调原则的基础上，需要做到以下几点：

1. 坚持自主创新，加强人才队伍建设

实践证明，自力更生、自主创新，是我国真正在世界高科技领域占有一席之地的重要基石。人才是技术创新的灵魂，我们要加强运输业航空人才的培养，基于产学研一体化理念联合培养航运业飞行员、机务人员等专业技术人才。通过全面加强人才队伍资质能力建设，促进现代高新技术与市场需求、产业发展有机结合，突破现有的技术瓶颈与能力制约，提升航运产业的安全裕度，运用前沿科技技术为航空运输产业的运营发展与安全管理提供解决方案，努力形成基于运输飞行安全规律的持续安全生态系统。

2. 加大创新经费投入，改革融资渠道

资金投入是实现自主创新的必要条件，我国的航空运输产业创新研究要摆脱对上级拨款和银行贷款的依赖，主动开拓筹资渠道，多方筹措研发资金，积极培养创新资源。在航空公司的市场压力和成本压力加大的情况下，有必要重新审视航空运输业的周期性和准金融性，适时研判行业周期变化，积极稳妥地实施对冲政策，包括进一步调整负债结构、开展航油套期保值、有效控制运力规模、减少国际长航线等。

3. 进行资源战略重组，转型规模化的发展方式

航空运输经济的发展直接涉及投资、生产、流通和消费各个环节，要通过灵活多样的通勤航空连接支线机场和通用机场，形成兼顾，使支线机场发挥中转功能，形成高效便捷的新型人流、物流通道，也为老少边穷和陆路水路交通欠发达地区提供航空服务解决方案，构建起以经济联系、人文交往等真实客货需求的区域航空网络。通过航空产业链的聚集，构建全方位保障体系，以拉动区域内需、促进就业、创造税收、提升居民收入，进而促进当地相关产业的发展，打造区域经济发展的规模化产业。

4. 加快科技转化成果，完善知识产权保障工作

目前我国航空业"技术与经济脱钩"现象比较普遍，致使大多数成果只停留在"样品"和"展品"阶段。产业创新要以民航的技术创新需求为导向，以形成产业核心竞争力为目标，以企业为核心，围绕产业创新链，运用市场机制集聚创新资源，实现企业、高校和科研机构等在战略层面有效结合，共同突破民航发展的技术瓶颈。产业创新最终目的就是实现市场价值，要合理利用资源，降低创新成本，把握成熟的有市场前景的资源投入市场，这样才有科技转化为成果的动力，提高产出效率；另外，政府要尽快完善各项法律规章制度，为航空运输产业

创新营造良好的法治氛围。

本 章 小 结

　　随着中国经济的发展，中国航空运输业得到了快速发展。但是面对全球市场环境的紧缩，中国航空运输业也存在一系列严峻问题亟待解决，尤其是疫情的影响，使得航空业出现断崖式下滑。在国内国外双循环背景下，需继续发展航空业，提供坚强的交通运输保障。由于严峻的国际形势和新冠肺炎疫情的影响，外向经济出现萎缩。因此，只能依靠我国地大人多和产业门类比较齐全的优势，通过交通的大投资大建设扩大内需、完善备齐产业链，促进内循环并保持内循环为主体的"双循环"战略才能解困。因此，我国航空业需深耕国内市场，并积极参与国际市场竞争，推动行业治理高效能，深化管理体制改革。

　　并且本文列举了中国国际航空公司、东方航空、南方航空、中国空运外运、顺丰航空等企业，分析了这些企业各自的优势与劣势，以及经营战略，从微观层面上分析了我国航空业的现状，对我国航空业在"双循环"背景下的发展有启示意义。

第五章

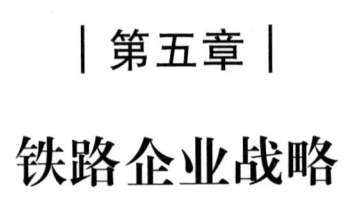

铁路企业战略

一、铁路行业发展概述

（一）现状

铁路是世界各国的基础设施，也是国民经济的大动脉和交通运输的骨干。铁路建设的发展关系各国现代化的进程。在我国，铁路是国家的重要基础设施、大众化的交通工具，在中国交通运输体系中处于骨干地位。我国地域辽阔、人口众多、资源分布不均，所以经济、快捷的铁路普遍占有更大的优势，成为一种广泛使用的运输方式。

根据《国务院机构改革和职能转变方案》，2013年3月实行铁路产业政企分开，将铁道部拟定铁路发展规划和政策的行政职责划入交通运输部。交通运输部统筹规划铁路、公路、水路、民航发展，加快推进综合交通运输体系建设。组建国家铁路局，由交通运输部管理，承担铁道部的其他行政职责，负责拟订铁路技术标准，监督管理铁路安全生产、运输服务质量和铁路工程质量等。组建中国铁路总公司，承担铁道部的企业职责，负责铁路运输统一调度指挥，经营铁路客货运输任务，承担专运、特运任务，负责铁路建设，承担铁路安全生产主体责任。

中国铁路行业的发展离不开客观存在的宏观环境。PEST 理论可以更加有效地分析客观的宏观环境，PEST 理论所包括的四个方面是：政治、经济、社会、技术。下面将从这四个方面对中国铁路行业发展现状进行分析。

1. 政治环境

政治环境给企业带来的影响是非常明显的。以习近平新时代中国特色社会主义思想为指导，坚定不移贯彻新发展理念，坚持稳中求进工作总基调，以推动高质量发展为主题，以深化供给侧结构性改革为主线，以改革创新为根本动力，以满足人民日益增长的美好生活需要为根本目的，统筹发展和安全，巩固拓展疫情防控和经济社会发展交通运输成果，把握节奏、优化结构、内提质效、外保安畅、内外连通，着力"强网络、建体系、抓创新、促开放、优治理"，实现"扩大循环规模、提高循环效率、增强循环动能、保障循环安畅、降低循环成本"，加快建设交通强国，支撑扩大内需战略，推动形成强大国内市场，为构建新发展格局提供有力支撑保障，为全面建设社会主义现代化国家当好先行。而铁路运输作为一种重要的陆上运输交通方式，受政治环境影响尤为明显，但铁路运输仍是世界主要运输方式。现今世界各国政府都在积极地推动铁路建设，引导着铁路基础设施的发展和建设。

在我国，党中央和政府对铁路的发展给予大力支持。"十一五"时期是我国铁路发展的重要时期。党中央和国务院在"十一五"规划中作出了加快铁路发展的重要决策，对发展完善铁路网的建设，对建设铁路采用的装备现代化等工作作出了重要部署。"十二五"时期是铁路实现科学发展、全面提升现代化水平的关键期。党中央和国务院在铁路建设方面提出了进一步完善路网布局，推动区域协调发展，技术装备先进适用，运输安全持续稳定，创新能力不断增强，信息化水平全面提高，运输能力和服务水平大幅度提升，经营效益和职工收入同步增长。"十三五"时期我国仍处重要战略机遇期，交通运输处于支撑全面建成小康社会的攻坚期、优化网络布局的关键期、提质增效升级的转型期。"十四五"时期是我国乘势而上开启全面建设社会主义现代化国家新征程的第一个五年。加快建设交通强国是顺应高质量发展、抢抓新机遇、应对新挑战的客观需要。2021年将全面做好加快建设交通强国具体工作。包括深入落实《交通强国建设纲要》和《国家综合立体交通网规划纲要》，做好"十四五"规划编制工作，推动交通强国建设试点落地见效和着力抓好重大工程。

另一方面，地方党委和政府对加快铁路的发展也十分支持。近几年以来，各个省份的地方党委和政府对发展铁路建设的积极性越来越高，支持力度也越来越大。很多地方党委和政府都将铁路建设作为拉动地方经济的重点、把铁路建设作为保持地方经济快速持续发展的基础和支持绿色环保运输的举措。各个地方党委和政府全力支持加快铁路建设发展，不仅承担了征收土地拆迁所带来的艰巨任务而且地方党委政府还出资参与铁路建设。

现今，我国出台了多部法律法规来保障铁路运输安全：1989年公布了《铁路运输安全保护条例》，1990年发布了《中华人民共和国铁路法》，2013年通过了《铁路安全管理条例》，2014公布了《铁路旅客运输安全检查管理办法》等，

2016年发布了《铁路专用设备缺陷产品召回管理办法》，2017年修改了《铁路运输企业准入许可办法》，2020年和2021年补充了《国际铁路货物联运协定》和《国际铁路货物联运协定办事细则》等。这一系列政策都显示了我国政府对于铁路交通发展的大力支持，中国铁路行业在发展过程中受惠于这些相关的政策。

2. 经济环境

我国作为世界上最大的发展中国家，受益于政策的稳定性，随着改革开放和我国政府依据本国国情适时适度调整我国的经济政策，我国的经济实力不断攀升，增长速度也持续增加，在今后的一段时间里我国的经济也仍将处于较高增长状态。

为了保持经济增长，政府每年都在增加对基础设施的投资。中国交通信息网显示2020年全国铁路固定资产投资完成7819亿元（如图5-1所示）。投资完善基础设施，提高了居民对铁路产业需要和信赖，拉动了铁路产业的经济增长。在巨额投资的保障下，我国铁路发展十分顺利，到2020年底全国铁路营业里程达到14万公里以上。

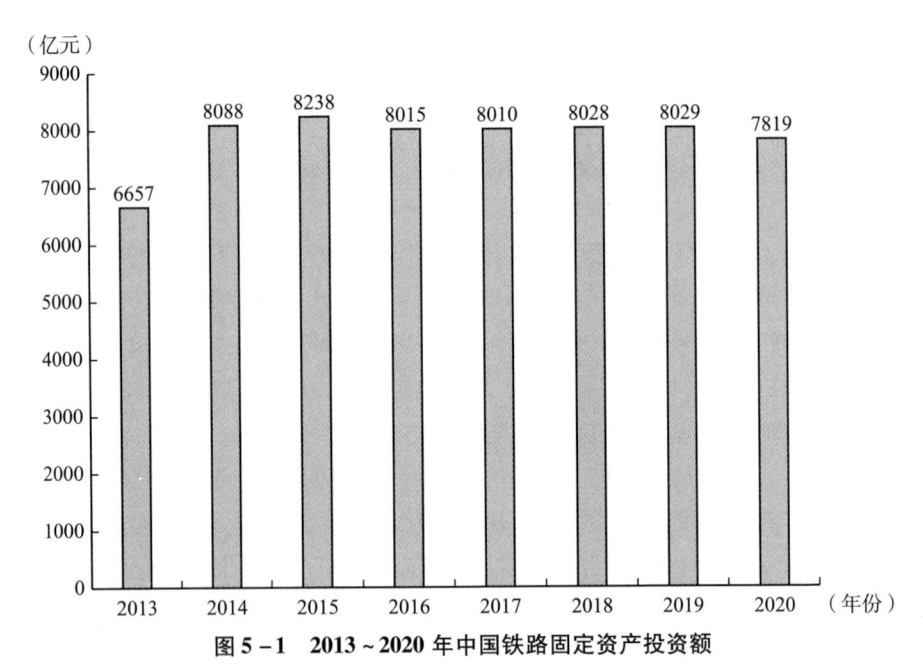

图5-1 2013~2020年中国铁路固定资产投资额

资料来源：2020年中国铁路行业市场规模及发展趋势分析固定资产投资额放缓［EB/OL］.（2020-12-14）. https://www.sohu.com/a/438200117_473133.

随着经济社会的快速发展，资源环境的约束日益加剧。过去经济的高增长大多是建立在消耗能源资源和污染的基础上。要想经济持续稳定增长，需要转变经济发展方式，增强可持续发展能力。在我国当前的运输成本较高，能源消耗增加快速，节能减排压力大，交通拥堵严重，需要优化交通运输结构，促进我国交通运输又好又快发展。铁路在节能、节地、环保、经济等方面具有明显的比较优势，进一步发展铁路运输，形成分工合作、优势互补、协调发展的运输体系，是落实国家节约资源、保护环境基本国策的重要体现，也是以较低的社会成本和资源环境代价满足经济社会发展对运输需求的客观需要，对加快转变交通发展方式、促进经济社会可持续发展具有重要作用。

我国区域经济发展呈现出不平衡的发展态势。地理位置、工业技术条件、工业基础设施完善程度、市场化程度和政策等因素造成了我国各地区自然资源条件和人口聚集程度差异大，资源能源与产业布局不合理的区域经济差异。区域经济差异的扩大不利于我国经济的整体发展。因此，要重视区域经济发展差异的问题，促进区域协调统一发展。这就确定了从生产过程到消费者市场需要距离长，运量大，低成本的运输方式来实现。铁路"十三五"规划中提出了推进实施国家重大战略要求铁路发挥引领带动作用。具体而言就是，贯彻落实推进"一带一路"建设部署和区域发展总体战略及京津冀协同发展、长江经济带发展等战略，推进新型城镇化和军民融合深度发展，要求继续推进以中西部地区为重点的铁路建设，加快形成快速畅通的铁路大通道，进一步完善覆盖广泛的运输网络，缩小地区发展差距，推动更大范围更高水平更深层次区域协同合作。铁路的"十四五"规划进一步从推动铁路科技创新发展、推进交通基础设施一体化融合发展、提升技术装备现代化水平、提升运输服务品质、持续推动铁路"走出去"、提升铁路治理效能等六个方面，努力推动铁路高质量发展，加快建设交通强国。

3. 技术环境

2010年12月3日，具有自主知识产权的CRH380AL新一代高速列车在京沪线先导段创造了486.1公里/小时的世界高速铁路最高运营试验速度，列车各项性能指标完全满足设计要求，标志着我国高速列车技术已跻身世界高速列车技术先进行列。2018年，中国铁路在高铁工程建设、装备制造、运营管理三大领域成套技术体系进一步完善，其中"复兴号"实现时速350公里商业运营，保持着世界领先水平。

在"十四五"规划中提出将推动时速400公里级高速铁路关键技术、600公里级高速磁悬浮系统技术储备等重大科技研发，突破关键核心技术，提升企业创新能力，完善科技创新体制机制；同时，完善"八纵八横"高速铁路网建设，大力推进城际铁路，加快发展市域铁路，完善路网布局，实施川藏铁路、西部陆海新通道等一批重大工程项目。推动综合交通协调发展，统筹综合交通枢纽体系，完善集疏运系统建设，实现信息互联共享。加强国际交流合作，实施铁路"互联互通"项目，鼓励装备和技术出口，推进中国铁路标准国际化，优化扩大中欧班列开行，树立中国铁路品牌效应。此外，推动铁路企业股份制改造，优化铁路营商环境，深化投融资改革。

随着建设制造强国的氛围正在形成，交通装备制造成为装备制造业重点发展的十个领域之一，发挥产业带动效应，已成为引领我国由"交通装备制造大国"迈向"交通装备制造强国"的必由之路。其中轨道交通系统综合安全评估与协同安全保障技术、轨道交通系统全息感知与泛在融合智能化技术、轨道交通系统全局效能评估及综合效能提升关键技术和轨道交通系统解耦与适配技术成为轨道交通技术发展的重点。

2019年国家铁路局制定发布铁道行业技术标准51项、工程建设标准19项、工程造价标准8项。相关铁路规定的不断颁布，使我国铁路运输愈发完善。我国的铁路技术标准是在符合中国法律法规，适应中国地理、环境及资源，充分反映市场需求的条件下，以科技创新成果为支撑，采用和借鉴国际国外标准和国外先进技术，系统总结铁路建设和运营实践经验而制定的技术标准。

4. 社会环境

《中国统计年鉴（2020）》显示：我国人口规模2019年底达14亿人。其中，0～14岁未成年人数量占全国人口的16.8%，65岁以上人口占12.6%。截至2019年底：15岁及其以上人口文盲占15岁及以上人口总人数的4.59%。这些数据表明随着人口的持续增长，出行量将不断增加。我国人口受大学教育比例较低，而受教育程度也影响着人们对出行方式的选择，受教育程度高的人群对出行方式的选择往往更加注重绿色出行和安全出行。在我国贫富差距两极分化背景下，大量低收入阶层更需要低成本的交通运输方式。由于运输量大，运输成本低等因素，铁路运输比航空运输和公路运输更加便宜，铁路交通行业客源充足，市场潜力巨大。针对跨城通勤，铁路客运打造长三角"高铁都市圈"让"双城"到"同城"，让高铁和城市间黏合得越来越密切，优化旅游专列，拉近全国各大主干城市间的距离，让人们真真切切感受到的实惠与方便，使客运量稳步提升。

根据我国2019年交通运输数据显示，铁路客运量同比增长8.4%；货运保持较快增长，铁路货运量同比增长7.2%，占全社会比重达7.8%，同比有所提高。针对煤炭、钢铁等传统大宗物资外的货物运输需求，铁路货运积极推出多样化服务，实行"门到门"全链条服务、"顺丰高铁"服务再到"一带一路"明星品牌的中欧班列，甚至发布时速超过250公里的货运动车，中国铁路物流运输向世界展示了一面鲜明旗帜，中国铁路运输安全有速度保障，中国的铁路货运量一路高升。①

（二）存在问题

在中国铁路行业的发展过程中，除行业自身存在风险之外，我国铁路行业长期政企合一的状态导致各种难题丛生。因此，我国铁路改革的最终目标是铁路客货运价完全市场化，政企分开是未来铁路客货运价格完全市场化的必要条件和铺垫。

运价完全市场化并非一蹴而就的，需要有一段较长的过渡期。改革不是革命，它是循序渐进的，运价改革要统筹考虑，主要是要避免运价过快上涨导致铁路运输业前后产业端的物价变动过大，从而造成不利影响，同时运价也受全国物价上涨指数的约束。在运价市场化的进程中，我国铁路行业的各种风险、问题也逐渐暴露出来：

1. 对主要客户依赖的风险

铁路行业的主要客户多为大型生产和经营企业，如果这些主要客户的产量下降，或对铁路运输的需求下降，或自建铁路运输，将可能对铁路行业的业务经营将产生不利影响。

2. 业务经营风险

资源类大宗货物运输是目前铁路行业业务收入的主要来源，资源类大宗货物的市场供需受宏观经济波动、能源结构调整优化、环保政策变化等因素影响较大，若未来国内资源类大宗货物需求持续放缓，将相应降低铁路运输需求，从而对中国铁路运输业务产生不利影响。

3. 运价调整风险

运输价格是影响行业营业收入的重要因素之一。若铁路运价政策发生调整将给铁路行业的经营带来一定影响。

4. 同业竞争风险

根据国家路网规划，全国各地都有多条新建铁路线路开通运营，这也必将加剧区域内的同业竞争，将对铁路行业运输经营产生一定影响。

---

① 国家铁路局关于发布《2019 年铁道统计公报》的公告 [EB/OL]. 中华人民共和国交通运输部网站，https://www.mot.gov.cn/tongjishuju/tielu/202005/t20200511_3323807.html.

5. 铁路运输事故风险

我国铁路行业一贯重视铁路安全生产工作。尽管如此，在经营过程中仍然面临发生列车相撞、出轨、颠覆、人身伤亡、货物破损、线路损坏等事故的风险。

6. 自然灾害的风险

在运营和建设过程中，铁路设施可能遭受诸如地震、洪水、恶劣气候等自然灾害的大面积影响，可能造成铁路运输中断，如果发生上述情况，将对相关企业的业务经营产生不利影响。

（三）趋势

当前国内外环境依然错综复杂，受发达国家"再工业化"、"制造业回归"和发展中国家低成本竞争的"双向挤压"，我国制造业参与国际竞争的环境日趋严峻。国内经济下行压力加大，经济运行新常态特征更加明显，环境资源约束增强，传统制造业产能过剩，经济增速换挡、结构调整阵痛和新旧动能转换相互叠加，企业生存发展压力加大，供给侧结构性改革持续深入，提质增效、转型升级的要求更加紧迫。

在这样的宏观环境下，中国铁路企业所处行业环境及发展趋势也呈现出新的趋势，主要表现为两方面：

1. 国家铁路

2021 国家铁路局正组织开展《"十四五"铁路发展规划》研究编制工作，聚焦"十四五"规划目标任务：2020 年，面对严峻复杂的国际形势、艰巨繁重的国内改革发展稳定任务，特别是面对新冠肺炎疫情的严重冲击，铁路率先推动重大建设项目复工复产，全年完成固定资产投资 7819 亿元，新增营业里程 4933 公里。"十三五"期间累计完成固定资产投资 4 万亿元，到"十三五"末，铁路营业里程 14.6 万公里，其中高铁 3.8 万公里。① 到 2025 年，铁路网规模达到 17.5 万公里左右，其中高速铁路 3.8 万公里左右，网络覆盖进一步扩大，路网结构更加优化，骨干作用更加显著，更好发挥铁路对经济社会发展的保障作用。展望到 2030 年，基本实现内外互联互通、区际多路畅通、省会高铁连通、地市快速通达、县域基本覆盖。

（1）完善广覆盖的全国铁路网。连接 20 万人口以上城市、资源富集区、货物主要集散地、主要港口及口岸，基本覆盖县级以上行政区，形成便捷高效的现

---

① 2020 年 1 – 12 月国家铁路主要指标完成情况［EB/OL］. 中国国家铁路集团有限公司，http：//www.china-railway.com.cn/wnfw/sjfw/202101/t20210127_112100.html.

代铁路物流网络，构建全方位的开发开放通道，提供覆盖广泛的铁路运输公共服务。

（2）建成现代的高速铁路网。连接主要城市群，基本连接省会城市和其他50万人口以上大中城市，形成以特大城市为中心覆盖全国、以省会城市为支点覆盖周边的高速铁路网。实现相邻大中城市间1~4小时交通圈，城市群内0.5~2小时交通圈，提供安全可靠、优质高效、舒适便捷的旅客运输服务。

（3）打造一体化的综合交通枢纽。与其他交通方式高效衔接，形成系统配套、一体便捷、站城融合的铁路枢纽，实现客运换乘"零距离"、物流衔接"无缝化"、运输服务"一体化"。2020年末，全国铁路营业里程达到14.6万公里，其中高速铁路3.8万公里，中西部地区铁路营业里程9万公里。铁路复线率和电化率分别达到60%和73%。[①] 复兴号中国标准动车组实现时速350公里商业运营，系列化产品谱系基本形成。智能型动车组在世界上首次实现时速350公里自动驾驶。基本形成布局合理、覆盖广泛、层次分明、安全高效的铁路网络。

2. 城市轨道交通

近年来城市轨道交通作为支撑城市正常运行的大动脉，发展迅速。随着新型城镇化、城市群建设进程的不断加快，城市轨道交通将逐步成为国民经济新的增长点。"十三五"期间，全国铁路营业里程增加到14.63万公里，增长20.9%，其中高铁增加到3.79万公里，[②] 翻了近一番，"四纵四横"高铁网提前建成，"八纵八横"高铁网加密成型，建成了世界上最现代化的铁路网和最发达的高铁网。全国铁路基本建设投资超过2019年水平。根据中国城市轨道交通协会相关预测，"十四五"期间全国铁路营业里程将达17万公里左右。根据国家发改委、交通运输部联合印发的《交通基础设施重大工程建设三年行动计划》，2016~2018年，重点推进103个城市轨道交通项目前期工作，新建城市轨道交通2000千米以上，涉及投资约1.6万亿元。轨道交通装备市场的巨大发展潜力，为铁路行业主营业务的快速发展提供了良好的外部环境，铁路行业在技术、生产、市场、管理及服务等方面的综合能力建设面临更高的要求。中国铁路总公司将凭借在轨道交通领域车辆专业、电务专业、供电专业、工务专业、营运专业等技术领域获得的竞争优势，紧紧把握行业发展趋势，加强战略布局和前瞻部署，以期在未来国内外竞争中占据有利地位，逐步朝着"轨道交通行业最值得信赖的国际一流企业"的目标迈进。国内铁路设施企业产品已覆盖轨道交通车辆、电务、工

---

① 《中国交通的可持续发展》白皮书（全文）[EB/OL]. 中华人民共和国国务院新闻办公室，http://www.scio.gov.cn/zfbps/32832/Document/1695297/1695297.htm.

② 中国国家铁路集团有限公司工作会议在京召开 [EB/OL]. 中国国家铁路集团有限公司，http://www.china-railway.com.cn/xwzx/ywsl/202101/t20210104_111518.html.

务、供电、运营等专业领域，成为综合轨道交通设备供应商。

目前城市轨道交通建设发展迅速，并且随着国内国外双循环大背景的提出和"十四五"规划的出台，轨道交通行业将在未来很长时间内享受政策红利，与之相伴随的电气、系统等设备的生产销售需求量巨大，发展前景乐观。

二、铁路企业战略实施案例

（一）大秦铁路股份有限公司①

1. 企业简介

大秦铁路股份有限公司（以下简称"大秦铁路"）是以煤炭运输为主的综合性铁路运输公司，是担负中国"西煤东运"战略任务规模最大的煤炭运输企业。公司于2004年10月26日创立，10月28日在国家工商总局注册，是中国第一家以路网核心主干线为公司主体的股份公司。

我国国民经济稳中向好发展，2020年GDP为1015986亿元，同比增长2.3%，工业生产持续发展，经济基本面对煤炭需求的拉动有所增强。煤炭需求回暖，价格处于阶段性高位，煤炭企业发运积极性较高。客运方面，公司推进站车"五化"改造和环境卫生整治，增设售取票网点和设备，创新推出银铁通、空铁通、常旅客积分等便民举措，并坚持以市场为导向，加强客流分析，合理铺画运行图，通过增开列车、加挂车辆等举措，满足旅客出行需求。同时，积极优化客流组织，加强铁路与其他交通方式的连接配合，客运服务供给品质和效率进一步得到提升。

（1）组织架构。

在不断的探索与实践中，大秦铁路最终确定了企业使命及愿景，即：为国民经济和社会发展提供可靠运力保障之重，争大力发展铁路运输生产力之先；负铁路跨越式发展使命之重，争把大秦线建设成为标志性、示范性、样板性工程之先；负推进观念、体制、管理创新之重，争建设现代化铁路企业之先；负维护团结、安全、稳定大局之重，争建设社会主义和谐企业之先；负实现广大职工群众最根本利益之重，争职工生活全面达到小康水平之先；负广大投资者和用户的期

---

① 根据大秦铁路股份有限公司相关信息整理所得。

望之重,争取创造一流业绩,力求最大回报之先。

其中又有三大重点:

①重载高效。把大秦线建设成为全国铁路乃至世界铁路载重能力最强、运输效率最高的大能力煤运通道;

②安全畅通。把大秦线建设成为安全管理规范、安全基础扎实、具有可靠保障的安全运输通道;

③现代化铁路。把大秦线建设成为拥有一流技术装备、一流运输能力、一流管理水平、一流职工队伍的现代化铁路。

为了践行企业使命及愿景,大秦铁路的组织架构设置如图5-2所示。

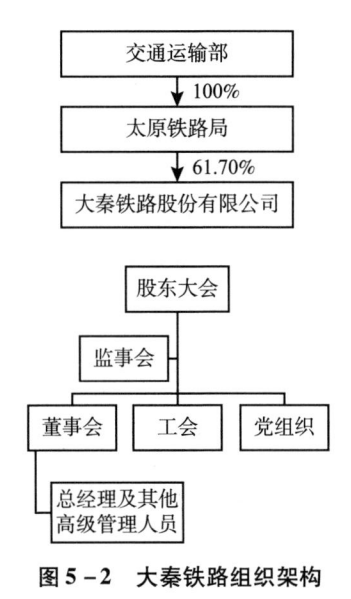

图5-2 大秦铁路组织架构

(2) 企业现状。

①战略地位。

公司拥有的铁路干线衔接了我国北方地区最重要的煤炭供应和中转枢纽,处于"承东启西"的战略位置。主要货源地山西省、内蒙古自治区煤炭资源丰富,公司的主要客户多为大型煤炭生产和经营企业,有较强的生产能力和外运需求,与公司保持着长期、稳定的合作关系。核心经营资产大秦线横跨京津冀经济带,并与环渤海湾主要港口联通,为公司对接"一带一路"建设、京津冀协同发展等国家项目,积蓄发展动力提供了基础。

②技术体系。

公司拥有成熟、先进、可靠的铁路煤炭重载运输技术体系。所辖大秦线是具有世界先进水平、年运量最大的现代化专业煤炭运输线路，采用Locotrol、GSM-R、双线电气化等重载技术，配置了性能先进的机车车辆等设备。公司依托北同蒲、宁岢线等万吨、2万吨装车点和秦皇岛、曹妃甸等煤炭接卸港口，组织大规模自动化装卸和重载直达运输，形成了完整、先进、高效的煤炭重载集疏运系统。

③技术队伍。

公司长期经营铁路运输业务，建立了一整套安全、高效的运输组织管理机制和调度指挥系统，拥有一支技术过硬、经验丰富、精干高效的铁路运输管理和专业技术队伍。

④盈利能力。

公司整体运营状况良好，在交通运输上，公司保持较高的利润率水平，经营活动产生的现金流较为充沛。

（3）企业战略。

扎实推进"五个发展"：增强安全风险管理，推进"安全发展"，夯实公司发展基础；适应经济新常态，推进"转型发展"，拓宽公司发展空间；做到精准发力，推进"创新发展"，激发公司发展活力；坚持规范合规，推进"健康发展"，优化公司发展环境；坚持开放包容，推进"共享发展"，扩大公司发展效益。

①安全管理方面。

把握"强基达标、提质增效"工作主题，构建人防、物防、技防"三位一体"的安全保障体系，建立科学有效的安全管理新格局。一是强化安全意识，严格落实安全生产责任制，建立安全责任追溯制度。推行安全生产标准化建设，完善作业标准体系，加强岗位作业达标管理。强化现场控制，分系统研判安全风险，夯实安全管理基础。二是强化设备设施质量源头控制，深化设备修程修制改革，完善设备投入保障机制，强化专业化养护维修能力建设，加大设备隐患检查整治力度，确保设备质量动态稳定。发挥监控、"5T"等装备功能，提升设备保安全能力。三是充分运用现代化科技手段特别是大数据技术，提高安全防控科技含量。

②业务发展方面。

一是稳定大宗运量，用好煤炭供需中长期运力运量互保协议，建立稳定的客户关系，锁定目标客户运量。挖掘覆盖区域内有效货源，灵活实施实重计费、量价捆绑等政策，完善货物运价浮动机制，更好适应货运市场变化。二是发展集装箱运输，继续拓宽入箱品类，增加办理站点，加大块煤集装箱铁水联运班列开行数量。拓展特色化货运班列，加快融入环渤海、京津冀等地区，提供"一客一案""一企一案"个性化、定制化服务。三是大力拓展客运市场，利用客流信息、票额动态等大数据，分析运力分配、客座利用率，动态调整客车开行。优化售票激励机制,完善常旅客、会员制等客户管理机制,优化电子支付功能和票额预分策略。开发旅游精品线路,加强热门方向客流监测和票额预售分析,通过加开、加挂等措施增加运能。升级城际列车车底,优化普速客车开行结构。四是推进物流网络体系建设,加密物流网点布局,重点加快中鼎物流园后续工程建设,满足多式联运需求,推进配套工程尽早形成能力。继续开发"互联网+"物流平台功能,为各类物流资源提供"智慧"配置服务和增值服务。

2. 企业分析

(1) 组织分析。

公司根据业务规模和经营管理需要设立了现有组织结构实行"本部—站段"的两级管理模式,遵循不相容职务相分离的原则,合理设置了部门和岗位,并制定了部门职责和岗位说明书,各职能部门分工明确、权责分明、相互协作、相互制约、相互监督。

在这样的组织架构下,大秦铁路也为中国铁路行业贡献了公司治理的独特经验:

①持续优化信息披露业务流程,切实保障信息披露质量。注重从所处行业角度,充实、完善非财务经营信息,加大自主披露力度,增强投资者对公司经营情况的了解。

②加强可持续发展战略研究规划,充分发挥各专业委员会作用,进一步增强对公司资本运作、项目投资等重大经营事项的研究、管理和监督,提升决策的科学性。

③强化投资者交流沟通,创新运用网络载体和移动互联技术,拓宽与投资者、媒体间的快速沟通渠道。促进公司更有效率地运作,为股东创造更多的价值。坚持回报股东的企业文化,保持现金分红政策的长期性和稳定性,让股东分享企业经营成果,切实维护股东权益。

(2) SWOT分析。

大秦铁路SWOT分析,如图5-3所示。

优势: 运量屡创新高,货运运距持续增长,运输品类从单一煤炭向综合运输发展,外延式扩张带来持续增长潜力,通过收购等不断完善煤炭运输网	劣势: 下游煤炭运输需求不足,经营成本未能有效控制,外延式增长慢于预期
机会: 铁路运输市场化改革为铁路运输带来了机遇,企业也受益于铁路运输市场化改革	威胁: 同类企业发展速度快,西煤东运第三通道和山西中南部通道成为潜在威胁

图5-3 大秦铁路SWOT分析

（二）北京鼎汉技术集团股份有限公司[①]

1. 企业简介

北京鼎汉技术股份有限公司（以下简称"鼎汉技术"）成立于 2002 年 6 月，公司以"打造轨道交通行业最值得客户信赖的国际一流企业"为愿景，以"技术推动行业进步，实现人类幸福出行"为使命，是一家从事轨道交通高端装备研发、生产、销售和服务的高新技术企业。2009 年 10 月 30 日，公司在深圳证券交易所创业板上市，成为中国第一批创业板上市企业。

公司总部设在北京市中关村丰台科技园总部基地，营销及服务平台遍布全国 24 个城市。2017 年 3 月，鼎汉完成了对艾思玛铁路技术有限公司（SMARailway Technology GmbH，SMART）100% 股权的收购。SMART 总部位于德国卡塞尔市，主要从事轨道交通车辆专用创新型辅助电源转换器及其他电气设备的研发、生产和销售，是全球轨道交通电源领域的知名企业和技术领先企业。目前公司总资产逾 30 亿元，员工总数超过 1800 人。

（1）组织架构。

公司扎根轨道交通行业，以技术为根基，聚焦轨道交通的专业装备及综合方案的生产和提供。通过可靠的产品、专业的服务、创新的技术，向客户提供体验一流的解决方案，与客户建立长期的合作关系，为客户创造价值。

目前公司主要产品分为轨道交通车辆设备和轨道交通地面设备两大类，八大细分业务板块。轨道交通车辆设备包括：车辆电源、车辆空调、车辆线缆、车载检测系统，轨道交通地面设备包括：地面电源、屏蔽门/站台门系统、地铁制动管理系统、货运/客运信息化系统。同时，公司也根据客户需求提供其他配套产品及服务。

为实现企业战略，鼎汉技术的组织架构更为精简，如图 5-4 所示。

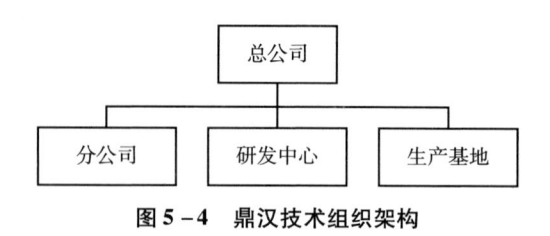

图 5-4 鼎汉技术组织架构

[①] 根据北京鼎汉技术集团股份有限公司（http：//www.dinghantech.com/）相关信息整理所得。

(2) 企业现状。

鼎汉技术采取自主生产与委托加工相结合的生产模式，即核心部件和整机总装、调试等核心生产工艺和高技术含量的加工工序由公司自主完成，劳动密集型、加工工艺简单的低附加值生产环节委外加工的生产模式。公司在东莞、江门、芜湖、成都与德国卡塞尔设有生产基地，生产基地采用先进的管理理念，以打造敏捷、高效、经济、灵活的供应链为愿景，推行精益生产，追求更快的速度、更好的质量、更高的效率、更低的成本。生产基地的生产活动主要基于需求驱动，应用SOP流程工具和ERP系统等IT工具，有效管理生产交付业务，及时满足客户的需求，同时加快库存的周转。公司制定了"质量表现卓越，用户体验一流"的质量方针，倡导和追求零缺陷管理与持续改进的质量文化。

公司产品营销模式根据境内销售与境外销售有所区别。在境内，公司营销及服务平台遍布全国，覆盖所有轨道交通线路，销售方式以直销为主，全国范围内网状营销平台基于公开招标信息结合客户需求实时快速响应，售前、售中体系联合启动，第一时间提供满足各级客户需求的产品解决方案，售后体系全周期跟踪产品使用情况，保障产品安全、稳定运行；同时，公司设立大客户部，对接公司所有车辆厂客户，提高沟通效率，及时、客观了解客户动态，实时提供一站式解决方案。在境外，公司传统方式主要通过以具备资质的总包商为平台对外提供产品及服务，参与国际竞争；公司全资收购轨道交通行业优秀境外企业SMARailway Technology GmbH，将凭借SMART与国外各主机厂的广泛合作基础和全球应用案例，进一步打开国际市场，同时加强对国际轨道交通市场的了解与理解，接触更多拓展和合作的机会，提升公司国际化水平，打造轨道交通行业最值得信赖的国际一流企业。

(3) 企业战略。

公司聚焦轨道交通行业，以"打造轨道交通行业最值得信赖的国际一流企业"为愿景，以"地面到车辆""增量到存量""走向国际化"为战略发展方向，主营业务是对轨道交通各类高端装备进行研发、生产、销售、安装和维护等；同时，公司也以客户需求为导向提供其他配套产品及服务。公司坚持"内生+外延"的发展方式，一方面加大内生投入，保持成熟产品的市场占有率、技术优势，持续推动符合公司战略方向的新产品的立项、研发、资质获取和市场拓展；另一方面，持续加大外延投入，通过并购做大做强，提高对国内外与公司战略协同，具备产品、技术、客户、渠道等相关性的优质标的企业的关注与交流，促进公司国际化一流高端装备企业的建设进程。

公司正在围绕"地面到车辆、增量到存量"的战略目标逐步实施落地。为保障轨道交通业务板块全面发展，有能力开创与抓住更多规模性发展的商业机会，公司将面向平台化公司演进作为新的战略目标实现的手段之一,在区域性、专业性两方面采取矩阵管理模式,机遇平台化的任务分担,信息共享,行动协同,充分发挥母公司和各子公司之间的协同效益。集合协同优势,开创新商业模式基于平台化建设基础,加速地面到车辆业务的快速扩张。通过商业模式创新,集合地面、车辆装备制造及服务的平台化优势,逐步形成中长期更为牢固的可持续增长能力。以技术与质量为核心竞争力建设,促进装备开发与制造走向高端应用高端装备设计能力与质量体系管理上升到公司核心竞争力的高度来建设,数字化、轻量化、智能化产品设计,体系化质量管理与控制,通过不断强化在各项专业技术、质量、服务的一体化集约优势,打造一流的高端装备制造企业品牌形象,为我国轨道交通高端装备走出去战略贡献力量。

鼎汉技术的企业战略也能通过三个层面进行理解:

①公司愿景:打造轨道交通行业最值得信赖的国际一流企业。

②公司使命:技术推动行业进步,实现人类幸福出行。

③公司价值观:勇于担当、说到做到、追求卓越、合作共赢。

2. 企业分析

(1) 组织分析。

2019年,在经济下行的压力下,轨道交通装备投资和需求仍然维持高位,但结构发生了一些调整,行业发展形势总体向好。而2020年,是公司经过高速发展后深度整合和业务创新的一年,也是组织架构逐渐稳固的一年。

为了让多元化业务能够更好地适应公司未来长远发展,2019年鼎汉技术集团化运作更加规范,同时结合国际化发展目标,启动了国际化管理咨询,进一步向国际化高端制造业学习;公司在继续按照既定的战略方向前进的同时,加强了集团各子公司间的业务融合协同,提升核心竞争力,强化高端人才培养与引进。

在经营管理方面,经过前三年的高速发展,公司规模得到扩大,2019年公司进入业务深度创新阶段。公司与广州地铁集团有限公司(以下简称"广州地铁")于2019年1月31日签订了《关于轨道交通轻量化中频/高频变流辅助电源战略合作框架协议》(以下简称《框架协议》)。双方本着平等自愿、互惠互利的原则,经友好协商,决定在轨道交通轻量化电源领域建立战略合作伙伴关系(以下简称"战略合作"),开展技术创新合作,以提升城市轨道交通车辆节能和运维效率。该项目经过2019年的各项设计、试验、装车及装车前专家评审,并于2020年上半年完成了超过5000公里的空载运营。经中国城市轨道交通协会技术装备专业委员会组织的专家评审后,于2020年9月份开始载客运营考核,截至2021年5月15日,实际累计完成近8万公里的运行,超过"5万公里载客运营"

目标考核，且运行状况良好。公司通过建立集团架构下的科学管理体系、提炼和积淀企业文化、进行全面预算管理、加强合同管理和应收账款管理、实施精益生产、实施薪酬体系改革等措施，在管理方面持续变革和改进，为未来进一步发展、更上台阶奠定基础。

在业务发展方面，公司重点促进地面产品和车辆装备齐头并进，共同发展，同时进一步加强导入期新产品的市场突破、开拓和交付，进一步推进在研新产品的资质获取进度，抓住国产化的有利时机，争取使新产品早日进入有广阔市场发展前景的高铁动车市场；同时打开国际化视野，研究世界优秀轨道交通装备企业的发展和成长规律，关注国外符合公司战略方向的标的企业，开放思想，探索国际合作机会，积极探讨和寻找机会"走出去"。

（2）SWOT 分析。

①优势。

在加快战略布局，寻求新突破中，公司实现了从地面设备供应商向车辆核心部件供应商的战略转型，不仅提高了公司综合毛利率，而且拓展了百亿级市场空间。公司外延式扩张的方向优先面向车辆市场，先后收购了中车有限、参股奇辉电子等公司，继续保持并增强公司的品牌优势、技术优势、平台优势以及细分市场的领先地位。

②劣势。

2021 年，公司将积极探索国际化发展思路，密切跟踪项目建设进度，实时响应客户要货需求，高效保障供应链流畅，产品交付有序增长；紧抓行业发展机遇，面向"绿色、低碳、环保"，加大公司战略产品创新升级力度，保持研发的持续性投入；积极推进混合所有制改革进程，在巩固公司现有领先优势及市场地位的同时，积极拓展轨道交通新市场、新客户发展机遇；加速战略性总部管理，强化过程管控和风险预控，提升集团内部运营能力，不断夯实各业务子公司经营责任及效益；继续加强人才梯队建设，持续完善绩效考核机制，注重人力资源开发。加强向国际优秀的轨道交通企业学习，积极探讨和寻找通过其他方式或机会"走出去"，进一步向"国际一流企业"迈进。国际化发展的同时，可能会产生对国际规则不了解、国际化人才储备不足等风险。

③机会。

近年来，一系列政策法规的颁布，也使鼎汉技术得以受惠。2013 年国务院通过了《铁路安全管理条例》，2014 公布了《铁路旅客运输安全检查管理办法》，2015 年发布了《铁路专用设备缺陷产品召回管理办法》，2017 年修改了《铁路运输企业准入许可办法》等。这一系列政策都显示了我国政府对于铁路交通发展的大力支持。

④威胁。

铁路运输产业由于其巨大的进入壁垒和退出壁垒，所承受新入侵者的威胁较小。这样的企业利润潜力很大，但风险也较大。铁路产业的进入壁垒主要表现在资本需求大、具有较大的规模经济性、政府政策的限制。同时，由于铁路运输专用资产的投资大、转移和转换成本高，使退出的固定成本极高，因此，退出的障碍亦很大。

（三）中国国家铁路集团有限公司①

1. 企业简介

中国国家铁路集团有限公司（简称"国铁集团"）是经国务院批准、依据《中华人民共和国公司法》设立、由中央管理的国有独资公司。经国务院批准，公司为国家授权投资机构和国家控股公司。公司注册资本为17395亿元，由财政部代表国务院履行出资人职责。

根据十二届全国人大一次会议批准的《国务院机构改革和职能转变方案》，实行铁路政企分开，组建中国铁路总公司。2013年3月14日，中国铁路总公司正式成立。2019年6月，经国务院批准同意，中国铁路总公司改制成立国铁集团。

国铁集团以铁路客货运输服务为主业，实行多元化经营。负责铁路运输统一调度指挥，负责国家铁路客货运输经营管理，承担国家规定的公益性运输，保证关系国计民生的重点运输和特运、专运、抢险救灾运输等任务。负责拟订铁路投资建设计划，提出国家铁路网建设和筹资方案建议。负责建设项目前期工作，管理建设项目。负责国家铁路运输安全，承担铁路安全生产主体责任。

（1）组织架构。

经过铁路产业改革，国铁集团的组织架构也更加明确。国铁集团目前下辖18个路局（含广州铁路集团、青藏铁路集团）、3个专业运输公司（中铁集装箱、中铁特货与中铁快运），3个事业单位（铁道党校、铁道战备舟桥处、中国铁道博物馆）及其他15个企业（中国铁路建设投资公司，中国铁道科学研究院等）。如图5-5所示。

---

① 根据中国国家铁路集团有限公司（http://www.china-railway.com.cn/）相关信息整理所得。

```
                          ┌─────────┐
                          │ 国铁集团 │
                          └─────────┘
        ┌──────────────┬──────┴──────┬──────────────┐
┌───────────────┐ ┌──────────┐ ┌──────────┐ ┌──────────────┐
│18个铁路局集团公司│ │ 事业单位 │ │ 其他企业 │ │ 专业运输公司 │
└───────────────┘ └──────────┘ └──────────┘ └──────────────┘
```

18个铁路局集团公司	事业单位	其他企业	专业运输公司
太原铁路局集团 广州铁路集团 北京　郑州 武汉　沈阳 西安　济南 上海　南昌 南宁　成都 昆明　兰州 哈尔滨 呼和浩特 乌鲁木齐 青藏铁路集团	铁道党校 铁道战备舟桥处 中国铁道博物馆	中国铁路建设投资公司 中国铁道科学研究院 中国铁道出版社 人民铁道报社 铁道部经济规划研究院 铁道部信息技术中心 铁道部专运处 中国铁路文工团 中国火车头体育工作队 铁道部机关服务中心 铁道第三勘察设计院集团 有限公司 中铁银通有限责任公司 中国铁路发展基金公司 中国铁路财产自保公司 中国铁国际有限公司	中铁集装箱 中铁特货 中铁快运

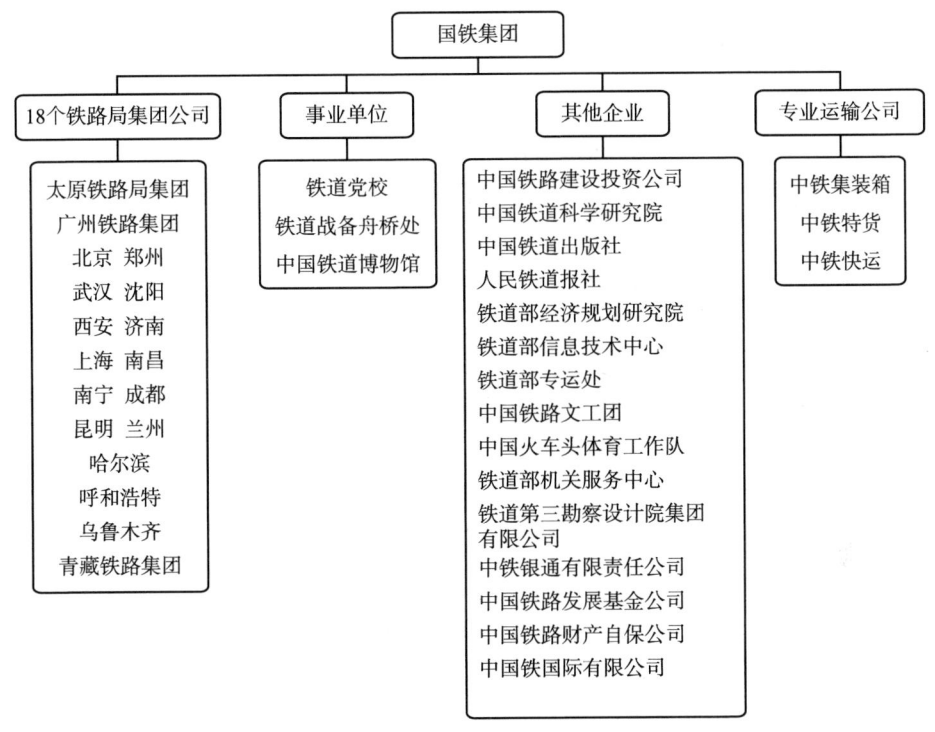

图 5-5　国铁集团组织架构

一个企业的使命是制定企业具体发展战略的前提。如果想要制定出良好的使命，就必须明白经济社会对本企业的内在要求和本企业所需要承担的社会责任和角色。国铁集团从中国的特定国情出发，服务于社会发展的需要。承担国家规定的公益性运输，保证关系国计民生的重点运输和特运、专运、抢险救灾运输等任务。同时，在适应经济发展的过程中，国铁集团通过发展客货运输，成为现代交通服务业的领先者。我国铁路运输所承担的社会经济责任要求中国铁路运输总公司承担"经济社会大动脉，社会服务领导者"的使命。

企业愿景是企业的发展方向及战略定位的体现。国铁集团的愿景则分为近、中、远期三个层面：

①近期：创新铁路客货运输产品，打造核心竞争力。
②中期：上下游产业资本化运作，构建现代服务链。
③远期：国内外业务多元协同发展，锻造国际品牌。

（2）企业现状。

对于企业家来说要做到以经营思维来进行管理。如果管理者在管理的过程中只专注管理本身，这将会破坏企业的文化、降低管理的效率。所以，国铁集团管理者在实施管理过程中也坚持遵循经营思维的准绳，具体包括三个层面：

①转换工作重点，把重点从管理工作转向经营工作。管理就是制定游戏规则，让被管理者遵守规则行动，而经营思维的本质就是客户思维、市场思维和价值思维。

②把企业的一切活动聚焦到为客服服务、聚焦到产品创、技术革新和营销，做到让客户满意和让企业成功的经营。

③以经营导向去判断一切活动的初衷和目的，真正地去关注如何把管理的成本转化为经营效益，从而实现管理与经营的高度融合。

（3）企业战略。

①技术创新：科学技术是支撑我国经济持续发展的动力，国铁集团在国家经济建设的过程中应该承担作为"大企"的责任。在铁路建设发展的过程中以技术作为引领。传统的成本控制如原材料成本控制和以规模效应促进成本控制有一定的局限性和依赖性，它的实现基于一定的产量。技术创新则是可以从根本上降低成本率。例如，国铁集团如果掌握核心技术，就可以减少支付给专利所有者的使用费；又或者改进铁路技术，在保障质量的前提下减少所需的物质投入量，进而降低成本率。一旦这些技术研发出来，就是永久性的，无论何时都可以使用。所以中国铁路总公司应该积极推进铁路技术的开发。

②市场导向：国铁集团应该加快走向市场，坚持以市场为导向，这是市场经济条件下，生产管理必须遵循的原则。强调以市场为导向，就是企业组织生产经营，必须按市场需要，社会需求来进行。国铁集团的全体职工和各级管理者都应该树立强烈的市场意识、竞争意识，认识到只有市场才能体现出铁总的存在价值。这就要求铁总加紧服务开发和产业链建设，不断进行结构调整，不断地满足市场需求。国铁集团组织的活动要立足于市场、服务于市场。

③进一步开发"互联网+"项目：随着现代科学技术的对生活的影响，大部分的消费者喜欢智能化和科技化的生活，国铁集团应该顺应时代的进步，为了企业自身的发展和更好地服务客户应该进一步开发"互联网+"项目。国铁集团积累了丰富的互联网资源，现在开发的互联网资源主要有12306、95306、微博、微信等。但现在铁路互联网的基础设施缺乏，仅仅实现了在线售票和客服功能，还不足够支持铁路互联网业务的发展，不能实现旅客在旅途中的餐饮、住宿、旅游和交通衔接的需求，铁路货运在互联网方面几乎空白。中国铁路总公司应该在关注互联网信息安全的基础上进一步地开发"互联网+"项目。对互联网项目进行开发虽然需要一定的支出，但项目开发成功之后可以为企业减少一些人工成本和管理成本，合理利用互联网资源为企业创造利润。

2. 企业分析

（1）组织分析。

国铁集团如果想要增加企业市场经营活力，就必须深化改革。中央多国有企业的改革做出了决策和部署。国铁集团应该遵循《2017 年深化经济体制改革重点任务意见》中对国有企业改革作出的规划与描述，扎实有序地推进改革。

重中之重就在于开展多元化经营：国铁集团旗下所属 18 个铁路局集团公司的业务同质化现象严重。国铁集团应该充分信任所属铁路集团，按照"集中政策，协作发展"原则，让铁路集团充分发挥市场主体地位。铁总应该合理分配全路资产资源，扩张各个铁路集团的经营范围。增加了金融、旅游餐饮、房地产开发、农畜产品和烟草制品销售等业务。

（2）SWOT 分析。

国铁集团要建立合理、科学的战略管理首先要对错综复杂的外部环境进行分析，要洞察并抓住外部环境所蕴藏的各种机会，避免潜在威胁。其次，对于中国铁路总公司内部条件进行评估，对于自身的优劣势有清醒的认知，运用优势，形成国铁集团的核心竞争力。最终建立与内外部相适应的战略管理。

①优势。

多年的铁路从业经验，是中国铁路总公司最大的优势。而在其中，国铁集团的人才队伍建设尤其引人注目，主要包括经营管理人才、专业技术人才和高技能人才。其中，经营管理人才是指具有副科级及以上职位，从事经营或经营管理工作的人员；专业技术人才是指具有专业技术职称且从事专业技术工作的人员，包括纯专业技术人员和同时从事专业技术管理工作的人员；高技能人才是指技能劳动者中取得高级技工、技师和高级技师职业资格的人员。

②劣势。

国铁集团旗下的很多有限责任集团负责人是从公务人员身份改变过来的。实际就是从公务员转型到大型企业的企业管理者，因此更为看重的是管理，缺少经营性的思维。

虽然该问题近年来有所改善，但仍然难以充分激发国铁集团的创新活力，尤其是在国内同业竞争压力有限的前提下，更是如此。

③机遇。

为了保持经济增长，政府每年都在增加对基础设施的投资。从国铁集团有限公司获悉，今年以来，国铁集团加大铁路建设组织力度，超额完成铁路投资目标任务。2020 年以来，我国累计投入运营铁路里程达 14 万公里；其中高速铁路里程数达到 3.5 万公里，已居全球第一。

2020 年，全国铁路新开工项目达到 22 个，完成铁路建设投资预计超过 5000

亿元，预计开通新线 4400 公里左右，其中高铁 2300 公里。

国铁集团建设部负责人介绍，受新冠肺炎疫情影响，一季度铁路投资仅完成 799 亿元，同比下降 21%。二季度，落实中央复工复产及"六稳""六保"决策部署，国铁集团调增了铁路投资计划，加大了在建工程组织实施力度，完成投资 2459 亿元，同比增长 11.4%，其中基建投资完成 1797 亿元，同比增长 16.4%，在超额完成投资计划的同时，补上了一季度投资的亏欠，实现了铁路投资的逆势增长。

④威胁。

国铁集团面临的威胁主要是替代品的威胁。对于铁路交通来说替代品有公路运输、民航运输和水路运输等。从数据分析来看，铁路交通最大的竞争对手是公路运输。

三、铁路行业案例评析

近年来，铁路行业积极推进现代物流转型升级，已经在物流基础设施布局、信息化建设、全品类全过程服务等方面取得了较大进展，零散货物、集装箱运输量连年快速增加，未来随着铁路现代物流体系的不断升级完善，将对铁路大宗货物运输形成有益补充，促进铁路货运结构的优化。从行业竞争看，随着铁路市场化改革的逐步深入，铁路行业准入条件逐步放宽，投资主体趋于多元化，自主调价权增强，铁路企业参与市场竞争的优势有所增强。

在我国发展综合交通运输体系的大背景下，铁路与其他交通运输方式间的衔接、合作更加紧密。同时伴随着高速铁路、城际铁路网络的不断完善，以及铁路货运结构由传统大宗物资向全品类、全过程现代物流拓展，铁路客货运输与公路、航空、水运等运输方式间的竞争也将有所加剧。此外，根据路网规划，未来铁路客运专线、货运通道还将陆续建设投运，路网布局不断加密，加之铁路货物运价浮动成为常态，铁路运输企业间的竞争也会逐步升级。

因此，品牌建设也成为众多铁路企业的战略核心。

高速铁路旅客品牌认知过程，如图 5-6 所示

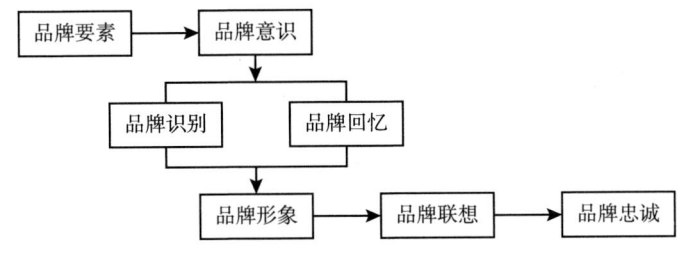

图 5-6　高速铁路旅客品牌认识过程

资料来源：宋丹丹，仝军胜，丁君萍. 我国高速铁路品牌化发展研究［N］. 铁道运输与经济，2014，36（10）：76-80+92.

我国高速铁路作为铁路建设及运营的最高水准，代表了我国铁路的先进技术水平和服务水平。高速铁路品牌作为重要的无形资产，能够确保高速铁路产业实现优质服务，满足旅客需求，提升行业竞争力。品牌化是一项重要的核心竞争力，品牌化的实现将促使我国高速铁路由内而外激发强劲的竞争能力，提升产业绩效，产生集聚效应，有效提升高速铁路知名度与信誉度。

（一）铁路品牌建设的特点和优势

1. 品牌形象较好

国家战略需要高铁品牌。从区域发展、产业经济、国际经济、外交、政治、金融、国防、文化与文明等多个维度出发，发展高铁势在必行。国家"一带一路"、高铁"走出去"、新型城镇等发展都需要高铁支撑，需要全面打造高铁品牌。并且与大多数发达国家相比，"中国高铁"具有性价比高、技术先进、能耗低、污染轻、速度快的独特品牌优势。给世界的形象较为好，在提升品牌价值上非常有利。

2. 技术先进

我国目前拥有世界最大规模的高速铁路体系和最先进的动车组技术平台，形成了一套系统的建设机制和技术标准体系。拥有较大的后备技术资源，这对于创建知名品牌是一个很好的铺垫，不仅可以增强消费者对品牌的信任度和认同感，还可以为品牌宣传和传播打下基础。

（二）铁路品牌建设存在的问题

1. 未建立统一服务标准

我国铁路正处在一个飞速发展的阶段，还没有对行业的服务标准进行统一清晰的规划，员工的工作服务意识不强，因为运用了较为先进的技术，在操作和管理中存在着很大的问题，容易造成服务质量的隐患，影响了品牌化的进程。

2. 未完善一系列的管理机制

目前，高速铁路是一项新兴产业，引用了较为先进的技术，在操作和管理中存在着很大的问题。受这些问题的干扰，在实际的运营中出现问题常常不能得到及时解决，会给消费者带来不便，从而影响了品牌声誉，阻碍了品牌化的发展。

3. 未建立人才培养机制

加快铁路物流企业的发展，需要充足的人才队伍支撑。目前，铁路物流企业的管理人员大多是从运输业转行过来，经营和管理现代物流企业的理论知识与实践经验较少。因此，铁路物流企业要牢固树立人才兴企的思想意识，加快建立人才培养机制，在努力培养开拓市场经营管理人才的同时，也要重视后备人才的培养，形成有利于经营型人才成长、成才的环境和氛围。同时，应采取多种形式注重宣传在经营发展中涌现出来的各类先进典型，对其进行大张旗鼓地表彰奖励，从而在企业内部营造良好的竞争氛围，为各类人才成长创造良好的环境。

（三）我国交通企业品牌发展的基本途径和对策

1. 树立正确的品牌意识

建立一个品牌本就不易，而损坏一个品牌却是易如反掌。品牌意识是现代竞争经济中引领企业制胜的战略性意识，在现代经济中，品牌是一种战略性资产和核心竞争力的重要源泉。对任何企业来说，树立品牌意识打造强势品牌，成为保持战略领先性的关键。在这个同质化非常严重的时代，企业不想成为品牌，将可能慢慢地被市场所淘汰和抛弃，有很多交通企业还处于陈旧观念中，他们认为交通这个特殊的行业不需要品牌，只要做好了老百姓就会消费该企业的产品，殊不知这严重地阻碍了品牌的建设。

正确的品牌意识对于品牌建设举足轻重，要以消费者为中心，寻求新的服务理念和宗旨引起消费者的共鸣，将企业的文化完美地融合进去。本来交通企业就是特殊的服务业，企业应重点抓住服务意识，建设好品牌意识工作。有多少个品牌就会有多少种品牌意识，有多少人知道了这个品牌，就形成了多少个品牌意识，品牌意识一旦形成，就标志着企业在消费者中拥有了一大批的消费力。

2. 明晰品牌定位

明确品牌定位塑造品牌形象，以确保品牌品质化。目前，我们国家的铁路、航空、水运、公路的品牌发展都各有差异，但是正确的品牌定位对每一个产业都至关重要，只有明确市场定位，重点塑造品牌形象，丰富品牌内涵，才能有效实现品牌地位。进行市场细分，了解目标市场的特点，满足不同消费者对产品和服务的需求，寻找需求与品牌建设的切合点，建设品牌定位的多元化。

了解消费者心理，进行市场调查预测。在品牌定位和建设的过程中，需要大致掌握消费者的动向，避免不必要的人力、物力和资金支出。需要企业不断根据消费者的需求对产品进行改进和更新，培养消费者对品牌的忠诚度和认同感。

有效的品牌定位就需要明确竞争差异，培育品牌的个性化。不管是品牌标识还是品牌服务，都需要设计得有别于竞争。利用个性化差异，进行品牌差异定位，使企业品牌脱颖而出，从而提升品牌的认知度。

3. 提供优质服务

优质的服务不管是在作为铁路企业、公路企业、水路企业还是航空企业都应该是企业产品质量的重要组成部分，作为一个品牌产品来说，质量的概念不仅仅是对产品本身的质量的要求而言，优质的服务是品牌建设的关键之举。在日益发展的美化生活的潮流之中，对产品应有的质量、加工的质量之外，服务成为不可缺失的重要环节。

因为服务就是一个口碑，也是一项工程在服务上要把技术灵巧地运用起来去执行一些流程和规范，良好的服务能够有效巩固现有的顾客，赢得更多的新顾客，获得顾客的长期忠诚，这样自然就会获得顾客的重复光临机会，从而促进企业的收入额不断增长。

在服务的过程中，消费者所提供的不仅是抱怨，更有对企业的发展有积极促进作用的忠告和其他市场信息，发现企业在质量、性能等方面的缺点或不足，从而为企业进一步的产品开发、服务创新、市场竞争等方面采取新措施提供决策建议，因此想要把企业品牌发展得更好，其中服务质量也起到了很大的作用。

4. 开展品牌产业链建设

随着市场、消费者对企业产品质量、服务质量要求的不断提高，交通企业应该加大对企业产业结构的调整力度充分发挥企业的资源优势，积极做大做强与企业有关的其他配套产业，以品牌为依托，打造全产业链的发展模式，产业链的形成不仅有利于企业成本的降低有利于企业创新氛围的提高，同时企业产业链还有利于新企业的出现打造区位品牌实现区域经济的发展，因此交通企业如果想要使企业发展得更加的壮大，就必须把产品产业链的建设放到企业发展的更高的战略地位。提升全产业链服务能力实业打造世界品牌就要依托国家关于促进产业升级、支持中国企业"走出去"和积极发展"一带一路"等部署，围绕现有铁路旅游、现代物流、金融服务等支柱产业及其上下游关联产业开展海外投资和并购，在全球范围内拓展和完善产业链，通过发展实业，打造世界级产业品牌。

本 章 小 结

　　本章重点介绍并分析了"双循环"新发展格局背景下的轨道交通运输相关企业及其相关战略。具体来说，本章第一部分利用PEST模型分析了现今政治、经济、社会、技术四个方面总结概述了轨道交通的发展情况；第二部分结合大秦铁路、鼎汉技术以及国铁集团的企业案例对轨道交通运输的战略实施进行了深度分析；第三部分探析了我国交通企业品牌发展的基本路径和并提出了相关的对策。

第六章

水上运输企业战略

一、水上运输行业发展概述

（一）现状

航运是国民经济和对外贸易发展的运输保障。21世纪将是江河湖海的世纪，是内河航运新崛起的世纪。我们相信，只要抓住机遇，改善内部和外部的运行环境，走创新发展之路，我国航运企业一定能在不太长时间内摆脱困境、走出低谷，重振辉煌。宏观环境分析的意义，是确认和评价政治—法律、经济、技术和社会—人文等宏观因素对企业战略目标和战略选择的影响。

1. 政治—法律

"和平与发展"是当今世界的主流声音，虽然局部地区仍然不太安稳，但总体而言世界是相对稳定。再者，为深入贯彻落实以习近平同志为核心的党中央关于构建以国内大循环为主体、国内国际双循环相互促进的新发展格局重大战略部署，充分发挥交通运输在构建新发展格局中支撑保障和先行作用，国家也积极通过颁布一些法律法规或者通过一些规划草案等促进国际物流行业的发展，完善物流渠道的安全监管。所以大体上来说，中国乃至国际上现今的政治环境对物流行业的发展还是比较有利的，物流企业应抓住这个大好机会，把自己做大做强，提升服务和实力，力争在激烈的市场竞争中处于不败之地。

2. 经济

改革开放政策的贯彻实施，为我国的经济市场注入新鲜跃动的血液。经过多年的发展，我国在世界经济中的地位逐渐上升，2010年已经跃居世界第二大经济体，人民币加入国际货币基金组织特别提款权（SDR），居民生活和消费水平稳步提升，可支配收入日益增加，国民经济飞速发展。加入世界贸易组织（WTO）也是我国经济发展的重要契机，使我国经济发展更趋于多元化。此外，进入20世纪90年代中后期尤其是最近几年，随着电子商务与跨境电商的迅速兴起，国际物流配送需求的数量与类型大量增加。

3. 技术

飞速发展的电子信息和通信技术将在未来的社会和经济发展中起到越来越关键的作用，极大地影响着人们的工作方式和生活方式。在航运产业，已出现对采集的水路状态、航运线路的海量数据进行实时处理和高效分析等一系列智能航运行为。国内外针对航运管理问题开发出一些电商产品，但仍存在系统功能单一、缺乏整合、技术落后等问题。航运产业迫切需要一种更加先进智能的数据分析手段对船只运行监控、服务和应用数据，如码头、航道、场站和港口等视频监控数据，船东和货主的各类货物信息和报表数据等海量数据进行高技、实时的分析，为船东和货主提供实时准确的航运信息服务。未来航运行业竞争的核心将是以科技为依托的服务质量的竞争，加强科技投入迫在眉睫；企业更要重视营运系统的应用基础研究，努力提高新产品的科技含量和质量水平和便利性，完善各种信息管理系统和追踪定位系统，为客户提供更多的高价值服务，提升竞争档次和竞争实力。

4. 社会—人文

近年来，随着电子商务的发展，越来越多的消费者改变了其生活方式、购买习惯，越来越多的大企业扩大了它们的市场范围、销售方式，跨境或远距离的交易最后实现需要运输企业的协助；其次，消费者需求呈多样化，要求运输企业推出更多的产品以满足消费者的选择。同时，随着居民生活水平的提升，消费者对服务质量的要求越来越高，服务质量包括服务态度、服务速度、服务安全以及服务的便捷等方面，他们更加信奉品牌、权威的力量，为了接受更好的服务情愿花费更多的钱，高效率高品质的航运产业服务应运而生。

（二）问题

1. 涉及业务多优势市场定位不明确

国内水上运输行业目前重点发展的市场有家电物流、汽车物流、电力物流、石化物流、会展物流、零售业物流，不仅仅只局限在海洋运输上，由于每个行业的服务内容和特点不同，而且企业本身以往并不涉及这些领域，因而我们考虑企业将存在着业务多而不精的劣势。

2. **风险管理水平低**

风险处理技术含量高，对信息必须加以支持和处理，且工作量大。由于水上运输行业是在全球范围内进行信息的整合，面对复杂而繁多的信息，必须加以筛选、加工和处理；同时这对于企业的风险处理的相关技术要求高，一旦信息无法及时协调将给企业带来不可估量的损失，但我们发现，很多水上运输企业在信息风险防范管理方面缺少应急预案，对于应急事件，没有给出具体的风险处理体系制度，可能为日后风险的处理埋下伏笔。

3. **存在管理的集中与分散，精细化欠缺**

国内水上运输企业大多采用集中和分散的管理模式，在具体操作过程中缺乏精细化。物流工作组只能提供战略及战术上的定位支持，而对于生产的第一线的作业无法很好地监测和控制，这务必影响战略、战术的执行，为企业带来损失。

4. **成本与利益考核欠缺，国企通病，跑冒滴漏严重**

由于水上运输企业大多系统庞大，存在着体制机制不先进等问题，企业必须立足现状，不断在管理创新、服务创新、科技创新等一系列的体制机制进行创新改革，顺应时代发展潮流。

5. **面临的最大风险或挑战**

国内水上运输企业可持续发展面临的最大风险或挑战应该是如何建立一个不随市场剧烈波动而大幅波动，而是实现稳定、可持续发展的经营模式的问题。也就是说，企业应该着力于建立这样一种经营模式，在市场好的情况下，企业能比竞争对手更赚钱，在市场不好的情况下，企业能比竞争对手少亏钱或不亏钱；在市场剧烈波动的情况下，企业的经营效益能比竞争对手更为稳定，而不是大起大落。

（三）趋势

20世纪50年代以来，随着世界各国经济贸易往来的日益频繁，跨国经济活动的增加，世界经济一体化进程的加快，国际物流行业在世界范围内迅速发展。虽然中国国际物流行业起步较晚，历史较短，但是由于国家重视，政策鼓励，规范发展，发展也十分迅速。此外，中国独特的经济形态也为物流市场提供了独特的投资机会，持续增长的经济将必然带动中国的外贸进出口额，再加上中国国内的巨大市场以及中国特有的比较成本优势决定了中国会发展成为世界加工厂，这样中国就会变成世界物流集散中心。因此，中国货代和物流市场的巨大潜力不言而喻。

另外，面对全球经济一体化的加快，物流公司在国内、国外建立健全代理网络，通过联盟形式，快速实现了网络化经营。虽然国内物流行业已经进入飞速发展的状态中，但实际上中国航运物流企业的综合实力仍然具有较大的上升空间。简单地说，国际上的相关技术和管理模式正在不断升级，而中国各个企业很难在对内管理和对外发展中做到同步高速。不仅如此，中国船队在工作过程中的既定组成结构和服务技术均与外部要求存在一定的落差。而知识经济体制下，各个行业交流双方对于对方的服务质量具有绝对的要求，故如若国内航运物流企业未能及时优化内部管理结构，优化对外服务质量，那么就会间接失去外部竞争力，令企业重新进入低迷发展阶段中。航运产业要想赢得优势，就应该要认清行业专业化发展，积极调整企业管理目标。

2020年全面建成小康社会宏伟目标的提出，决定了中国航运、物流及相关业需求的增长速度和规模，并在未来很长一段时间内为包括中远在内的中国航运物流企业提供持续发展的动力。

21世纪前30年，世界经济贸易将有望保持基本平稳持续增长，这将会为全球范围内航运、物流及相关产业发展提供稳定并不断扩大的市场空间。国际上可持续发展观不断深化，企业社会责任运动方兴未艾，企业公民和低碳时代已经来临；我国政府也提出要树立和落实科学发展观、构建社会主义和谐社会、建设和谐企业。这对于建设和谐中远、打造百年中远必然提供良好的舆论环境和持久的发展动力。

巨大的潜在市场需求。从市场需求看，我国目前是全球最富有经济活力的国家之一，是全球最大的消费市场，许多跨国企业正在将更多的业务转向中国，并通过外包物流来降低供应链成本，如在北京、上海、天津、广州、深圳、沈阳、武汉等中心城市，IBM、联想、三星等众多跨国企业已经进入我国第三方物流服务市场。这无疑会给我国航运产业带来巨大的机遇和丰厚的利润。

政府的重视。"十四五"期间，交通运输部首先提出推动出台《"十四五"综合交通运输发展规划》，制定各行业和专项规划，做好与交通强国建设及国家综合立体交通网建设目标任务的衔接。其次，深入落实《交通强国建设纲要》和《国家综合立体交通网规划纲要》。加强对加快建设交通强国的组织领导，完善内部运行机制，科学制定配套政策和配置公共资源，完善交通强国建设行业篇章，加强交通强国建设跟踪分析和督促指导，研究出台交通强国建设指标体系。积极发展公铁、空铁、公空等联程运输服务，提升旅客出行服务品质。鼓励和规范发展定制客运。进一步推动货运物流降本增效。在激发交通运输新动能方面，推进网络货运等"互联网+"高效物流新业态发展。

目标在于加快形成现代化高质量的国家综合立体交通网，加速完善现代交通物流体系，深度发展交通运输跨界跨业融合，显著提高交通运输开放合作水平，加快建立统一开放的交通运输市场。使交通运输成为形成完整内需体系的坚实支撑、国内国际双循环相互促进的重要纽带、产业链供应链安全稳定的保障基石，交通运输在构建新发展格局中的支撑保障和先行作用充分发挥。

二、水上运输企业战略实施案例

(一) 中国外运长航集团有限公司①

1. 企业简介

中国外运长航集团有限公司（以下简称"中国外运长航"）是中国最大的国际货运代理公司、最大的航空货运和国际快件代理公司、第二大船务代理公司和第三大船公司，是中国物流标准委员会审定的，我国唯一的集团整体5A级（中国最高级）综合服务型物流企业。

中国外运长航以海、陆、空国际货运代理业务为主，是集海上运输、航空运输、航空快递、铁路运输、国际多式联运、汽车运输、仓储、船舶经营和管理、船舶租赁、船务代理、综合物流为一体的国际化大型现代综合物流企业集团。

（1）组织架构。

中国外运长航充分发挥自身优势，走在行业前沿甚至引领了行业的发展，多次荣获物流企业十佳、物流品牌百强等称号。例如中国外运长航很好地把握了物流企业上市这一变化，目前已控股两家A股上市公司（外运发展、长航凤凰），两家香港上市公司（中国外运、中外运航运）；此外，很具前瞻性地组建多个子公司，用于专业化经营。中国外运长航的组织架构，如图6-1所示。

---

① 根据中国外运长航集团有限公司相关资料整理所得。

图 6-1 中国外运长航的组织架构

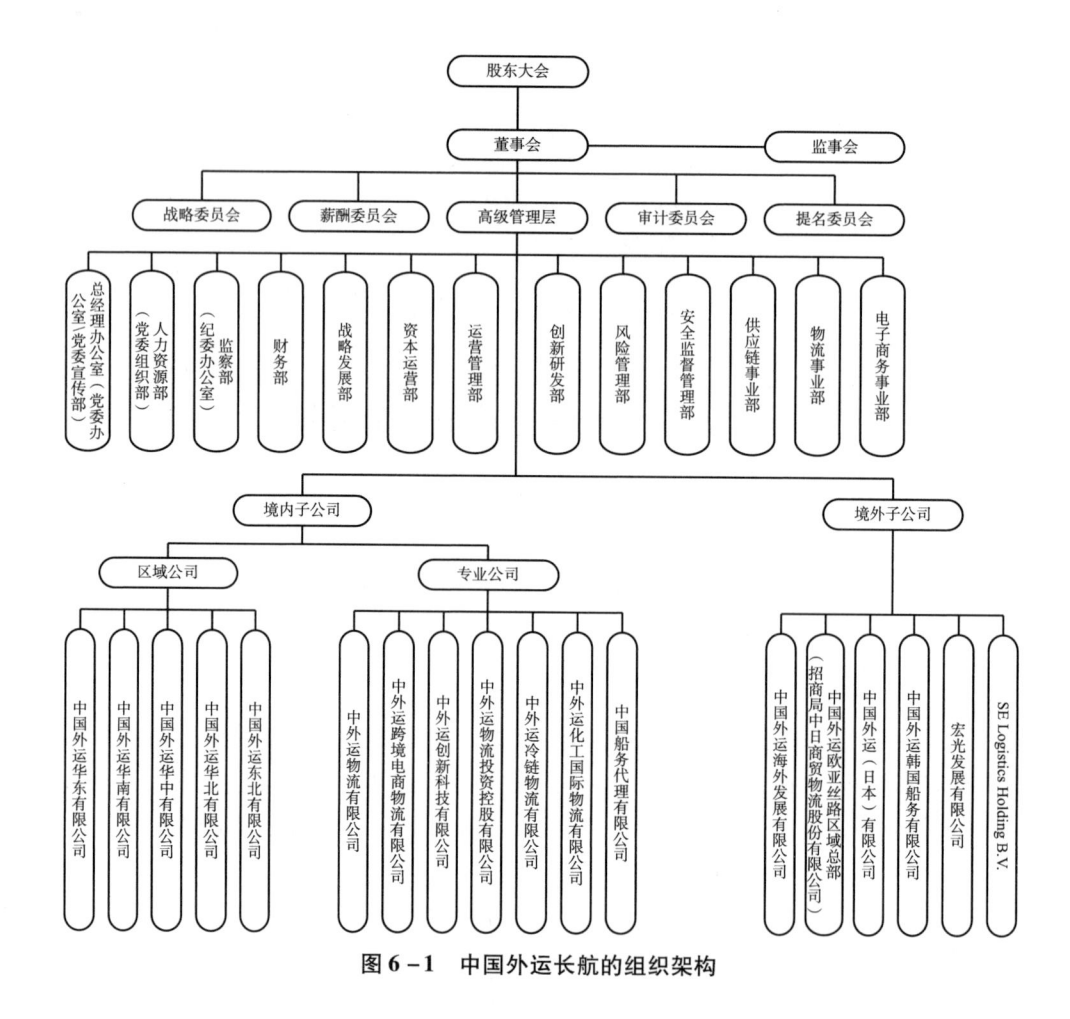

（2）企业现状。

企业战略目标的制定以及战略选择不但要知彼，即客观地分析企业的外部环境，而且要知己，即对企业自身的内部条件和能力加以正确的估计。说来，一个企业的内部环境包括企业的财务状况、设备状况、研究与开发能力、人员的数量及质量等。

中国外运长航作为一家提供国际物流和航运业务的大型跨国公司，它的子公司、业务点地理位置选择尤为重要。中国外运控股两家 A 股上市公司、两家香港上市公司，它们的总部位于北京、南京、武汉和北京、香港；下属境内外企业 730 余家，网络范围覆盖了全国所有省份，以及韩国、日本、加拿大、美国、德国等 50 个贸易国家和地区，与 400 多家知名的境外运输与物流服务商建立了业务代理和战略合作伙伴关系。

其物流产业发展了以金融物流为代表的新产品，实施了甩挂运输为代表的物流运作模式，开展了仓储定制化服务为代表的管理创新。

航运产业开发了一批节能新船型，对一批老旧船舶实施了节能升级技术改造，完成了一批重大安全技术、管理创新课题，推广了一批节能新产品，承担了国家、省部级下达的科研项目 8 项、编制了国家和行业标准百余项。

船舶重工产业实施了一批扩能技术改造项目，完成了一批造船新工艺、新技术课题，开发了一批具有市场竞争力的新产品，建立了节能和船型数字化研究实验基地，突破了一批重大关键技术和瓶颈技术。

中国外运长航共取得省部级以上科技成果 25 项，其中获得国家级科技奖励 13 项，省部级科技奖励 12 项；申报技术专利 300 余项，获得国家专利授权 205 项，其中发明专利 19 项。这些科技创新工作和成果及专利技术已应用于集团的科学决策、企业管理和生产经营中，有力促进企业持续健康发展。

（3）企业战略。

中国外运长航确立了在 21 世纪初叶外运集团发展的总定位、总目标和总方向，致力于成为具有国际竞争力的，由多个物流主体组成的，按照统一的服务标准流程和规范体系运作的，国际化，综合性的大型物流企业集团。

此外，中国外运长航注重一体化营销体系和标准化业务操作平台的建设，建立起分工协作的一体化经营模式，打造了以海陆空货运体系为支撑、以战略资产为依托的一体化综合物流服务平台；并秉承以"客户为中心"的服务理念、以"降低客户的经营成本为目标"的服务宗旨，中国外运长航得以拥有众多的、遍布各行各业且服务多年的本地和跨国客户，其中包括米其林、壳牌、巴斯夫、三星、可口可乐等跨国公司，以及中石化、中石油、中国联通、中国建材、宝钢、海尔、美的等大型本地公司。中国外运与客户建立起双赢式的伙伴关系，凭借科学的综合物流解决方案、严谨的供应链运营管理和先进的信息技术，为其提供多元化的增值服务，帮助客户提高物流效率、降低物流成本，为客户赢得竞争优势。

2. 企业分析

（1）组织分析。

中国外运长航由中国对外贸易运输总公司与中国长江航运总公司于 2009 年 3 月重组成立，总部设在北京。中国外运长航是国务院国有资产监督管理委员会直属管理的重要国有骨干企业之一，是以综合物流和航运为主营业务的大型国际化现代企业集团。

2015 年 12 月 29 日，中国外运长航集团整体并入招商局集团，成为其全资子企业。中国外运长航不再作为国资委直接监管企业。

为了适应我国新的经济发展形势，应对国际物流行业的发展，外运应该紧跟时代脚步变革组织，向着扁平化、柔性化、网络化、虚拟化和临时性非正式化的变革趋势靠拢。具体表现为：

①减少管理层次、扩大管理幅度，适当剔除或整合中下管理层，充分发挥人的积极性、主动性、创造性；

②适当下放管理权力，对基层员工给予最灵活的自主权力，提高决策的时效性和灵活性；

③在各个职能部门的沟通、办公中充分借助信息技术，降低企业成本；

④保留最关键的最具竞争优势的功能，其他的则进行虚拟化，极致利用企业的有限资源；

⑤面向短期的可变的小组或项目团队授权，最大限度发挥潜能，适应市场变化。

（2）SWOT 分析。

SWOT 分析矩阵是对企业进行外部环境和内部条件分析的基础上，寻找二者最佳可行战略的组合的一种分析工具。

①优势。中国外运长航是国务院国资委直属管理的大型国际化现代企业集团，是以物流为核心主业、航运为重要支柱业务、船舶重工为相关配套业务的中国最大的综合物流服务供应商，是中国一流的老牌子央企。

②劣势。作为老一辈的拥有庞大组织架构的国企，其管理模式在一定程度上是陈旧的。

③机遇。中国经济程度越来越开放，世界经济一体化进程加快，电子商务、跨境电商的兴起，这些都为外运提供了极好的发展机会。

④威胁。外国船公司纷纷设立自己的货代分支机构，直接向客户揽取货源，跳开货代的趋势越来越明显，这将很大程度上减少外运的客户量。

（二）中国远洋海运集团有限公司①

1. 企业简介

中国远洋海运集团有限公司（简称"中国远洋海运集团"）于 2016 年 2 月 18 日在上海正式成立，由中国远洋运输（集团）总公司与中国海运（集团）总公司重组而成，是国务院国有资产监督管理委员会直接管理涉及国计民生和国民经济命脉的特大型中央企业，总部设在上海。1961 年 4 月 27 日，中华人民共和国第一家国际海运企业——中国远洋运输公司宣告成立了，发展至今中国远洋运

---

① 中国远洋海运集团有限公司（http：//www.coscoshipping.com/）相关资料整理所得。

输（集团）总公司截至 2019 年底员工人数达 111397 人，2018 年营业额达 181 亿美元。

(1) 组织架构。

中国远洋海运集团使命在于：逐步发展和确立在航运、物流和修造领域的领先地位，保持与客户、员工和合作伙伴诚实互信的关系，最大限度地回报股东、社会和环境。中国远洋海运集团的组织架构如图 6-2 所示。

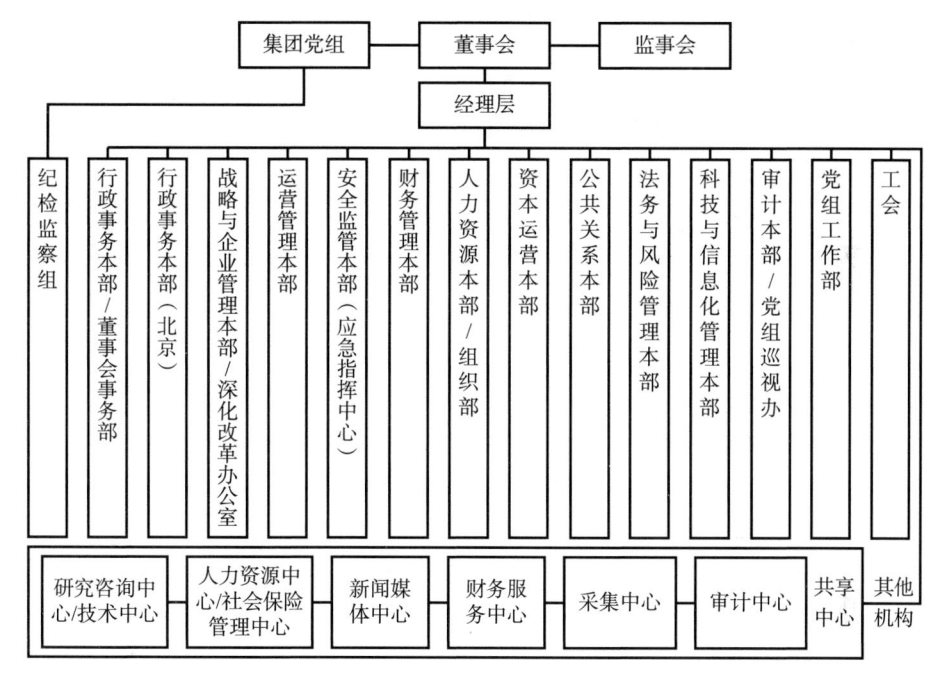

图 6-2　中国远洋海运集团的组织架构

中国远洋海运集团主要行使战略管理、重要人事管理、财务资金管理、投融资管理、资产资本管理、集团总体协调等功能。

(2) 企业现状。

截至 2020 年 9 月 30 日，中国远洋海运集团经营船队综合运力 10933 万载重吨/1371 艘，排名世界第一。其中，集装箱船队规模 316 万 TEU/537 艘，居世界第三；干散货船队运力 4192 万载重吨/440 艘，油轮船队运力 2717 万载重吨/214 艘，杂货特种船队 423 万载重吨/145 艘，均居世界第一。

中国远洋海运集团完善的全球化服务铸就了网络服务优势与品牌优势。码头、物流、航运金融、修造船等上下游产业链形成了较为完整的产业结构体系。集团在全球投资码头 59 个，集装箱码头 51 个，集装箱码头年吞吐能力 12675 万

TEU，居世界第一。全球船舶燃料销量超过 2770 万吨，居世界第一。集装箱租赁业务保有量规模达 370 万 TEU，居世界第二。海洋工程装备制造接单规模以及船舶代理业务也稳居世界前列。

（3）企业战略。

中国远洋海运集团不仅拥有代表着世界先进技术的船舶，而且通过自主创新，充分发挥科技第一生产力的作用，研发并拥有了一批具有自主知识产权、专利技术的产品和具有著作权的计算机软件，部分科研成果达到国际、国内领先水平，科研项目多次获得省、部级科学技术奖。

随着以信息技术、网络技术为代表的高新技术在航运业的广泛应用和"数字中远"的建设，集团加快了信息化建设步伐，打造有效益的信息化取得了显著成效。

在这一基础上，中国远洋海运集团的企业发展战略也逐渐完善，成立之初专注发展航运主业，以特种杂货运输为主，发展到现在以多用途船、滚装船、半潜船等特种船为主。

2. 企业分析

（1）组织分析。

随着以信息技术、网络技术为代表的高新技术在航运业的广泛应用和"数字中远"的建设，在完整组织架构的支撑下，中国远洋海运集团加快了信息化建设步伐，打造有效益的信息化取得了显著成效。自主开发的"物流信息系统"建设以物流业务全程控制和管理为出发点，提供定制个性化的物流服务全面解决方案和高效率的在线服务能力；"网上中散"整合了内部网络系统，建立了涉及航运、机务、体系、财金等 16 类信息资料和查询系统，提高了信息资源共享和信息交流的水平；中国远洋海运集团的 CDMS 系统实现了无纸化办公和日常工作流程的计算机化，大大提高了工作效率。

①对创新的追求是企业活力所在，企业的长期成功必须建立在企业管理系统的持续创新上，创新是企业的生命所在，企业是创新的主体。在中国远洋海运集团内已经形成良好的创新氛围，企业文化提倡勤于学习、善于思考、敢为人先、勇于实践，将创新贯穿经营管理全过程。

②业务需求的驱动是原动力"业务需求驱动"是中国远洋海运集团科技创新工作的组织原则，只有根据业务的需求，去解决各业务部门在生产、经营、管理中的问题，才能将科技真正地转化为现实生产力，从根本上避免科技、生产相脱节的现象，另一方面也推动、牵引了中远集团对新技术的应用。

③资金的不断投入是重要保障。中国远洋海运集团始终把科技创新作为集团的一项战略，制定科技创新五年规划、年度计划，将科技投入列入重要的议事日

程，以确保集团科技创新保持强劲后劲，"十五"期间中远集团科技创新投入为15.5亿元。

（2）SWOT分析。

①优势。

中国远洋海运集团于2018年7月19日，在全球同步《财富》世界500强排行榜中排名335位。2019年7月，位列《财富》世界500强榜单第279位。2019年9月1日，2019中国服务业企业500强榜单在济南发布，中国远洋海运集团有限公司排名第40位。"一带一路"中国企业100强榜单排名第52位。2019年12月18日，人民日报"中国品牌发展指数"100榜单排名第95位。2020年4月，入选国务院国资委"科改示范企业"名单。

网络覆盖优势：

第一，主营业务方面，中国远洋海运集团通过下属各子公司为国际和国内客户提供涵盖航运价值链的集装箱航运、干散货航运、码头及集装箱租赁服务。公司业务规模排名世界前列。规模优势不仅是中国远洋满足客户多元化需求的基础，也令中国远洋在专业化、标准化、成本和服务品质方面更具竞争力。

第二，网络布局方面，整合中国远洋海运集团遍布全球货运网络优势形成了海运、铁路、公路，空运等全方位功能齐全的物流网络系统，遍布全球市场，凭借市场经验和网络优势，不断提升主营业务的市场覆盖水平和综合服务能力。国内网络主要遍布八大区域：大连、北京、青岛、上海、宁波、厦门、广州、武汉，同时在韩国、日本、新加坡、希腊和中国香港设有代表处，并与国外40多家货运代理企业签订了长期合作协议，在29个省份建立了300多个业务网点。

第三，品牌价值方面，作为最早"走出去"的中国企业之一，中远物流根据多年航运发展的经验，紧紧抓住市场高涨时期的发展机遇，凭借优质的服务和对社会责任的忠实履行赢得了国内外客户的广泛认可，品牌影响力已经超越了所在的航运领域。在国际市场上，"COSCO"这五个字母具有广泛的知名度和认可度，"COSCO"品牌一直是中国远洋重要的无形资产，标有"COSCO"标志的船舶和集装箱在世界各地往来穿梭，成为中远的形象代表。

第四，政府政策方面，中国远洋海运集团作为由中央直管的特大型国企，是关系国计民生的重中之重的企业，在国家政策的引章下，中国远洋海运集团积极改革。中远物流在国家一系列的物流基础设施投资建设和物流标准规范完善等政策扶持下，加快了中远物流产业结构、资本结构、网络资源结构和人员结构的调整优化步伐，加快进入国际国内的资本市场的步伐。

第五，客户管理方面，中远物流与大货主的战略合作过程中，不断创新服务模式，与客户同成长，在伴随为客户提供优质、高效的物流服务同时，实现企业自身的战略目标。中远物流为客户量身定制物流解决方案，提供专为顾客配置的服务资源和工作团队，使得顾客在一定程度上依赖于中远物流实现企业的战略目标，为中远物流稳定客源，提供了有力保障。在市场拓展的方式上，中远物流采取伴随客户共同发展，共同成长的策略，开发满足客户全球化扩张的物流需求，同时拓展海外物流市场。

第六，信息技术方面，中远物流拥有一个广泛的、现代化的信息网络系统，在基础设施网络、企业服务网络和信息资源网络中实现运营操作成本最优化，为客户提供更有效率的物流服务。为迅速扩展物流业务、积极建设硬件环境。在项目操作过程中，中远物流充分利用大客户资源，搭建覆盖全国的基础设施完美、服务水平较高的现代物流配送网络体系，从根本上降低了物流运输成本，实现物流操作规模化。

②劣势。

第一，成本过高，规模经济水平和信息技术建设水平急需提升。相比于竞争对手，中远物流经济规模水平和信息技术建设水平与劣势水平，成本优势的提高是规模经济水平的关键，单靠严格的成本控制是无法实现成本优势的。在整个物流网络规则设计中，注定了需要网络系统可持续发展的需求，合理配置资源，提高物流系统的正北现代化水平，通过利用信息网络技术对物流各环节进行实时跟踪、有效控制与全程管理，发挥物流系统网络的整合力量，以实现供应链物流成本最小化、增值最大化和郑家柔性与控制能力。

第二，营销系统组织结构不完善，急需根据物流企业的特点，规划营销策略手段，提高企业市场营销能力。目前中远物流的市场战略定位于大型制造企业、分销商、批发商，主要采取以大客户为中心的项目物流营销观念，通过与大客户保持战略性合作关系，不断提高客户品牌忠诚度和高附加值创新服务，"做大、做强"项目物流，以实现规模化经营。但营销结构和营销技术手段是需要不断改进，以适应变化的市场和客户需求的。

第三，信息技术水平过低，企业在面对风险时的管理能力不足。企业在实施全面风险管理，提高风险控制能力，保持企业稳定可持续发展风险会给企业造成巨大的损失，如不能积极应对市场风险、经营风险、管理风险，因而出现重大失误，导致财务风险，使企业经营受到了重创，甚至是盈利能力下降。风险控制是一项非常复杂的工程，往往企业采取的风险控制措施成为滞后性行为，风险成为损失后才采取行动。因此必须提高风险控制的技术水平，以支持风险预警等控制系统对风险的有效控制和管理。

③机遇和威胁。

中国远洋海运集团外部面临的更具不确定性、变化性和竞争性的环境，包括世界经济发展的不确定性和全球贸易结构的失衡，国际国内资本、金融市场，以及资源、能源特别是石油价格的剧烈波动；非传统安全及低碳经济时代来临，安全、环保成本上升等因素。此外，当今世界领先的跨国公司正在积极推进面向全球的战略转型，而跨国公司之间的竞争也从过去主要是硬件竞争同时上升到软件竞争，如应对不当，都将对中远的可持续发展带来重大风险和挑战。

另外，中国经济开放程度越来越高，世界经济一体化进程加快，电子商务、跨境电商的兴起，都提供了极好的发展机会。

（三）招商局集团①

1. 公司简介

招商局集团（以下简称"招商局"）是中央直接管理的国有重要企业，总部设于中国香港，招商局是一家业务多元的综合企业。

2019年7月，发布2019《财富》世界500强：位列244位。2019年9月1日，2019中国服务业企业500强榜单在济南发布，招商局排名第34位。2020年4月，入选国务院国资委"科改示范企业"名单。2019年，招商局各项经济指标再创新高：实现营业收入7177亿元，同比增长10.4%；利润总额1625亿元、净利润1262亿元，同比分别增长12.0%和18.0%；截至2019年底，招商局总资产9.3万亿元，同比增长16.7%。招商局利润总额、净利润和总资产在央企中均排名第一。

截至2019年底，招商局总资产9.3万亿元，集团员工人数达115281人，招商局盈利达7177亿元。

（1）组织架构。

招商局港口的企业愿景是成为世界一流的港口综合服务商。通过实施国内战略、海外战略和创新战略三大举措，公司未来将在全球港口集装箱输送量、市场占有率、港口综合开发业务收益、经营管理水准、资源利用效率、劳动生产率、品牌等方面持续提升至世界一流。

目前，集团总部现有9个职能部门，4个事业部。职能部门分别为：集团办公室、人力资源部、财务部、战略发展部、资本运营部、监察部、风险管理部/法律合规部、海外部/国际合作部、安全监督管理部（见图6-3）。产业部门分

---

① 根据招商局集团（https://www.cmhk.com/main）相关资料整理所得。

别为：交通物流事业部/集团北京总部、金融事业部、区域发展部（前海蛇口自贸区办公室）、健康产业事业部。集团旗下共有21家二级公司，集团及所属企业在岗职工总数约为23万人。

```
                            董事长
                              │
                            总经理
                              │
  ┌────────┬────────┬────────┼────────┬────────┬────────┐
  董事   副总经理  副总经理    董事   总会计师  副总经理
                              │
              ┌───────────────┼───────────────┐
           总经理助理      总经理助理      总经理助理
```

- 集团办公室
- 人力资源部
- 财务部
- 战略发展部
- 资本运营部
- 监察部
- 风险管理部/法律合规部
- 海外部/国际合作部
- 安全监督管理部

- 交通物流事业部/北京总部
- 金融事业部
- 区域发展部
- 健康产业事业部

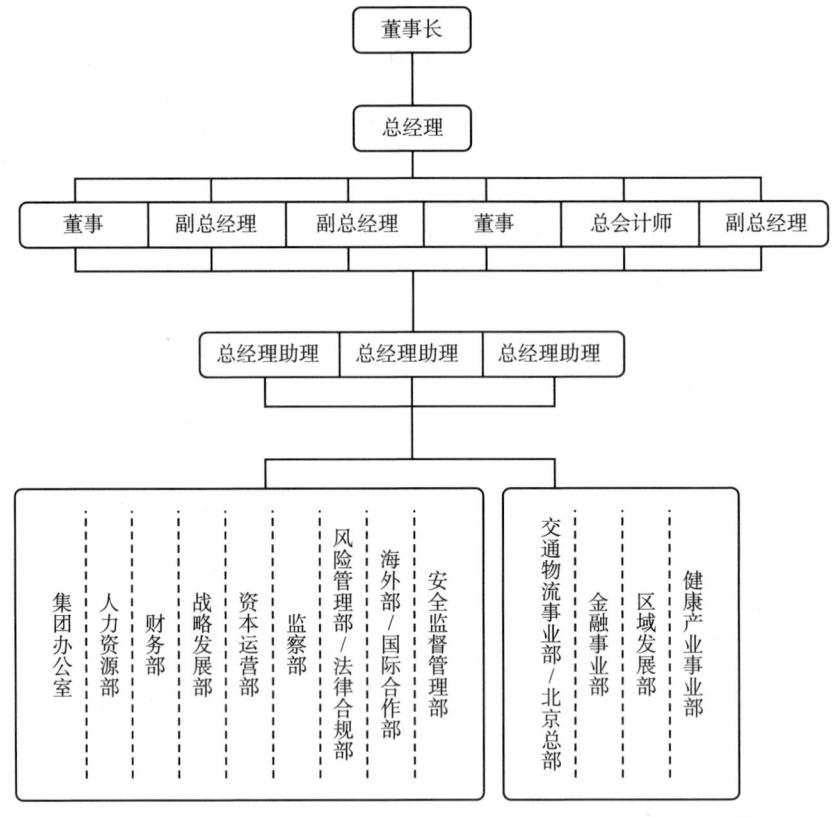

图6-3 招商局的组织架构

（2）企业现状。

招商局港口现为中国最大、世界领先的港口开发、投资和营运商，于中国沿海主要枢纽港建立了较为完善的港口网络群，所投资或投资并拥有管理权的码头遍及香港、深圳、宁波、上海、青岛、天津、大连、厦门湾、湛江、汕头等集装箱枢纽港，并成功布局南亚、非洲、欧洲地中海及南美等地区。招商局是国家"一带一路"倡议的重要参与者和推动者，2020年，招商局持续完善全球港口布局，稳健运营存量项目。落实达飞项目8个码头的正式交割，全球港口布局拓展至27个国家、68个港口。斯里兰卡汉班托塔港、巴西TCP码头分别成功引入战略投资者。在年内全球新冠肺炎疫情对各海外港口腹地经济造成冲击的情况下，斯里兰卡、巴西、吉布提、多哥等各主控及管理码头在各自区域内稳健运营，表现领先。务实推进海外园区综合开发，积极打造园区精品。中白工业园年内新引入居民企业 12 家，企业数量达到 68 家，签约投资额超过 12 亿美元；吉布提国际自贸区落地 112 家入园企业；斯里兰卡汉班托塔临港产业园引进重点企业，计划投资 3 亿美元；老挝赛色塔综合开发区完成 91 家企业入园，39 家企业已投产。构建稳定高效的综合物流服务网络，国际班列及承运箱量逆势大幅增长，市场占有率超 12%，完成吉埃跨境货运专列首批发运，开拓吉埃陆海铁跨境联运新模式。中欧、中亚国际班列开行列数累计 1580 列、同比增长 25.6%，发运货物 15.7 万标箱、同比增长 21.7%。

招商局港口于中国沿海主要枢纽港建立了完善的港口网络群，是深圳西部港区的主导投资者和经营者，是全国吞吐量排名第一港口上海国际港务集团和香港第二大码头运营商香港现代货箱码头（MTL）的第二大股东。

自 2008 年开始，招商局港口开始实施海外战略，先后收购和投资尼日利亚、斯里兰卡和吉布提等多个港口项目。作为国家"一带一路"倡议的重要参与者和推动者，招商局港口董事总经理白景涛说，未来会稳步推进海外港口发展，重点在东南亚、南亚、中东欧、东西非和拉丁美洲等地区布局。

招商局高度重视创新驱动发展，持续加大创新研发和数字化建设投入。集团 2020 年研发投入约 35.2 亿元（不含招行），同比增长 7.3%；大力开展核心技术攻关，获省部级及以上科技奖励 28 项。

招商创投是招商局集团以投资推进产业与创新科技融合的企业风险投资平台，专注在招商局产业价值链上发现、培育、整合产业科技创新类项目。截至 2020 年底，招商创投已布局 26 只子基金和超过 100 个创新项目，管理资产规模 118 亿元。

2. 企业分析

（1）组织分析。

在积极优化各板块服务功能的同时，依托集团长期运营所建立的物流体系优势，持续推进大宗商品供应链业务的开展，全方位拓宽相关产业的发展空间。

招商局在充分发挥港口综合物流优势的基础上，全面加强了服务创新、模式创新、合作创新、集成创新、跨界创新等战略的实施，为各项业务未来的创新发展做好铺垫。

尤其是在"巩固亚洲、完善非洲、发展欧洲、突破美洲"的战略布局下，2020 年，招商局各项经济指标再创新高：实现营业收入 8148 亿元、同比增长 14.1%，利润总额 1754 亿元、同比增长 7.6%，净利润 1373 亿元、同比增长 8.5%，截至 2020 年底总资产达到 10.4 万亿元，其中资产总额和净利润蝉联央企第一。招商局集团成为 8 家连续 16 年荣获国务院国资委经营业绩考核 A 级的央企之一和连续五个任期"业绩优秀企业"。2020年发布的《财富》世界500强榜单中,招商局和旗下招商银行再次入围,招商局成为拥有两个世界500强公司的企业。

在巩固中国港口业务的基础上,招商局港口积极向海外市场拓展,并已成功在非洲、东南亚、欧洲及北美等国家和地区布局。招商局港口所投资的海外首个以BOT形式进行开发建设的码头—斯里兰卡科伦坡港(CICT),2016年累计完成集装箱吞吐量突破200万TEU,同比增长29.1%,创下历史新高。招商局港口的西非多哥洛美集装箱码头项目("LCT")2016年完成集装箱吞吐量53.0万TEU,同比增长5.1%;吉布提项目完成98.7万TEU,同比增长10.1%。除此之外,招商局港口在尼日利亚拉各斯、土耳其均有投资经营码头。另外,招商局港口也在全球港口营运商TerminalLink中拥有49%的股权。

招商局港口坚持战略引领,围绕国内、海外和创新三大战略,从母港建设、港口整合、海外拓展、产融结合、经营转型和业务创新六个方面实行重点突破,工作成效显著,港口核心业务和经营业绩稳定增长。

(2) SWOT分析。

①优势。

首先,基于自身遍及香港、深圳、宁波、上海、青岛、天津、大连、厦门湾、湛江、汕头等集装箱枢纽港的优越条件,招商局在港口的区位选择上具有与生俱来的优势。其次,招商局位于中国广袤的经济腹地,有利于资源的汇集和整合,而便捷的集疏运条件和港口条件更是大大加强了融资条件,推动了集团的发展。

②劣势。

由于港口本身存在着人力资源结构不合理、港口设施不合理的问题,因此在长期发展上集团缺乏大型、专业化泊位的问题也就逐渐暴露出来了,且在功能方面,港口的效用比较单一,很难和周边的港口在激烈竞争的背景下实现分庭抗礼的局面,因此在东部沿海各港口腹地资源的争夺上受到很大的限制。

③机遇和风险。

随着我国经济贸易的快速发展,招商局应当响应国家政策,把握港口群集合发展的趋势,在政府的高度重视与支持下逐步实现集团的自我发展和国家政策相结合。但另外,随着中美贸易战逐渐步入白热化,也为我国的进出口行业带来了极大的挑战。

三、水上运输行业案例评析

水上运输企业的一个突出特征就在于系统庞大，如中国远洋海运集团、招商局等企业都拥有十分庞大的企业系统，这就需要企业战略更多着眼于企业内部管理。与此同时，作为资金密集型行业，水上运输行业的融资创新，也是企业战略的重要内容。

只有将上述内容作为企业战略核心，水上运输企业才能在持续改革中更好地迎接挑战。

（一）管理创新

航运企业要在竞争激烈的市场中获得竞争优势必须有自己的核心竞争力，其不仅体现在科技方面的创新，还应该包括管理、服务及理念的创新。应对国内水运市场的竞争格局，强化管理、管理高效益应该成为航运企业的一种制胜之道。

创新是系统工程，其中管理创新是基础。强化企业管理，提高科学管理水平，是建立现代企业制度的内在要求，也是航运企业扭亏为盈，提高竞争力的重要途径。

（1）管理思想创新，要树立市场竞争观念，安全第一，质量优先、服务周到的观念，学习借鉴先进的管理思想。

（2）管理组织创新，强调目标任务、责权利对等、分工合作原则，强化科学管理职能，形成高效精干的组织体系。

（3）管理方法创新，要采用先进的管理方法和管理手段，加强以资金管理为重点的财务管理，推广成本管理，强化内部经济核算，加强分析预测，不断调整改进运输成本核算办法，规范信息传递程序。

（4）管理机制创新。在人事劳动制度上，要建立干部能上能下、职工能进能出、收入能高能低的机制，真正形成岗位靠竞争、收入靠贡献的激励机制；在企业行为方面，要形成自我监督、自我约束机制；在企业发展上，要形成自我改造、自我积累的发展机制；在营销管理方面，要形成科学的营销机制，建立反应灵敏的营销决策机制，服务营销决策的信息处理机制，快速机动的运力保障机制，考核营销成果的激励机制，形成科学有序的内在驱动，确保营销活动的经常化和实效性。通过机制创新，使企业运输成本大幅度降低，生产经营步入良性循环的轨道。

（二）融资创新

航运业是全球性行业，航运融资的竞争是全球范围内的竞争。相较国际大型金融机构通常在各大主要港口都已设有分支机构，目前国内金融机构的国际网络覆盖面窄，跨国资源配置能力较差，在知名度和专业化服务水平方面与国际大型金融机构差距甚大，众多航运企业及船东倾向选择国外金融机构。

1. 鼓励金融机构实施国际化、全球化的发展战略

在人员配置成熟、风险可控的前提下，适度放开金融机构设立境外分支机构，或以派驻工作组、代表处等形式更广泛、更深入地挖掘国际航运市场需求。对于航运融资方面跻身世界前列的中资银行，可适当允许其在海外设立航运融资专营分支机构。

2. 利用自贸区建设机遇，给予银行系金融租赁公司一定的扶持政策

在综合保税区内SPV业务范围基础上，适当放宽或增加自贸区内银行系金融租赁公司专业子公司业务范围。如下：一是适度放开对外投资，包括在自贸区内设立SPV、在境外直接设立子公司或SPV，设立方式可以全资或合资发起设立、股权收购或参股。二是为关联公司融资提供增信，为成立初期的子公司提供直接借款，或为子公司借款和发行债券提供担保、资产抵押等增信措施。三是允许子公司自主发行本外币债券，拓宽资金来源。

3. 在自贸区内分阶段实行资本项下外汇自由兑换，适度放宽外债额度

在自贸区内分阶段放开对美元资金流动的限制，吸引国际美元资本在自贸区内开展投融资活动。或对自贸区内航运融资业务实施有弹性的外汇管制，实行有条件的自有外汇政策，适度提高银行业金融机构外债额度。如适当增加专门外债额度用于航运融资业务，并规定其他业务不得占用此部分外债额度，仍按照普通的外债额度来处理。

4. 发行航运业证券产品，探索直接融资渠道

航运融资往往具有金额大、期限长、行业周期性强等特征，通过发行标准化的证券产品，一方面可以吸引公开市场上对航运业投资有兴趣的资金参与；另一方面航运业证券产品只是广大投资者投资组合中的一小部分，投资者出于资产组合配置的需要配置一定比例的航运证券产品；同时投资组合分散风险，不会像单笔贷款或者租赁项目的风险完全由一家金融机构承担。

（三）企业改革创新

企业创新是发展之源，不创新就意味着灭亡航运企业只有把双眼盯在市场上，把观念转变在创新上，才能具有强大的竞争力，吸源扩流，增加运量，扩大市场规模，才能实现航运企业在市场竞争中获得更多的利润。深化交通运输重点领域改革，推动政策创新、机制变革、规制完善，实现创新驱动发展；提升交通运输治理水平，破除交通运输在服务构建新发展格局中的制度性障碍。因此，创新是企业走出困境、竞争取胜的内在动力。创新的重点应放在以下几方面：

1. 思想观念创新

推动创新，必须解放思想。在市场经济迅速发展和扩大开放的形势下，航运企业要想在改革和发展上取得突破，必须彻底摒弃计划经济条件下的思维模式，在克服旧观念的基础上建立新的观念，实现观念创新。一要树立市场化的思想观念，把思想观念从计划经济的思维定式中转到市场经济上来，不仅要认识市场竞争的无情性，更要放下在"以运定产"计划经济年代"大航运"的架子，主动向市场的需求靠拢，树立适应市场经济、从市场中争效益的观点。二要树立"不改革就没有出路"的观念，充分认识改革是解放发展生产力的动力，只有改革，才能解决内河航运企业在发展中存在的深层次问题。三要树立"发展才是硬道理"的观念。企业解决所有问题的关键在于依靠自己的发展，把着眼点转到调整和优化运输结构，发展多元化经济上来。四要树立"改革与管理并重"的观念。加强和改进管理是企业永恒的主题，增强管理意识，完善管理手段，构建适应市场机制的科学管理体系。五要树立"自我解困，自立自强"的观念，有自强才能创辉煌，努力探索符合内河运输行业实际和市场经济需求的创新之路。六要确立未来市场需求的战略观点，充分利用国内、国际两种资源两个市场，走全球经济一体化的技术创新之路。

2. 制度创新

制度创新是经济发展过程中不可缺少的因素。创新企业制度，建立企业内部的制衡机制，是企业增加活力和驱动力的源泉。改革开放以来的实践证明，航运企业要提高市场竞争能力和抵御风险的能力，就必须建立起充满生机和活力的现代企业制度，进行制度创新。航运企业有自己行业的特点和实际情况，要从自身的特点出发进行制度创新。因此，航运企业要按现代企业制度的要求，真正建立企业出资人、董事会、经理人、监事会等企业内外部角色的权利和责任，形成规范的有效的制衡机制，在制度上要按照效率优先兼顾公平的原则，实行按劳分配和按生产要素分配的有机结合，使之真正成为完全面向市场、自主经营、自负盈亏的法人实体和市场主体。

3. 技术创新

我国航运企业要摆脱困境，开拓新的发展空间，必须坚持"科学技术是第一生产力"的思想，抓住技术创新这一关键环节。技术进步缓慢是航运企业的最大弱点，也是制约内河航运企业转变经济增长方式的最大障碍。因此，一要加快科技创新和技术升级步伐，要以市场为导向，采用高新技术改造和提高传统产业，实现产业升级，逐步创造国际水准的基础设施条件，改变航运企业的生产技术基础，降低运输成本。二要通过技术创新，推动运力结构的调整。目前不是所谓"运力过剩"，而是运力结构不合理，根据客货运市场的需求和物流的发展趋势，要下大力气研制和推广使用新型船舶，发展科技含量高、技术性能先进、高效低耗的船舶、高档次的旅游客船。此外，还要发展专用船舶、先进的装卸、仓储技术，推广计算机、信息技术等。引进先进的设备，革新运输方式，加强技术开发，加大科技资金投入，搞好技术人才引进和培训，促进科技向现实生产力转化。

（四）绿色发展创新

2020年是全面深化改革向纵深推进的关键一年，是实施"十四五"规划的重要一年。而环境保护作为公众关注的热点之一，随着近些年来经济的发展，我国水路货物运输量和港口吞吐量连续多年稳居世界第一。世界十大最繁忙的港口有7个在中国，占全球货物吞吐量的1/4以上，如何发展绿色水运一直是热议话题。

1. 加强海洋生态保护建设海洋生态文明

近年来，随着对海洋的开发利用活动日益增多，海洋环境污染事件时有发生，导致海洋生物资源衰退、局部海域生态破坏严重、环境污染加剧，亟须海洋环境监管部门加大执法力度，严厉打击污染海洋环境、破坏海洋生态的行为。

目前，海洋生态环境的主要问题有：近海海域环境污染不容乐观，海湾生态系统持续恶化；海洋环境管理缺乏统一协调机制；海洋环境监测机构能力水平难以满足海洋环境保护要求；海洋环境保护投入不足。一定要大力提升全社会的海洋环境保护意识，营造"保护海洋，人人有责"的社会风尚；要建立对海洋环境实施统一监管的顶层协调机制；要加大海洋环境保护投入力度；要加大海洋环境保护法律体系建设。

2. 保护内河环境推动绿色发展

当前，我国不断增强的内河通航能力，为优化产业布局、方便人民群众出行及旅游、推进经济社会绿色发展起到了重要作用，但内河航运和水上生产活动受天气影响大，暴风雨、龙卷风、下击暴流、浓雾等气象灾害易导致水上突发事件的发生。

内河通航水域气象监测预警服务能力建设，保障内河航运和水上生产活动安全。一旦发生滑坡、泥石流等地质灾害，不仅造成重大人员伤亡和财产损失，而且对生态环境也造成破坏。据此，应对地质灾害防治方面的问题，进一步加强监测预报和治理能力建设。一是健全防治工作机制，提升综合防治水平，设立地质灾害防治专项基金。二是加大科研投入和监测装备建设，提升监测预报能力。三是加强工程治理和环境保护，提升安全保障能力。统筹做好地质灾害治理规划，划定生态保护红线；强化隐患调查排查和易发区地质灾害危险性评估。

3. 推动综合交通运输体系规划与相关规划的"多规合一"

目前，在综合交通运输体系规划编制工作中还存在着规划编制主题不明确、规划编制技术要求不一致、与其他规划对接不充分等问题，亟待完善。目前的综合交通运输体系规划与主体功能区规划、城乡规划、土地利用规划、环保规划等融合对接还不够充分，矛盾日渐凸显。应进一步推动综合交通运输体系规划与相关规划的"多规合一"。加强与经济社会发展规划、主体功能区规划、城乡规划、土地利用规划、环保规划的对接，提高交通运输部门参与空间规划的话语权和介入深度，消除规划冲突、促进规划协调。在"多规合一"的一张蓝图管理中强化交通设施控制线，促进城乡交通运输一体化发展。

随着我国交通基础设施不断完善，下一步应在完善政策法规、推进标准统一的同时，形成利益共享的运输合作共同体。通过合作，实现各方利益最大化，从而促进贸易发展，使多式联运产生可观的经济效益和社会效益。

4. 重视绿色创新

在资源短缺、环境危机事件频发的当今社会，节约资源、降低碳排放的绿色发展模式渐成趋势。无论是个人消费者还是负责任的企业公民，都在树立与倡导绿色消费和绿色价值理念，并积极地通过创新改变自身行为，为世界的可持续发展做出贡献。作为主要的能源消耗行业，水运企业更应责无旁贷，积极推进绿色创新和绿色物流，承担起促进世界经济社会可持续发展的使命和责任。如今资源和环境问题已成为制约人类社会持续发展的瓶颈，在这个时代背景下，水运企业应该顺势而为，紧跟时代发展，通过自身的持续努力和创新，为整个社会节能降耗和持续发展作出贡献。

本 章 小 结

　　本章重点介绍并分析了"双循环"新发展格局背景下的水上运输企业及其相关战略。具体来说，本章第一部分从水上运输行业的现状、问题和趋势三个方面总结概述了水上运输行业的发展情况；第二部分结合中国外运、中国远洋海运集团以及招商局集团的企业案例对水上运输企业的战略实施进行了深度分析；第三部分分别从管理创新、融资创新、企业改革创新和绿色发展创新的角度对水上运输行业的案例进行评析。

第七章

公路运输企业战略

一、公路运输行业发展概述

(一) 公路运输行业的现状

道路运输是一种在道路上进行的运输活动,是最接近"门到门"的陆上运输方式。其主要依托公路网络,通过客货运输车辆运送旅客或货物到达指定目的地。根据《国民经济行业分类与代码》(GB/T 4754-2022),"G54 道路运输业"大类下具体包括城市公共交通运输、公路旅客运输、道路货物运输和道路运输辅助活动四个子类和21个行业细分类。

作为交通运输五大方式之一(道路、铁路、航空、水运、管道),道路运输是国家综合运输体系的重要组成部分。近年来,随着公路基础设施建设投入力度的加大,道路运输行业得到了迅猛发展。2019年,全国等级公路里程实现高速连增,占全国公路里程比重的93.7%;完善而密集的公路网是公路客运机动性和灵活性的重要支撑。

2020年5月12日,交通运输部发布《2019年交通运输行业发展统计公报》。公报显示,截至2019年底,在公路客运市场方面,2019年完成营业性客运量130.12亿人,比上年下降4.8%,完成客运周转量8857.08亿人/公里,下降4.6%。虽然客运量有所下降,但是道路客运仍然是人们出行的最主要方式,在全国客运体系中占据着重要位置。

2013~2019年全国公路里程分技术等级构成、全国公路总里程及公路密度、2014~2019年公路客运量，分别如图7-1和图7-2所示。

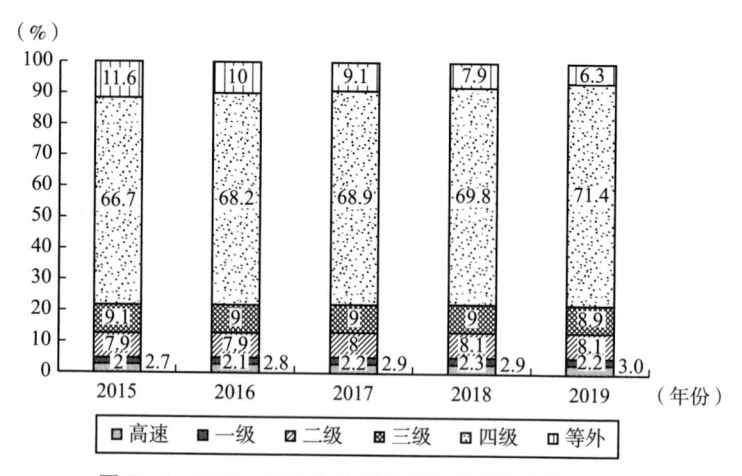

图7-1 2015~2019年全国公路里程分技术等级构成

资料来源：根据交通运输部，华经产业研究院相关资料整理所得。

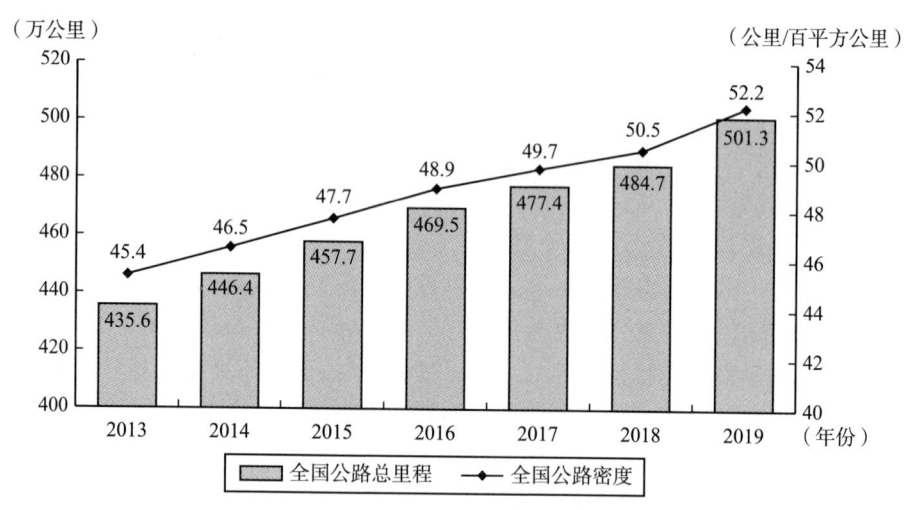

图7-2 2013~2019年全国公路总里程及公路密度

资料来源：根据交通运输部，华经产业研究院相关资料整理所得。

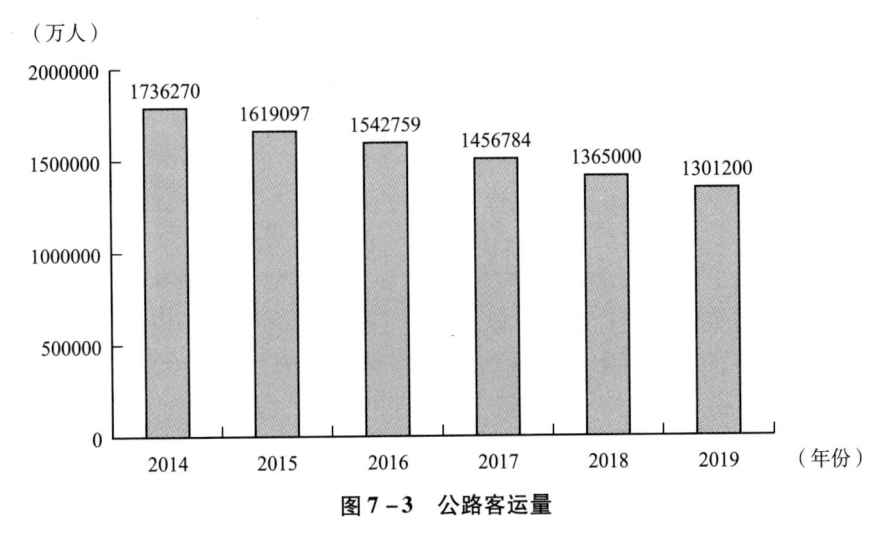

(万人)

图 7-3 公路客运量

年份	客运量
2014	1736270
2015	1619097
2016	1542759
2017	1456784
2018	1365000
2019	1301200

资料来源：根据国家统计局相关资料整理所得。

按照《道路旅客运输及客运站管理规定》，道路旅客运输班线按区域和距离可分为四类线路，其中，公路客运目前主要覆盖二、三、四类线路，分别对应中途（500~800公里）、中短途（200~500公里）、短途（200公里以下）（见表7-1）。

表 7-1　　　　　　　　　　　　道路客运班线类别

班线类别	定义
一类客运班线	地区所在地与地区所在地之间的客运班线或者营运线路长度在 800 公里以上的客运班线
二类客运班线	地区所在地与县之间的客运班线
三类客运班线	非毗邻县之间的客运班线
四类客运班线	毗邻县之间的客运班线或者县境内的客运班线

资料来源：中华人民共和国交通运输部《道路旅客运输及客运站管理规定》。

对比几种运输方式，公路运输在固定资产投入、机动性、地理限制等方面有很大竞争力，其具备铁路、水路和航空不具有的高度灵活便捷的特点，在中短途和短途班线上有突出优势。因此，公路客运不仅成为一个独立的运输体系，也因其灵活性而成为铁路、航空客运的重要衔接，与其他客运方式相互补充。

在交通客运行业内，公路与铁路、民航、水路之间相互补充，又相互竞争。四种运输方式均有各自的细分市场，分别满足不同人群的需求。几种方式的竞争主要存在于相互交叉的领域：公路与铁路在 200~500 公里中短途运输市场竞争激烈，铁路与民航在 800~1500 公里中长途运输市场的竞争也在不断升级。随着高铁的快速发展，替代效应产生的旅客分流正加剧客运市场的竞争性，对公路客运行业形成了一定的挑战。道路客运经营的三大模式，如表 7-2 所示。

表 7-2　　　　　　　　　　道路客运经营的三大模式

道路客运经营模式	模式简介
公司化经营	公司化经营模式是指客运企业统一负责车辆的管理、调度以及司乘人员的招聘、培训、考核、监督、安全管理等工作，经营者按照许可的线路、班次、站点运营
承包经营	客运企业将具备线路经营权的车辆承包给外部经营者，客运企业与公司外部经营者签订相关《承包经营合同》，承包经营方可根据合同约定自行管理车辆或遵守客运企业管理并根据合同约定向客运企业缴纳承包费用
挂靠经营	挂靠车主出资购买车辆，以道路客运企业的资质和名义进行客运经营，并向道路客运企业支付相应的管理费或有偿服务费的经营方式，经营中的风险和安全责任全部由车主承担

资料来源：中华人民共和国交通运输部《道路旅客运输及客运站管理规定》。

从几家上市客运企业的经营数据来看，公路客运业务的每客每公里平均票价为 0.2 元左右，而公路客运业务的每客每公里平均成本为 0.15 元左右。客公里净收入在 0.04 元/人/公里到 0.06 元/人/公里。在这种情况下，保证高客座率和客运里程是企业保证客运业务收入稳健的关键。

公路客运业务的主要成本有员工薪酬、燃料、折旧、维修费用等。其中，燃料成本占了总成本的 30% 左右，是影响业务成本波动的主要因素，员工薪酬占到了 10%~20%，折旧费用占到总成本的 15%~20%，保修费用等其他成本费用相对稳定。

在定价空间有限，成本支出稳定一致的情况下，行业毛利率也相对地趋同。2015 年客运上市企业的公路客运业务的毛利水平在 20% 左右，差异非常小。

站运同营一方面能为客运企业带来更加稳定的现金流，另一方面又能通过整合运输与车站业务，提高公路客运的整体服务质量。客运站由企业按照国家的规划投资建设，由政府和交通主管部门对企业和车站核定经营资质和车站等级。各客运站按照车站的站级，结合交通及物价部门核定的标准收取费用，企业自主经营。所有营运车辆必须进入各地经政府规划、交通主管部门审核发放经营许可证的客运站从事客运运输。目前有 5 家客运上市企业拥有不同数量和等级的客运站，来说经营客运班线越多的企业经营的客运站也更多[①]。

(二) 公路运输行业的问题

1. 宏观经济环境变化风险

从国际看，全球经济在深度调整中曲折复苏，新的增长动力尚未形成，不稳定因素增加。从国内看，经济下行压力大，生产力布局、产业结构、消费及流通格局将加速变化调整。公路运输企业对经济周期具有一定的敏感性，经济周期的波动会直接导致经济活动对运输资源需求的变化，因此，宏观经济环境的变化将可能影响收费公路的车流量及通行费收入。

2. 政策性风险

在我国，经营性收费公路作为政府特许经营的行业，由公路运输单位作为公路建设投资主体，由此承担收费公路的政策风险。高速公路免费通行车辆的范围不断扩大和节假日免费通行等，由此带来的收入减少、运营成本增加的风险，由此，公司的利润水平也会随着相关政策变化而变化，除直接的收入减少，免费政策还带来了大量的间接问题。

通行费收入为公司主要营业收入，收费公路行业的发展受国家及行业政策影响较大。报告期内，《收费公路管理条例》尚未出台，加之目前收费公路的公益性特征越来越强，重大节假日小型客车免费通行政策、鲜活农产品"绿色通道"免费放行政策的持续执行，影响了公司主营业务收入，加大了公司运营成本。

3. 运营风险

收费标准的风险：根据《公路法》及《收费公路管理条例》的有关规定，公路收费标准由政府制定，高速公路公司没有收费标准定价的自主权，不能根据市场变化自主调整，在各种成本不断变化的情况下，价格的限制会使公司利润水平出现波动。经营期限的风险：一是面临经营时间的限制，如果没有其他效益较好的新建或收购的公路项目，将对公路运营公司可持续经营能力产生重大不利影响。二是行业主管部门严格核定收费公路收费期限。

4. 融资风险

由于公路建设项目具有投资大、建设周期和投资回收期较长的特点，这将给公司带来阶段性的风险和经营压力。高速公路作为重要的交通基础设施，行

[①] 2017年中国道路运输市场发展现状及行业发展趋势 [EB/OL]. 中国产业网，http://www.chyxx.com/industry/201705/519870.html.

业初始投资大、收益慢，属于重资产、重负债行业，财务费用相对较高，加之近期国内外货币政策的收紧，导致融资成本上升等风险因素，对公司的经营造成一定压力。目前高速公路融资风险除了具有融资活动风险以外，在经济方面对银行仍存在很大的依赖性，利率、汇率和贷款期限的变化是导致融资风险的主要因素。

公司投资规模大，资金来源主要为金融机构贷款，而且投资时期较为集中。近年来，为防控通货膨胀，国家实施积极的财政政策和稳健的货币政策，银行信贷规模增速放缓。公司后续在建项目融资存在一定的政策风险。

（三）公路运输行业的趋势

1. 企业定位

高速公路公司为了准确制定经营战略目标，就要对自身有全面清楚的认识，根据自身的实际情况在经济、社会与文化三个层面进行正确的企业定位。

（1）经济层面定位，高速公路公司应根据自身实力的强弱、资金的雄厚程度、经营规模的大小来决定近期及长远发展所要展开的经营业务，以及各个经营活动所要达到的经济效益和总体经济效益。

（2）社会层面定位，高速公路公司不但要考虑自身的经济效益，而且还要考虑自身对社会的影响，由于高速公路属于国家大型基础设施，服务范围和影响极其重大，因而高速公路公司相对于其他行业来说，应该具有更强的社会责任感，承担更多的社会责任，积极促进交通基础设施的建设和公路行车安全，充分维护国家利益和消费者利益。

（3）文化层面定位，高速公路公司应该认识到，作为一个现代社会的企业，文化建设是必不可少的。企业文化能体现物质文明和精神文明并重的发展格局，是企业的灵魂。合适的企业文化，能使员工在潜移默化中接受共同的价值观，对企业有归属感，形成企业发展的巨大精神动力。对于高速公路公司而言，要创造良好的企业文化就要确立企业的行为目标，树立企业良好形象。

2. 战略目标

高速公路公司的经营战略目标是确定公司经营重点、制订经营战略计划和分配经营资源的基础。高速公路公司的战略目标可以分为三个层次：

（1）基本目标是高速公路公司在战略期要达到的总体经营状态。

高速公路公司要根据自身的情况合理确定公司在主营收入额、主营收入增长率、利润增长率、资金利润率、盈利能力等方面要达到的水平。这些目标是企业在战略期要达到的经营状态的数量目标。另外一些反映企业整体经营状态而又无法量化的目标,就需要定性分析。如有关高速公路公司企业形象的目标等。

(2) 对外战略目标即有关产品、市场的目标。

高速公路公司根据未来市场情况和自身条件决定公司在战略期的经营领域,即明确高速公路公司将对社会提供什么产品和服务,并应达到什么样的水平。对外战略目标既有定量指标,如市场占有率、产品结构、新产品比例等;也有定性指标,如高速公路公司确定未来对当地路网发展的作用、各产品的发展态势、市场开发的方向、产品的辐射范围等。

(3) 企业素质目标。

它反映了公司战略期在人员设备、生产技术结构和组织结构等方面应达到的水平。主要包括界定高速公路公司综合能力、研究开发能力、市场营销能力、人事组织能力和财务管理能力等一些定性指标和定量指标。即高速公路公司为了实现对外战略目标,而对所需的设备、资金、人员、技术、服务等进行配备的目标,包括设备投资额、研究开发费用额、人才培训与安排等。

根据上述分析,高速公路公司面对的竞争愈加激烈,尽管高速公路能够满足道路消费者快速、舒适、便捷、安全等需求,具有高品质服务的优势,但是面对市场的挑战,稍有疏忽,例如仅认为高速公路具有垄断的特征从而产生等车上路的经营思想,盲目乐观于区位优势而不注意提高服务水平的经营态度等,也可能导致经营衰退。因此,公司应该结合自身特点,居安思危,

重视营销策略的运用,注重服务深度,提供优质服务,保证道路畅通。只有这样,才能在竞争激烈的环境中,形成自己独占的势力范围,发展自己不可替代的市场,从而形成一道竞争保护的屏障。

二、公路运输企业战略实施案例

(一) 山东高速集团[①]

1. 企业简介

山东高速集团是由省委管理领导班子,省国资委履行出资人职责,以投资、建设、经营、管理高速公路、桥梁、铁路、港航、机场、物流为主业,集主业保

---

① 根据山东高速集团(http://www.sdhsg.com/index)相关资料整理所得。

障链上金融、建设、置业、信息、建材为一体的现代化、国际化、高效化、综合型国有独资特大型企业集团。2020年集团注册资本200亿元，年经营收入590亿元，利税85亿元，资产总额5500亿元，资产负债率61%，职工7万多人，资产规模居全省企业和全国同行业第一位，资产和利润总额均占省管企业1/4，连续十年入选"中国企业500强"。

山东高速集团将加快推进由高速公路主业经营向公路、铁路、港口等为主业的大交通产业转变，全面落实科学发展观，以产权为纽带，以资本运营为手段，以高效能管理为中心，努力打造全国资产规模最大、实力最强的大交通企业集团，为实现富民强省的新跨越作出积极贡献。

(1) 组织架构。

山东高速集团主要经营收费公路、桥梁及隧道基础设施之投资、经营和管理及其相关业务。集团还从事高速公路服务区及配套服务、物业管理、房地产投资开发以及旅游景点开发等业务。其企业愿景就在于：打造现代化、国际化、高效化的综合型特大企业集团。

目前，山东高速集团经营领域"立足山东、面向省外、走向世界"，相继涉及全国22个省、海外106个国家和地区。运营管理高速公路2800公里，在建1089公里。连续获得全国干线公路养护管理大检查第一名，投资建设、经营管理的山东高速胶州湾大桥是世界最长跨海大桥，成为我国唯一上榜"福布斯"评选的"全球最棒桥梁"，荣获世界桥梁界的"诺贝尔奖"——乔治·理查德森奖。开发建设的贝尔格莱德中国文化中心是中国在巴尔干地区建立的首个中国文化中心。控股法国客运第四大、货运第二大机场——图卢兹机场，为中资企业收购的首个海外机场。

之所以获得如此成就，离不开其实现战略的组织架构，如图7-4所示。

(2) 企业现状。

一直以来，山东高速集团紧紧抓住发展这个第一要义，集团又好、又准、又快、又大、又强发展取得了辉煌业绩。司自2001年成立以来，从小到大，从弱到强，历经坎坷，走出了一条极不平凡的发展道路。

①经营业绩上，从注册资本5亿元，发展到注册资本150亿元；从利税7亿元发展到38亿元；从经营收入21亿元，发展到150亿元；负债率由89%下降到58%；从总资产不到60亿元，发展到1100亿元，加上市公司增值部分，突破1400亿元；从资产规模居省管企业第十二位，发展到省管企业第一位、经营效益居省管企业前列。

第七章 公路运输企业战略

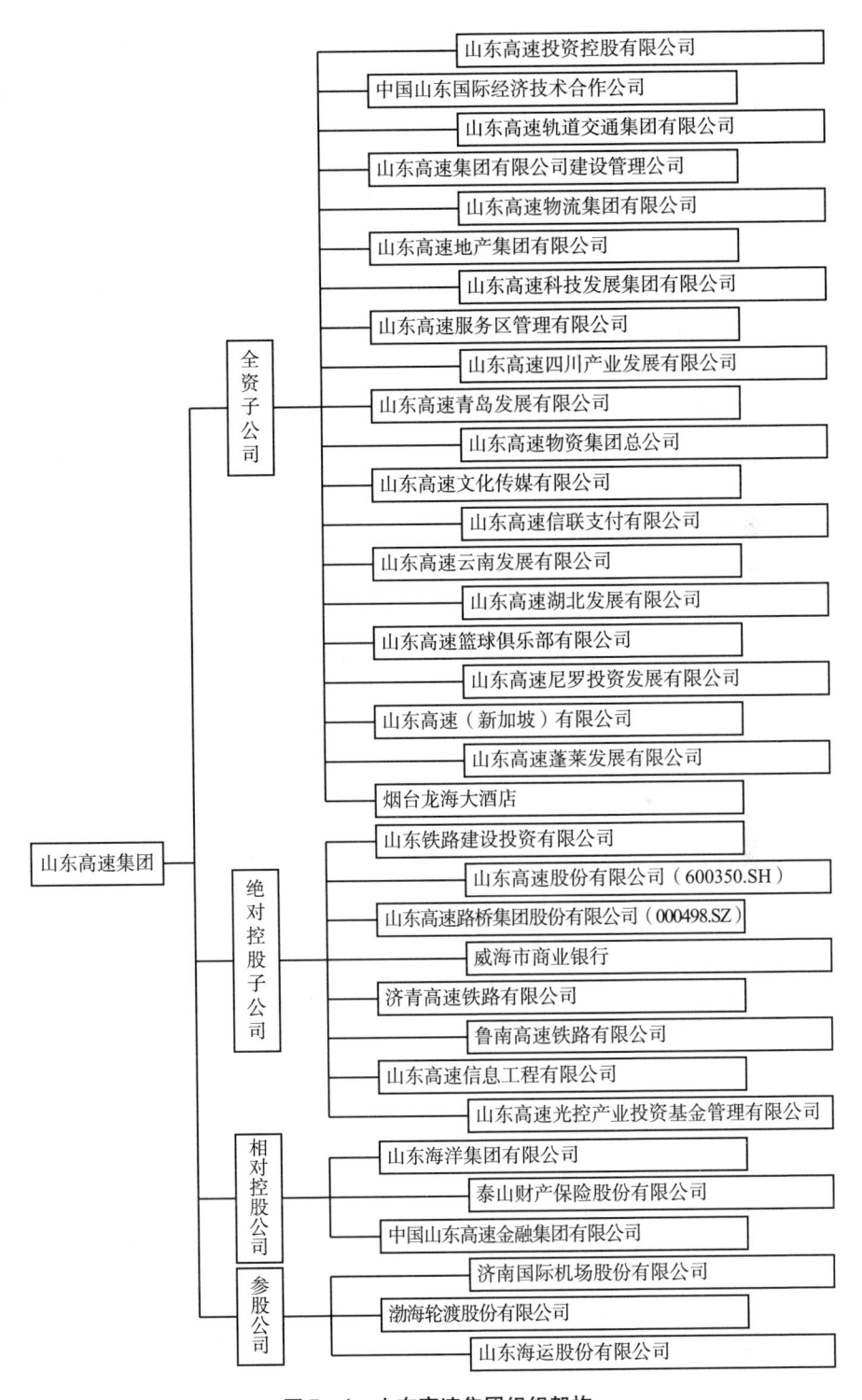

```
山东高速集团
├─ 全资子公司
│   ├─ 山东高速投资控股有限公司
│   ├─ 中国山东国际经济技术合作公司
│   ├─ 山东高速轨道交通集团有限公司
│   ├─ 山东高速集团有限公司建设管理公司
│   ├─ 山东高速物流集团有限公司
│   ├─ 山东高速地产集团有限公司
│   ├─ 山东高速科技发展集团有限公司
│   ├─ 山东高速服务区管理有限公司
│   ├─ 山东高速四川产业发展有限公司
│   ├─ 山东高速青岛发展有限公司
│   ├─ 山东高速物资集团总公司
│   ├─ 山东高速文化传媒有限公司
│   ├─ 山东高速信联支付有限公司
│   ├─ 山东高速云南发展有限公司
│   ├─ 山东高速湖北发展有限公司
│   ├─ 山东高速篮球俱乐部有限公司
│   ├─ 山东高速尼罗投资发展有限公司
│   ├─ 山东高速（新加坡）有限公司
│   ├─ 山东高速蓬莱发展有限公司
│   └─ 烟台龙海大酒店
├─ 绝对控股子公司
│   ├─ 山东铁路建设投资有限公司
│   ├─ 山东高速股份有限公司（600350.SH）
│   ├─ 山东高速路桥集团股份有限公司（000498.SZ）
│   ├─ 威海市商业银行
│   ├─ 济青高速铁路有限公司
│   ├─ 鲁南高速铁路有限公司
│   ├─ 山东高速信息工程有限公司
│   └─ 山东高速光控产业投资基金管理有限公司
├─ 相对控股公司
│   ├─ 山东海洋集团有限公司
│   ├─ 泰山财产保险股份有限公司
│   └─ 中国山东高速金融集团有限公司
└─ 参股公司
    ├─ 济南国际机场股份有限公司
    ├─ 渤海轮渡股份有限公司
    └─ 山东海运股份有限公司
```

图 7-4　山东高速集团组织架构

②经营理念上，从单一的高速公路运营管理，拓展到公路、铁路、港口等交通基础设施的投资、建设、运营与管理，集团所辖已通车高速公路1500公里，在建500公里，已通车铁路482公里，在建743公里。

③经营地域上，从仅仅管理省内3条高速公路，发展到省外、国外全面扩张，投资、建设、经营领域遍及全国22个省，中标合同额400亿元，建设项目遍布全球5大洲99个国家和地区，合同额30多亿美元。

④经营体制上，在省交通运输厅的大力支持下，彻底解决了久拖不决的体制问题，除青银路外，所辖高速公路全部由政府性收费变为经营性收费，收费期限由15年延长至25年，所用土地由划拨地变为出让地。

⑤经营品牌上，由一个名不见经传的小公司，发展成为享誉国内、国际知名的大企业集团，连续三年入选"全国企业500强"，经营实力列全国同行业第一位，并获得"中国最诚信企业""新中国60年60家卓越企业""山东60年60品牌"等殊荣。集团领导班子被省委组织部评为"四好班子"，集团公司获"省级文明单位"称号。

（3）企业战略。

山东高速集团坚持"立足省内、面向全国、走向世界"的"走出去"战略，在全国同行业开了先河。截至目前，山东高速集团投资建设和经营领域已拓展到全国绝大多数省份，先后中标四川乐山至宜宾、乐山至自贡、河南许昌至禹州、许昌至亳州等高速公路项目。山东高速集团海外建设施工同样捷报频传、凯歌不断，建设领域累计遍及全球五大洲、99个国家和地区，合同金额超过30亿美元；当前在阿尔及利亚、安哥拉、苏丹、巴哈马、越南等22个国家和地区仍有40亿元的在建项目，其中，仅仅在阿尔及利亚一个项目就能够实现1亿元的利润，跨国经营成绩斐然。在坚持走出去发展的同时，实行多元化发展战略，延伸产业链条致力于推动山东高速集团业务的多元发展，不断延伸产业链条，完善产业布局，实现企业的科学发展、可持续发展。

2. 企业分析

（1）组织分析。

随着公路运输行业的竞争不断加剧，在现有组织架构下，山东高速集团仍需坚持以科学发展观统揽全局，以"转方式、调结构、增效益、惠员工"为主线，以科技进步和人才机制为动力，以高效能、精细化管理为支撑，以改革创新为动力，以经济和社会效益为目的，以"富员强企"为目标，坚持"又好、又准、又快、又大、又强"的发展原则，实现公司的科学发展。为此，要做好五方面工作：

①加快改革。加快推进高速公路管理体制改革，推行扁平化管理。加大三项制度改革力度，真正实现"干部能上能下，职工能进能出，工资能高能低"。推

行工资改革，薪酬跟着考核走。坚持重心下移，提高一线员工的工资收入水平。加快推进公车改革，切实降低管理成本。

②抓好稳定。做好高速公路委托管理后职工思想工作，确保托管后各项工作平稳开展，解除职工后顾之忧。

③加快发展。加快推进高速公路主营业务整体上市。发挥资金优势，加大对省内、外现有公路、高速公路、港口、桥梁、铁路等项目收购力度，寻机直接收购全国同行业的高速公路集团公司。积极参与地方城镇建设、土地开发以及矿产、能源开发，以短期投资项目的收益弥补长期投资的不足。大力开展资本运作，形成"资产换钱、钱投资产、资产增值、资本扩张、滚动发展"的良性循环；在控股前提下，引进战略投资者，实现股权变现；研究长期企业债券、中期票据、短期融资券等综合融资方式，探索融资租赁、经营租赁业务，推进多元化融资。筹集发展资金。扩大在全国业务板块的设点布局，把高速股份建设成为全国品牌第一、实力最强的龙头上市公司。

④确保畅通。联合公安、交警、保险公司等部门，加强路政人员驻站管理，推行标准化、专业化、人本化，全面抓好畅通工作。以最畅通的道路、最优美的环境、最优质的服务，最高效的管理，全面做好全国干线公路养护管理大检查工作，誓夺第一名，打造全国高速公路第一运营品牌。

⑤抓好文明。要提升文明服务水平，全面推行微笑服务，打造山东高速文明服务品牌。要加强干部队伍建设和廉政建设，抓好争先创优，把各级领导班子建成"四好"班子，把党组织建成坚强战斗堡垒，把职工队伍建成拉得出、过得硬、打得赢的坚强团队。

（2）SWOT分析。

①优势。

第一，劳动力成本负担较低。山东高速集团与其他中资建筑类企业一样，劳动力成本负担较低，而且管理人员稳定。中国的建筑业是劳动密集型产业，山东高速集团海外部分作为以建筑施工为主要业务范围的建筑企业，人工费用在总经营成本中所占比重较大。中国相对比较较低的劳动力成本使得中国企业在与国外同行业企业的竞争中一直处于优势地位。

第二，材料设备成本较低。山东高速集团在承包海外工程时，通常是通过国家对外经援项目立足东道国，所使用的建筑材料和设备多是中国生产，在运输出中国海关和进入东道国海关享受关税减免的优惠政策。待项目完工后，大型设备还可重复周转使用，承接其他项目对标的往往大幅度低于发达国家和国家市场价格。如中国生产的发电机、变压器、电器开关等机电设备的价格只相当于欧美国家同类设备的六到七成。在非洲，博茨瓦纳生产的50千克袋装水泥价格约为10

美元，而中国生产的成本只有 4 美元，加上运输成本，也不过 5～6 美元/袋。

第三，相对的地缘优势明显。山东高速集团海外市场主要分布在亚洲和非洲等发展中国家，发展中国家的基础设施建设亟待完善，而东道国又由于资金、技术能力等方面的限制，于是产生了对低价格、施工能力强的国际承包商的急切需求，而山东高速集团正符合了这样的需求。与其他中资建筑承包商一样，中国承包商在亚洲的地缘区位优势明显。但同时，印度承包商的迅速崛起，正在削减这样的地缘优势，而中国在非洲和拉美市场的地缘优势可以说几乎不存在。

第四，与东道国关系友好。中国工程承包公司通常拥有与东道国保持友好关系的传统，这也是中资公司在海外近些年来规模化发展的重要因素。山东高速各子公司同样与东道国有良好的紧密联系，并以此保持较高的市场份额。通过承建大型工程项目，提高山东高速集团在东道国的质量信誉，为进一步促进和发展业主打下了良好基础。

②劣势。

优秀的高素质项目管理人员和工程质量监管人员是海外施工作业的关键成败因素。海外施工建筑行业工作环境差，长驻国外与亲人朋友长久分离，薪资水平又缺少对高级人才的吸引力。企业中懂得国际工程管理、掌握外语、熟悉项目流程、善于管理、吃苦耐劳的对外复合型人才很少。

设计咨询能力不够，在一手承包工程方面经验欠缺。在中国，工程设计和工程施工企业是两种不同的业务性质，由不同的单位分别承担，山东高速集团往往没有施工能力和施工经验，施工企业又没有设计能力。

③机遇。

中国政府制定和推动实施的"走出去战略"和"新丝绸之路经济带"的重大合作倡议，是鼓励中资跨国公司积极参与国际经济竞争，适应国际环境变化，从政策层面给予的大力支持。同时，中国政府和国有银行对中资建企业扩大规模给予了金融支持。例如，对符合政策条件的对外承包项目公司的流动资金贷款予以适当的贴息；对能带动国产设备和材料出口的承包项目，中国进出口银行可在符合信贷原则的前提下对项目的流动资金贷款予以积极支持；允许具备条件的企业利用境内外上市公司或发行债券等方式筹措资金等。2015 年 1 月 19 日，商务部宣布我国 2014 年对外投资总额突破千亿美元大关，对外投资快于吸收外资，我国已成资本的净输出国，这意味着我国自改革开放以来的经济发展格局发生了重大变化。资本的输出并不代表资本的流失。战略性非可再生资源、文化影响、资产隐形流入，为提高国家层面的战略发展提供了强有力的资本和动力。山东高速集团应该抓住机遇，充分利用自身技术和资本金优势，在保留原有市场份额及施工质量的前提下，完善自身的竞争机制，努力扩大自身市场占有量。

④威胁。

与其他跨国建筑公司一样，山东高速集团从事海外承包也是一项高风险事业。东道国政治、经济、环境所蕴含的诸多不确定因素会给公司带来较高的商业风险：

第一，一些发展中国家基础设施建设资金不足，合同守约观念差，拖欠工程款，撕毁合同时间时有发生。

第二，海外施工中不可避免地雇佣当地劳工，采购当地材料，但某些国家的经济不稳定，会增加项目建设成本，减少利润。

第三，许多国家汇率不稳定，外资承包商面临较大的汇率风险。

第四，国外土地基本为私人所有，与原住民土地纠纷处理烦琐，由此引发的工期延误及成本增加不可估量。近些年来中国员工在海外的人身安全不断受到威胁，不稳定因素增大，时而有中资公司员工被恐怖分子或反政府武装的杀害和绑架的消息传出，山东高速集团很多海外项目部本身也经历过类似情况。政治风险和人身安全危险都给公司的海外承包构成威胁。国际建筑市场总体而言是买方市场，工程承包企业在同一地区竞争加剧是建筑市场发展的趋势。公司不仅要面临外资公司的竞争，由于众多的中资承包商缺少协调，中资公司间过度竞争、恶意竞争的事件时有发生，出现中国承包商之间投标的"低标的战"，使得工程的利润几乎全无甚至导致全面亏损。

（二）河南中原高速公路股份有限公司[①]

1. 公司简介

河南中原高速公路股份有限公司（以下简称"中原高速"）是经河南省人民政府批准，由河南高速公路发展有限责任公司、华建交通经济开发中心、河南省高速公路实业开发公司、河南省交通规划勘察设计院以及河南公路港务局五家法人单位，依照《中华人民共和国公司法》等法律、法规，共同发起设立的股份有限公司。2000年12月，中原高速在河南省工商行政管理局登记注册成立。2003年8月8日，中原高速公开发行的2.8亿元人民币普通股（A股）股票在上海证券交易所上市交易。

作为河南省高速公路建设在资本市场的长期融资窗口、资本运作载体以及优良公路资产的经营管理者，中原高速成立以来，按照市场经济和建立现代企业制

---

① 根据河南中原高速公路股份有限公司相关资料整理所得。

度的要求,以及国家产业政策和公路发展规划,坚持以高等级公路、大型及特大型独立桥梁等交通基础设施项目投资、经营管理和维护为主营业务,以提供高效、优质服务,创造良好的经济效益和社会效益,维护全体股东的利益为中心,不断完善公司法人治理结构,规范运作,科学管理,实现了稳定、快速的发展。

(1)组织架构。

中原高速已建立起较为完善的法人治理结构和经营管理机制,建立健全了决策、执行和监督体系(见图7-5)。股东大会、董事会、监事会和经理层职责明确,协调运转。公司努力推行科学管理,强化管理基础工作,形成了有效的内部

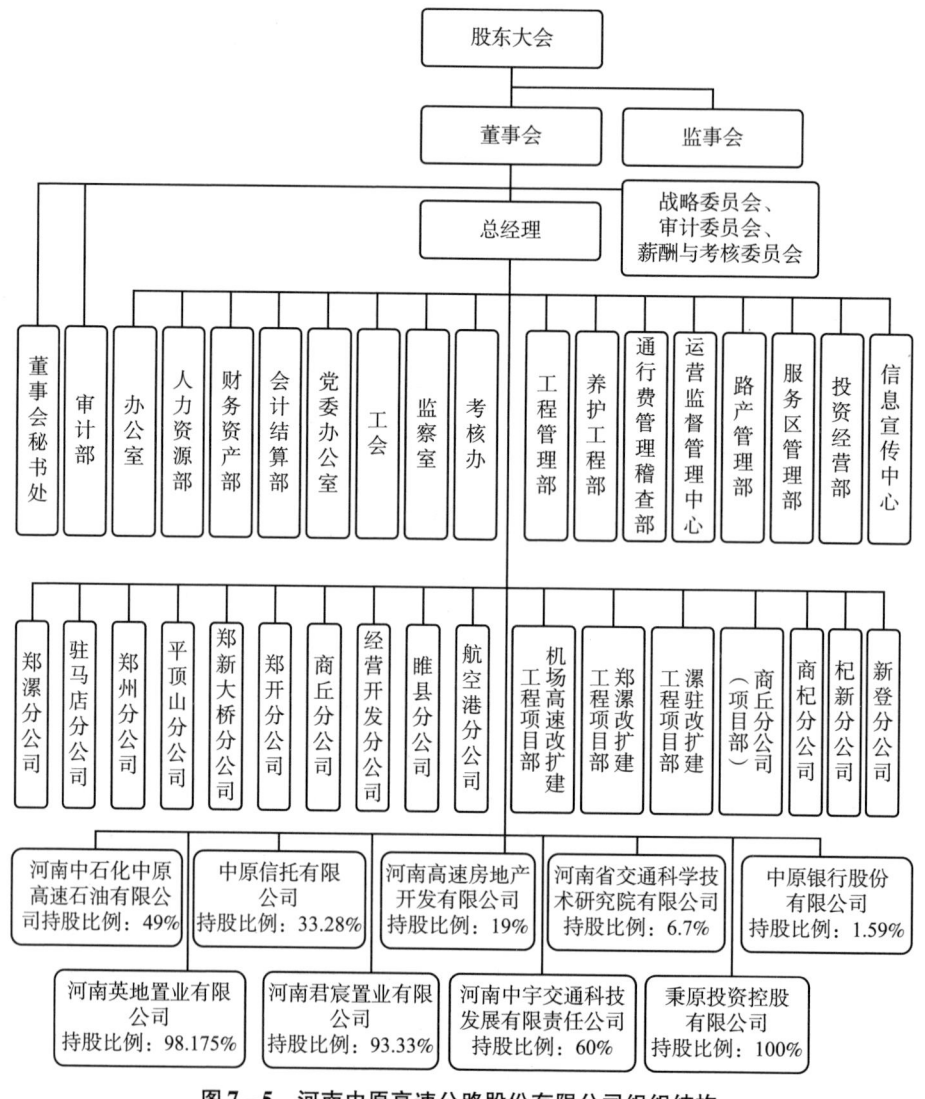

图7-5 河南中原高速公路股份有限公司组织结构

控制制度和激励、约束机制，并严格按照中国证监会要求自我规范，使公司成为自主经营、自负盈亏的法人实体和市场主体。公司内设董秘处、办公室、人力资源部等部门。公司下设郑漯、驻马店、郑州、平顶山、郑新黄河大桥、郑开、商丘、睢县、航空港分公司等运营管理公司。公司已开通路段包括：机场高速、京港澳高速郑州至驻马店段、郑尧高速、商登高速商丘至航空港区段、永登高速永城段、济祁高速永城段、郑新黄河大桥等路段。

（2）企业现状。

中原高速作为河南省内唯一的交通行业上市公司，在2000年12月由高发公司等5家单位共同发起成立，并于2003年8月在上海证券交易所完成挂牌上市，高发公司以资产出资占其45.09%的股份，成为其第一大股东。2009年7月，由河南省人民政府作为出资人组建国有独资性质的河南交通投资集团有限公司，集团下辖高发公司、中原高速等10家直属二级单位。2011年1月，高发公司无偿划转所持有中原高速45.09%的股份给河南交通投资集团有限公司，划转完成后集团成为中原高速的控股股东。集团下属的高发公司、中原高速所管理运营的里程占河南省内高速公路通车里程的50%，截至2015年底，中原高速通车运营的高速公路总里程达753.27公里，折合为车道里程计算达3898公里。

（3）企业战略。

"美丽中原"建设仍是公司未来一段时期的首要任务，在理念上适应新常态、融入新常态、把握新常态，坚持"发展是第一要务"的理念不动摇；立足"一主多元、多元反哺"的方针，坚持做大做强主业、做专做优辅业，不断优化主业资产质量，优化升级多元化产业布局，培育多元反哺能力，促进主辅业优势互补、持续发展，做好高速公路＋互联网＋金融＋资本，全面提升综合实力和盈利水平；探寻PPP项目的市场机遇。坚持以经济效益为中心，讲效益、抓效益、创效益，为公司积累财富，为社会创造价值，为股东带来回报。

①在省内进行外延式发展。中原高速应在政府支持下，通过融资等途径，筹措资金，在河南省进行外延式发展，通过扩建和新建项目，大力发展主业，提升公司业绩。

②实现多元化发展。中原高速多元化投资涉及房地产、创投和信托领域，虽然目前未达到全面收获阶段，但已展示出一定的拓展成效。

③加强内部控制。明确内部控制的目标：合理保证企业经营管理合规、资产安全、财务报告及相关信息真实完整，提高经营效率和效果、促进企业实现发展战略。公司内部控制设有检查监督机制，内控缺陷一经识别，保证将立即采取整改措施，以达到"五化"——科学化、现代化、规范化、制度化与标准化。

2. 企业分析

(1) 组织分析。

在当前国家及河南省加快高速公路建设步伐，深化高速公路建设、管理和投融资体制改革形势下，中原高速的行业发展、地理位置、优良资产、科学管理以及经营与发展环境等多方面优势，使公司具有良好的市场前景和广阔的发展空间。为充分发挥优势，中原高速将不断完善公司治理，严格按照现代企业制度要求规范运作，坚持主业，强化管理，努力提高经营管理水平，不断提高经济效益，维护全体股东的利益，实现公司稳步、快速发展，使公司尽快成长为"主业突出、综合经营、管理规范、经营稳健、业绩优良"的现代化大型公路企业。

公司的核心业务主要为高速公路的投资建设和经营管理，公司经营路桥资产均位于河南境内，河南省位于中原地区，承东启西，连贯南北，是全国重要的交通枢纽，区位优势明显。随着深度融入国家"一带一路"建议，河南将不断完善内联外通的高速公路网络，大力发展多式联运和智慧交通。公司路桥遍布全省，路网优势明显，车流量持续稳定增加，为主业收入增长提供了有力保障。

独特的区位优势、优质的资产和高效的运营管理团队构成了公司核心竞争优势。

此外，公司始终坚持"主业突出、多元反哺"发展战略，大力推进多元化经营，科学决策，防控风险，投资项目收益情况良好。同时，公司是省内唯一的高速公路运营管理上市公司，具备在资本市场融资的良好平台，融资渠道畅通，融资成本低。

(2) SWOT分析。

①优势。

河南自古以其承东启西、连贯南北的特殊区位优势，称为中国重要的陆路交通枢纽之一，在国家实施西部大开发战略过程中具有重要的战略地位。中原高速所处地理位置得天独厚，无疑使其更加具有良好的市场前景和广阔的发展空间。

中原高速资源丰富的成本优质主要表现在劳动力价格和原材料价格上。首先，河南省人力资源极为丰富。由于公路基础设施建设是个劳动密集型行业，河南省丰富的劳动力资源必然带来低廉的劳动力成本，对于中原高速来说，具有极大的优势。其次，河南省是一个资源大省。公路建设中所需要材料，除优质沥青外，其余基本可以就地解决，大量节省了运输成本。由于河南省拥有丰富的自然资源和劳动力资源，因此，同样修一条公路，河南省的价格要远低于东南沿海发达城市，而投资回报率却很高。另外，中原高速还具有养护公路成本低廉的优势。

②劣势。

第一，负债率较高。中原高速 2010 年 6 月董事会通过公司投资约 18.58 亿元，建设济宁至祁门高速公路，连霍高速至永登高速段项目，该项目 2010 年开工，目前济宁至祁门高速公路永城段（一期工程）于 2012 年 12 月 12 日建成通车，但该项目计划投资 18.58 亿元，以及 2012 年 11 月 27 日公司晚间公告上的拟投资建设商丘至登封高速公路开封段项目以及商丘至登封高速公路段项目，两项目投资金额总计 85.57 亿元。新的大型项目的推进将进一步扩大公司负债规模，高负债必将影响公司业绩。

第二，内部监督不到位，内控管理制度不够健全。河南中原高速公路股份有限公司于 2012 年 10 月 25 日收到中国证券监督管理委员会河南监管局（以下简称"河南证监局"）下发的《关于对河南中原高速公路股份有限公司实施责令改正措施的决定》，其中对内控体系建设工作进展缓慢，内部控制个别环节存在缺陷要求责令整改。

第三，新路通车后车流量达不到预期。2009 年 2 月，河南省发改委批复核准投资建设安阳—信阳一级公路。此一级公路平行于公司京港澳高速郑州—漯河—驻马店段，相距 20 公里其建成后对公司或将产生一定的分流影响。

③机遇。

第一，随着中原经济区国家战略的全面实施，产业集聚区综合效应的不断彰显，河南省经济继续保持平稳较快发展势头，以及我国和河南省高速公路路网日趋完善，河南交通区位优势将进一步凸显，高速公路网络在整个公路网络体系中对于车流量的汇聚效应将不断增强，公司所属路段车流量也会随之稳步增长。

第二，高速公路的快速发展，极大地提高了我国公路网的整体技术水平，实现了大规模跨省贯通，加强了各大区域间的经济交流，分担了各省、经济区之间的客货运输，通道效应日趋显著；高速公路网骨架的基本形成，构建了城市间的公路运输通道，提高了综合运输能力，优化了交通运输结构，对缓解交通运输的"瓶颈"制约发挥了重要作用。

第三，高速公路行业是一个建设周期长、投资回报呈周期性的行业，与国家收费公路政策紧密相关，现阶段是国家大力支持发展的行业，为公司提升公路主业提供了良好条件，抓住发展机遇，储备良好的高速公路资源，同时加强管理，提高路桥通行能力和服务水平，将有利于提高自身的竞争能力和持续发展能力。

④威胁。

公司主要面临着同向其他公路的竞争。但长期以来，高速公路与普通公路之间已形成相对稳定的交通流分担与竞争格局，高速公路与普通公路在通行能力、服务水平、服务对象、行车油耗以及现有的收费价格水平等方面存在显著差异，高速公路具有快捷、安全、舒适、省时、省油、服务设施齐全等优势，普通公路的免费，应不会构成对上述差异的实质性影响。

（三）江苏宁沪高速公路股份有限公司[①]

1. 企业简介

江苏宁沪高速公路股份有限公司（以下简称"宁沪高速公司"）为1992年8月1日在中华人民共和国江苏省注册成立的股份有限公司。公司主要从事投资、建设、经营和管理沪宁高速公路江苏段及其他江苏省境内的收费路桥，并发展公路沿线的客运及其他辅助服务业，是目前江苏省唯一在我国上海、香港以及美国上市的交通基础设施类公司。

公司主营业务为江苏省境内收费路桥的投资、建设、经营及管理，并发展该等公路沿线的服务区配套经营（包括加油、餐饮、购物、广告及住宿等），除沪宁高速外，公司还拥有宁常高速、镇溧高速、锡宜高速、无锡环太湖公路、宁连公路、锡澄高速、广靖高速、江阴大桥、苏嘉杭、常嘉高速等位于江苏省内的收费路桥全部或部分权益。截至2017年6月30日，本集团直接参与经营和投资的路桥项目达到17个，拥有或参股的公路通车里程已接近850公里。

（1）组织架构。

宁沪高速公司的经营区域位于中国经济最具活力的长江三角洲地区，公司所拥有或参股路桥项目是连接江苏省东西及南北陆路交通大走廊，活跃的经济带来了交通的繁忙。公司核心资产沪宁高速连接上海、苏州、无锡、常州、镇江、南京6个大中城市，已成为国内最繁忙的高速公路之一。此外，公司还积极探索及尝试新的业务类型，从事房地产的投资开发、高速公路沿线广告媒体发布及其他金融、类金融和实业方面的投资，以进一步拓展盈利空间并实现公司的可持续发展。截至2017年6月30日，公司拥有三家全资子公司、三家控股子公司、六家参股联营企业，一家合营公司。总资产规模约人民币384.70亿元，净资产约人民币236.81亿元，是中国公路行业中资产规模最大的上市公司之一。

此时，宁沪高速公司也已确认其企业愿景和使命：
①企业的愿景：成为一家优秀的现代服务业公司。
②企业的使命：为公众享受美好生活提供更优质的服务。
③企业的精神：敬业、诚信、合作、卓越。
④核心价值观：尽责高效、勇于担当、以人为本。

[①] 根据江苏宁沪高速公路股份有限公司相关资料整理所得。

并构建起实现战略的组织结构，如图7-6所示。

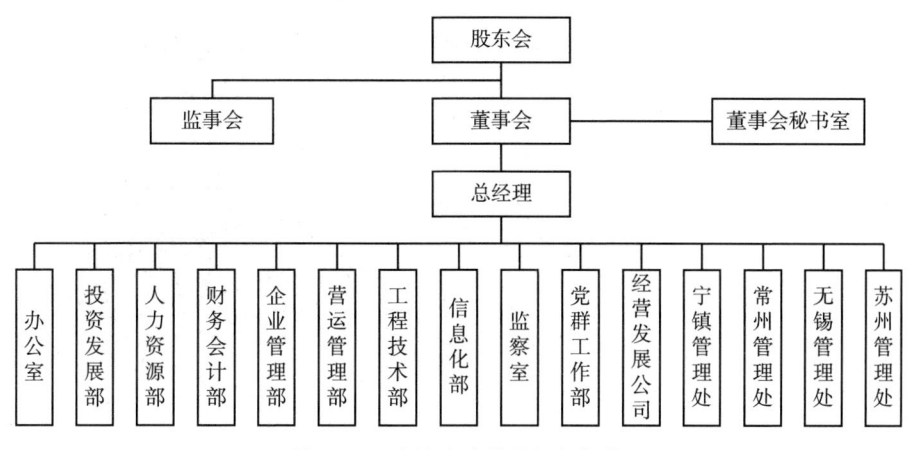

图7-6 宁沪高速公司组织架构

（2）企业现状。

公司的核心业务是收费路桥的投资、建设、营运和管理，除沪宁高速公路江苏段外，公司还拥有宁沪二级公路江苏段、锡澄高速公路、广靖高速公路、宁连高速公路南京段、苏嘉杭高速公路江苏段以及江阴长江公路大桥等位于江苏省内的收费路桥全部或部分权益。目前管理的公路里程已超过700公里，是国内公路行业中资产规模最大的上市公司之一。

①多元化业务领域。除收费路桥业务外，公司还积极拓展相关的多元化业务领域。作为公司非主营业务的重要组成部分，沪宁高速公路沿线服务区的经营与开发为公司带来较为稳定的盈利贡献，初步形成了服务区餐饮、加油、汽修、广告、住宿、商品零售、土产商品市场开发等业务发展体系。沪宁高速公司还投资于高速公路沿线城际快速客运业务，发起设立了江苏快鹿汽车运输股份有限公司，为旅客出行提供优质安全的服务。

②通过各级认证。公司长期以来坚持以发展为主线，以经济效益为中心，以优质服务为宗旨，按照现代企业制度要求，规范运作。2003年10月，公司在中国质量认证中心同时通过ISO9001：2000质量管理体系、ISO14001：1996环境管理体系和GB/T28001—2001职业健康安全管理体系的认证，成为我国高速公路管理行业中首家同时通过三个国际标准体系认证的高速公路管理企业，也标志着公司的管理水平又迈上了一个新台阶。

（3）企业战略。

多元化发展战略为企业走向成功、持续发展指明了方向。但是，应该认识到有很多企业在新进入领域往往显得"力不从心"。据调查显示我国企业的多元化失败率居然高达90%，如TCL、厦华、澳柯玛等先后进入IT行业，至今还未有一家可以与IT专业名企相抗衡。

其实，多元化作为经营战略，其本身无优劣之分。企业运用这种战略，成败的关键在于企业所处的外部环境及所具备的内部条件是否符合多元化经营的要求。两者相符，就能成功；否则，必然失败。

宁沪高速公司多元化发展已经初具规模，在秉承收费路桥优势业务之外以"投资多元化，经营集约化"为原则积极发展其他业务。1996年控股江苏快鹿汽车运输股份有限公司的33.2%的股份，为公司多元化发展奠定基础。现在公司业务已经涵盖餐饮、加油、广告、住宿、零售、汽修、房地产开发，各类基础设施、实业与产业投资。并且已经获取了相当的利润。

2. 企业分析

（1）组织分析。

在多年的经营探索中，沪宁高速公司也不断构建形成属于自己的核心能力：

①领先的营运管理能力，公司在高速公路营运管理领域积累了丰富的经验，形成了一些高速公路运营管理体系及信息化手段，公众认同的品牌价值，为公司专业运营管理更长高速公路线路赢得了优势。

②较强的投资管理能力，公司在高速公路领域具有较多的投资研究经验，投资项目收益情况良好。为公司将来整合现有优质路桥资产，以PPP模式参与投资、建设和运营收费路桥项目并获得收益，奠定了较好的基础。

③良好的融资管理能力，公司是国内最早一批上市的高速公路运营管理公司之一，同时是在A股、H股上市的四家高速公路运营管理公司之一，具备两地资本市场融资的良好平台。同时，公司一直维持高等级的信用评级，融资渠道通畅，融资成本低。

需要注意的是，在实施多元化发展战略时，要避免过度资源分散。企业在一定时期内不可同时涉足过多的产业或产品、业务项目，在一定时期内明确选择一项业务或产品作为发展的主业。在积累多元化发展所需的原始资本的同时，必须重视人力资源的合理配置与完善，可通过深挖企业内部人才，外引产业精英，以充分满足企业多元化战略的需要。宁沪高速在实施多元化战略中在运输、汽修、加油等行业领域已经形成明显的优势，如果精力分散，左顾右盼，非常有可能让别的企业钻了个空，因此一旦明确了要发展的相关产业，就必须要注意资源分配在一定时期内重点放在该产业的培育上面，力求"做一事成一事"。

(2) SWOT 分析。

①优势。

第一，各个高速公路公司经营的高速公路都是国道主干线的重要组成部分，又是各省高速公路网的主骨架，是区域经济发展的轴心，具有优越的区位优势。其对于各地的经济发展具有重要的意义。

第二，与平行的公路相比，高速公路整体设计、建设水平、养护措施等在路网中处于领先水平，具备一定的竞争优势。

第三，从机理上分析，高速公路公司要保证获利，就必须搞好服务，且由于高速公路公司资本流量大，决策稍微失误就会引起巨大损失，这些都需要有人才、技术、管理等方面的支持，因而要求高速公路公司在建设、管理的过程中应该逐步建立一套管理规范、运作高效的管理体制和完善的经营机制，培养高速公路高级管理人才。高速公路公司在致力于实现上述目标时，就为公司的科学管理提供了可靠的保证。

第四，对于一些交通量较大、实力雄厚的高速公路公司而言，由于公路经营收入较多，因而现金流充沛，这些都为经营公司进行多元化经营集聚了雄厚的资本和强大的力量，从而为公司的可持续发展奠定了基础。如沪宁高速公路股份有限公司和东北高速公路有限公司都是利用充沛的资金流进行产业拓展，增加了公司的经营规模和实力。

第五，由于宁沪高速公路影响深远，在社会上已经形成较高的知名度和较好的企业形象，易于取得社会的信任，这就可能为各个高速公路公司进行集资活动用以支持公司的发展创造良好的基础条件。此外，公路经营收入为现金收入，不存在应收账款，基本也不存在坏账损失。并且收费有政策保护，稳定性好。

②劣势。

第一，高速公路公司的主营业务是高速公路收费业务，然而高速公路是有经营期限的，最多只拥有 30 年的高速公路经营权，经营期满后，国家就要收回高速公路。高速公路收费权期限的有限性和资本永续性之间的矛盾成为高速公路公司紧迫而又亟待解决的问题。

第二，高速公路公司存在较大的系统风险，特别是国家政策对公司的影响重大。高速公路公司的风险特征主要表现在系统风险上，即高速公路公司的风险更多是来自公司以外的风险，一旦宏观环境发生变化，会给高速公路公司带来巨大的冲击和影响。

第三，由公路收费收入形成的现金流量大，资金调度压力大。此外，由于主要收入绝大部分来自通行费收入，一旦对通行服务的需求发生了不利于公司的变化（如其他运输方式的竞争、不需使用高速公路的经济开发区的新建导致原有使用者对高速公路通行需求的下降、持续的恶劣天气使得高速公路禁止通行等），必然使整个公司的经营收益大幅度下降，从而影响公司的稳定发展。例如，延边公路建设股份有限公司主要经营的公路多为一级和二级公路，由于经营区域内平行高速公路的开通，使延边公路建设股份有限公司两个主要收费站（乌金屯收费站和控股子公司坤泰公路建设有限公司所属收费站）所辖公路交通量大幅下降，造成上述收费站的收费收入在2002年第四季度下降85%左右，因此公司2002年度出现严重亏损。

第四，高速公路由于收费价格较高，尽管服务品质较好但仍使得部分消费者分流，转向其他的交通方式，高速公路的潜在消费者尚未转变为现实的道路使用者。因此，高速公路公司在制定收费价格时不仅要考虑提供的服务质量因素，在存在替代运输方式下还要考虑铁路、民航等运输方式的价格，以此综合考虑高速公路收费政策。

第五，从高速公路的现状来看，大重型运输车的数量逐渐上升，超重超高运输现象时有发生，对道路的破坏程度越来越严重，高速公路公司面临的养护压力将加大。需要说明的是，高速公路公司在吸引交通流时应该考虑针对的主要服务对象问题，由于高速公路主要是满足消费者快速、舒适、便捷等要求，因而高速公路主要服务对象应该是对服务品质要求较高的消费者，如小轿车、快速客货运输车辆等。如果一味盲目增加高速公路交通流而不考虑高速公路的通行能力及承载能力，车流量增加带来的通行费收益就有可能低于其对道路破坏造成的损失，或者经常造成堵车现象给高速公路公司经营带来不利影响。因此，管理者应对这一问题引起足够重视，在没有达到高速公路的通行能力及承载能力时，采用一些措施积极吸引交通量以增加公司的主营收入；当接近或超过高速公路的通行、承受能力时，应该采用一些措施限制交通流的增长，如对会给高速公路造成破坏程度较大的车辆可以尝试在政府限价内适当提高收费标准的做法以减少此类车辆行驶高速公路的数量。当然，这只是本文提出的一种观点，实际上，由于受到社会及经济对高这公路通行要求的影响，上述做法在实施上可能会存在一定的困难。

③机遇。

国民经济的快速发展和市场秩序的逐步规范，为高速公路公司的可持续发展提供了良好的外部环境。

第一，我国经济的迅猛发展，对高速公路提出了更新、更高的要求，必然导致旺盛的运输需求，将会带来客、货运量的大幅度增长，为高速公路市场带来无限的商机和广阔的市场。据交通运输部公布资料表明：2018年全国公路完成客运量136.5亿人，旅客周转量9275.5亿人公里。完成货运量395.9亿吨，货物周转量 71202.5 亿吨公里，运输总量在各种运输方式中名列前茅。

第二，随着国民经济的快速发展与人民生活水平的不断提高，交通建设不能完全适应经济社会发展的需求，交通基础设施总量不足、质量不高同社会需求不断增长的矛盾，仍将是今后交通发展的主要矛盾。受内、外部因素影响，我国政府将继续实行积极的财政政策，交通基础设施的建设仍将是投资的主要方向。根据国家高速公路网规划，我国将建成布局为"7918"的高速公路网络，即：7 条射线、9 条纵线、18 条横线，总里程约 .85 万公里。其中，首都至各省会城市的 7 条射线总里程约为 1.8 万公里。

第三，经济全球化的发展对我国交通基础设施建设扩大利用外资带来机遇。我国在交通领域实行积极的对外开放政策，促进了对外交流与合作，不仅引进了资金、技术，而且提高了管理水平，为高速公路公司不断注入活力。

第四，尽管高速公路投资动用的资金非常大，投资初期无法盈利，建成通车后也有一个培育的过程，但由于高速公路主要连接全国大中城市和交通枢纽城市，是国家干道主干线的黄金通道，是各地区加强资源交流的交通大走廊，具有优越的区位优势，随着社会经济的不断发展，培育过程的不断完善，将为大多数高速公路提供稳定充足的交通量和稳健的收费经营收入。

第五，各个高速公路所在的地区为实现经济的快速发展均出台了众多的优惠政策，鼓励外地投资者与当地的经济合作，吸引众多外地投资者的进入，高速公路交通流量日益频繁。

第六，一些规模较大的高速公路公司成功上市之后拥有良好的表现，尤其在证券市场长期低迷的情况下，公路公司鲜明的行业特点和稳定的分红派现政策，已引起众多投资者的关注，拓宽了高速公路公司的融资渠道。从上述分析可以看出，我国公路建设快速发展，高速公路公司由于主营公路经营业务，因而面临良好的外部环境。面对种种有利条件和发展机遇，高速公路公司在制定经营发展战略时，就应该重点关注公路经营业务的发展，研究深化公路经营业务的战略措施。

④威胁。

第一，社会的不断进步，使消费者的需求发生了很大的变化，市场竞争愈加激烈。从把通行看作是市场行为的角度考虑，高速公路的竞争表现主要是它不是完全竞争，高速公路的竞争属于垄断竞争领域，既有垄断的特征又有竞争的一面。高速公路属于国有大型交通基础设施，具有垄断的特点，但在大交通的背景下，高速公路不仅受到平行公路的竞争，还受到民航、铁路等大交通系统内的客、货流竞争，而且随着经济的发展，竞争的局面所占比例将逐步增大，这些给高速公路公司带来巨大的竞争压力。

第二，由于收费公路行业稳定的经济效益，社会众多资本纷纷投资交通基础设施，公路行业的投资市场竞争将更加激烈，高速公路公司能否投资建设新道路、获得新的收费经营权、扩大主营一业务规模等问题都值得经营者关注解决。

第三，加入世界贸易组织后，我国公路行业尤其是高速公路行业将受到国外资金、人才等方面的涌入的挑战，在不断提高技术水平和带来先进管理经验的同时，也增加了高速公路公司的竞争压力（如争夺公路行业的投资市场、投资建设平行高速公路导致交通分流等经营活动）。面对国外同行的挑战，高速公路公司需要研究分析对手的优势所在，以此发现提高自身竞争力的机会。

第四，随着经济的发展，铁路、航空、水路将会得到较快的发展，它们必将在不同的范围领域内，与高速公路展开越来越激烈的竞争。例如，我国的铁路运输不断提速和民航的发展都将使得其核心竞争力不断增强，将对高速公路的运输形成严峻的挑战，对高速公路的发展冲击很大。此外，平行高速公路之间的竞争也愈加激烈。如随着苏南沿江高速、宁杭高速等高等级公路的开通，沪宁高速公路的车流量势必受到影响，交通量势必有所分流。这些都使高速公路公司面临的压力越来越明显。

第五，随着市场秩序的逐步规范和公路建设市场化的提高，政府给予高速公路公司的优惠政策正在逐年减少，高速公路公司更多的是需要依靠自身的力量求得生存和发展。国民经济和社会的发展对高速公路的保护环境等社会责任提出更多的要求。我国公路交通的发展必须走环境保护型可持续发展道路，对公路公司将提出更高的要求。

三、公路运输行业案例评析

作为我国经济发展的基础产业，交通运输业对国民经济的发展起着关键性的作用；在以国内大循环为主体，国内国际双循环相互促进的新发展格局重大战略部署中，交通运输也起着支撑保障和先行作用。高速公路是重要的交通基础设施，在经济发展中的作用不可或缺、地位不可取代。

我国各种交通运输方式快速发展，综合交通运输体系不断完善。近几年，特别是我国高速铁路的快速发展，与高速公路行业产生了较大竞争，高铁运送能力大、速度快、舒适性好，与城市交通衔接更便捷，有较好的性价比，对高速公路车辆分流影响越来越大，尤其是对远距离出行的小汽车交通。但是，对于非高铁沿线或站间地区的中短途出行交通分流影响不大，并且，高铁网络的建成和完善也会增强对高速公路网络的需求。所以，高速铁路与高速公路之间存在一定的竞争和替代关系，但更主要的是一种相辅相成、相互促进的关系。此外，航空运输业在长途运输中有着速度快的优势，而高速公路运输在中短途运输中拥有机动灵活、适应性强等优点，以及可实现"门到门"直达运输的特点，因此，航空运输业对公司经营的高速公路车流量不产生实质性影响。

随着全球化的不断深入，以创新驱动经济发展方式的转型在我国已经达成共识。为了加快提升我国自主创新能力，一批国家级创新型园区、创新型城市、创新型省份不断崛起，形成了创新推动经济转型的战略布局。

戴布拉·艾米顿2003年出版的《创新高速公路——构筑知识创新与知识共享的平台》一书中，首次提出"创新高速公路（innovation superhighway）"概念。她认为创新高速公路是以信息高速公路作为基础设施，将来自全球不同领域的思想家和知识实践者联系在一起，进行知识的创造、转移、商业化，是使全世界的所有领域、部门或地区得以受益的共享平台。

纵观国内公路运输企业战略的创新实践，其战略创新主要着眼于两点：

（一）管理创新

所谓管理创新，就是要创造出一种更为有效的资源配置方式，改革企业原有的传统管理模式、管理方式和管理技术，以提高企业的市场占有率和经济效益，使企业在激烈的竞争中立于不败之地。

管理思想创新——在管理中应用并行工程思想。

企业管理创新首先应从管理思想和理念上入手。所谓并行工程是指集成的、并行地设计产品及其相关各种过程的系统化方法，该方法要求产品开发人员从一开始就考虑产品整个寿命周期从概念到产品报废处理的所有因素（包括质量、成本、进度计划和用户的要求）。运输企业在管理中运用并行工程的管理思想，不仅有助于运输企业在制定规划时树立系统和长远的观点，根据本地区社会经济的发展需要来考虑，着眼于提高运输网的整体水平和整体功能，正确处理现实与未来、需要与可能、发展与资源的关系，避免重复建设，防止短期行为，统筹兼顾、协调发展，而且能够促使企业把质量管理贯穿于运输服务的全过程，实现质量与效益的统一。

我国运输企业进行业务流程再造既是组织结构创新的必要，也是管理方法和理念上的创新，关键是把握流程再造的实质。

（1）流程再造的对象是企业的流程。由于传统的绩效评估和管理责任的衡量是以职能部门和责任中心为单位进行的,这使员工不是考虑怎样让顾客满意而是想方设法讨好上司;部门更为关注的是小团体的利益而非组织的整体目标,结果是顾客服务质量、产品投放市场时间等整体活动缺乏竞争力。而以流程为中心的企业运行机制则能从根本上消除这一问题,因为,在这种运行机制下,绩效评估的对象不再是职能部门,而是业务活动。这有效地打破了部门之间的界限,使企业得以在更高层次上实现目标优化,进而获得整体优势。

(2) 流程再造的主要任务是对企业流程进行根本性反省、彻底再设计。流程再造是建立在对企业现行运作流程"怀疑"的基础上,以最大限度满足顾客需求为出点,以提高顾客附加值为主要方向,对现行工作方式进行根本性反省,建立一个全新的流程及其相应的组织结构和运行机制。

所谓生态营销管理,是指把生产经销视为生态系统进行有效管理,即将客户、供应商、主要生产厂家及其他相互配合生产商品与服务方面组成群体,与生态系统一样,相互作用、相互连接、相互促进与依存。这是知识经济产销一体化、经营全球化、竞争更加激烈的新要求。生产者与消费者、流通者成为一体,是知识经济带来的产销一体化新格局。因此,我国运输企业也必须适应这一新变化,将供应链的上下游企业与运输(物流)服务企业组成战略联盟进行有效管理,相互联合、渗透、促进与依存,共同开发市场,从而达到有效分散经营风险,实现共赢的目的。

(二) 经营模式创新

1. 发展快速货运

随着社会经济的不断发展,人们工作生活节奏的加快,社会对货物运送速度、服务质量等提出了更高的要求。这就要求公路运输企业不断创新,提供优质、高效的服务。因此,一部分传统的货运企业转向了现代物流服务业,另一部分则转到了发展特色服务的思路上来,其中从事快速货运就是部分企业选择的服务类型之一。目前,公路快速货运企业的发展呈现出网络化、国际化、联盟化的趋势。

2. 发展快速客运

各公路运输企业应该通过联合、重组、收购和引进外资等多种形式,组建跨地区、跨行业的大型运输集团,尽快实现规模化、集约化、专业化的改造。为此,必须作好以下几方面的工作:一是搞好分析预测,合理排定班次。二是不断引进国外企业或国内先进企业的管理理念。三是引进先进技术。四是加强内部管理,提高服务质量意识。

3. 开展物流服务

全球经济一体化的发展使得企业的采购、仓储、销售、配送等协作关系日趋复杂，企业间的竞争已不再是产品性能和质量的竞争，而是包含物流能力在内的核心能力的竞争。因此，有实力的运输企业应该抓住这一市场机遇，迅速进入物流高端市场。多功能型运输企业在向综合物流转型的过程中，需追加大量的投资，用于车型改造、仓库、网点和信息化建设；同时，人才和技术因素也是亟待解决的问题。

本 章 小 结

本章介绍的是"双循环"背景下的公路运输企业及其相关战略。第一部分从公路运输的现状、问题、趋势三方面来对公路运输行业的发展进行概述；第二部分介绍了三个公路运输企业战略实施案例：山东高速集团、中原高速、宁沪高速公司，并从组织架构、企业现状、SWOT 分析等方面分别进行具体介绍；第三部分是公路运输行业案例分析，提出国内公路运输企业战略的创新实践，其战略创新主要着眼于两点：管理创新和经营模式创新。

第八章

交通建设企业战略

一、交通建设行业发展概述

(一) 现状

1. 政治和法律环境分析

政治法律环境是制约和影响企业进行经济活动的重要因素，包括国家的体制制度、政治局面、基本方针政策等。

从法律环境方面看，近年来我国对各行业不断加强法律监管和大力整顿，我国建筑业的法律法规也逐步完善和健全。针对建筑业的基本规定有《中华人民共和国建筑法》《中华人民共和国民法典》，施工管理方面的法规有《铁路建设项目施工企业信用评价办法》《工程建设项目施工招标投标办法》《建筑业企业资质管理规定》等，在铁路领域的相关法律法规有《中华人民共和国铁路法》《铁路运输设备更新改造计划管理办法》等。

从政治环境方面看，我国政治局面稳定，经济发展也进入新常态。"十三五"时期是交通基础设施建设转型发展和提高交通运输服务水平的黄金时期，为中国交通运输业发展开创了新局面。在准确把握新常态下实施新战略，使交通支撑引领，实现"扩大循环规模、提高循环效率、增强循环动能、保障循环安畅、降低循环成本"；要通过推动供给侧结构性改革使交通提质增效；在全面建成小康社会的要求下使交通补足短板；为建设生态文明社会使交通低碳发展。在交通大国的新起跑线上，要着力推进智慧交通、平安交通、绿色交通和综合交通建设，中国铁建的发展战略应该与我国交通运输业的发展战略相适应，才能做到可持续发展,才能实现"铁建梦"。

2. 经济因素

经济环境对企业经营活动产生的影响更广泛、更直接。它主要包括社会经济体制、经济发展现状和运行情况。

纵观国内经济整体发展,我国经济下行的压力逐步缓解,经济整体延续回升态势,由高速增长阶段向高质量发展阶段转变,目前正处于攻关时期。据国家统计局统计,2020年国内生产总值1015986.2亿元,比上年增长2.3%。其中,第一产业增加值77754.1亿元,增长3.0%;第二产业增加值384255亿元,增长2.6%;第三产业增加值553977亿元,增长2.1%。第一产业增加值占国内生产总值比重为9.5%,第二产业增加值比重为43.3%,第三产业增加值比重为47.3%。全年最终消费支出对国内生产总值增长的贡献率为58.6%,资本形成总额的贡献率为28.9%,货物和服务净出口的贡献率为12.6%。人均国内生产总值72447元,比上年增长2.1%。① 为建设现代化经济体系,我国会坚持以供给侧结构性改革为主线,推动经济发展在质量、效率、动力等方面的变革,不断增强我国经济的竞争力和创新力。为实现"两个一百年"奋斗目标,我国将坚持"稳中求进"的总体经济指导思想,坚定不移地把发展作为第一要务,努力维护社会稳定和政策连贯,使国民经济在良好的环境下运行,推动经济持续健康发展。

2020年,交通运输行业多措并举稳投资,充分发挥车购税、港建费等专项资金带动作用,多渠道吸引社会资金,全力保障建设项目资金需求,推动交通固定资产投资继续保持高位运行,全年完成投资3.42万亿元,较上年增长5.2%。分方式看,铁路完成投资7780亿元,与上年基本持平;公路水路完成投资2.54万亿元,增长8.1%;民航完成投资1050亿元,增长8.3%。②

3. 社会文化环境

社会文化环境指企业所处在一定历史时期,整个社会文化的发展情况。它包含的内容较为广泛,如社会结构、人文风俗习惯、生活方式和价值观念等。

我国是世界上人口最多的国家,尽管目前我国进入人口低速增长时期,但由于我国的人口基数巨大和增长惯性的综合作用,我国的人口总量在长时期内会保持增长态势。这就意味着未来我国人口对基础设施的需求量会增加。随着社会的发展和人口的增加,外出旅行游玩的人越来越多,对交通的需求越来越大,交通方面的基础设施建设有巨大增长潜力。根据我国人民的交通运输消费文化,我国

---

①② 国家统计局国民经济核算数据库[EB/OL]. 国家统计局, https://data.stats.gov.cn/easyquery.htm? cn = C01.

人民出行首选铁路运输和城市轨道交通。因为我国居民人均收入水平不高导致整体消费水平偏低，人们不愿在交通上花费过多的资金，航空运输的成本太高，公路运输容易拥堵且速度慢。

交通运输行业在国民经济发展中起引领作用。从民生角度看，古人说"要想富，先修路"，把欠发达地区的溜索修改为公路，就能打开群众致富的大门；把农村公路建好、护好、运营好，就能使城乡衔接畅通。交通对发展建设具有基础支撑作用，能改善欠发达地区的发展环境和出行条件，建设人民满意交通，提升便民惠民水平，为人民群众带来更多的获得感、幸福感、安全感。从国际交往来看，要推动交通运输在更大范围、更宽领域、更深层次对外开放和国际合作，利用好国内国际两个市场两种资源，助力构筑互利共赢的产业链、供应链合作体系。

4. 技术因素

技术环境指企业所处国家技术进步的整体水平和变化趋势等，它不仅可以影响其他环境因素的变化，也可以对企业的生产效率，经营成本，行业竞争态势等造成影响。

近年来，我国经济社会快速发展、人才辈出，国家对各行业领域技术研发增加了投入。在交通运输业，高铁、地铁、城市轻轨等方面的新技术层出不穷；共享单车、网约出租车等方面的交通方式标新立异新。设备、新材料、新技术、新交通方式发展日新月异，如高原铁路修建技术、重载铁路施工技术等。新技术的发明和应用可以为企业带来高额利润、增加市场，也给同行业带来了机遇和挑战。我国要深化交通运输重点领域改革，推动政策创新、机制变革、规制完善，实现创新驱动发展。提升交通运输治理水平，破除交通运输在服务构建新发展格局中的制度性障碍。企业要可持续发展，必须要重视新技术的研发、新材料的运用、新设备的引进和新方式的创新。

（二）问题

1. 宏观经济周期波动

企业从事的各项主营业务与宏观经济的运行发展密切相关，基建设计、基建建设及装备制造业务尤为如此，行业发展易受社会固定资产投资规模、城市化进程等宏观经济因素影响。若全球宏观经济进入下行周期或者中国经济增长速度显著放缓，企业未能对此有合理预期及相应调整策略，则公司业绩存在下滑风险。

2. 利率、汇率变动

企业的经营和战略中均将国际市场作为业务发展的重点，较大规模的境外业务使得企业具有较大的外汇收支。企业业务主要涉及的外币是美元、欧元、日元、新西兰元、澳元及港元，若这些币种与人民币的汇率波动，可能会导致企业收入减少或成本增加，进而对企业利润造成影响。

3. 海外市场风险，国际经济及政治局势变化

交通建设企业大多在全球范围内开展业务，其中非洲、东南亚、大洋洲和南美洲为企业海外业务的重点市场。非洲及南美由于各种原因，其政治及经济状况通常存在一定的不稳定因素。如果相关国家和地区的政治经济局势发生不利变化，或中国政府与相关国家和地区政府之间在外交和经济关系方面发生摩擦或争端，将给企业在相关国家或地区的海外业务带来一定的风险。

4. PPP 模式带来的风险

PPP 模式从 2013 年底推广至今，发展迅速，但 PPP 项目资金占用规模大，回收周期长，是一个长期又复杂的过程，也有许多潜在风险。第一，政策风险，由于法律法规的修订、颁布等，导致原有项目可能发生变化，给 PPP 项目的建设和运营带来不利影响，甚至导致失败和终止。第二，风险分担，合理的风险分担是 PPP 项目成功的关键，政府承担过多或过少风险都可能导致项目失败。第三，营运风险，由于基础设施项目的经营状况或服务提供过程中，受各种因素影响，项目盈利能力往往达不到合作方的预期水平而造成较大的运营风险。企业大部分项目采用 PPP 模式，可能出现以上风险等。

（三）趋势

"十四五"规划指出将建设现代化综合交通运输体系，推进各种运输方式一体化融合发展，提高网络效应和运营效率。完善综合运输大通道，加强出疆入藏、中西部地区、沿江沿海沿边战略骨干通道建设，有序推进能力紧张通道升级扩容，加强与周边国家互联互通。构建快速网，基本贯通"八纵八横"高速铁路，提升国家高速公路网络质量，加快建设世界级港口群和机场群。加快建设交通强国，支撑扩大内需战略，推动形成强大国内市场，为构建新发展格局提供有力支撑保障，为全面建设社会主义现代化国家当好先行。

以 PEST 模型具体分析：

1. 政治

2017 年，国务院印发的《"十三五"现代综合交通运输体系发展规划》以及交通运输部制定实施的《关于推进水运供给侧结构性改革行动方案（2017—2020年)》，预示着内河水运建设将进入攻坚期。这些相关政策法规的发布，明确提出了未来交通运输业的发展方向和要求，并就目前存在的一些问题给出了规划指导，这给企业的发展也带来一定影响。

2. 经济

2020 年，国内外经济形势整体向好发展，交通运输业整体也表现出了稳定增长态势：行业增加值增长率实现加快增长，主要交通运输方式货运量持续高速增长，而客运量增速稳步上升，行业固定资产投资增速持续高位运行。PPP 项目形式为目前中国境内主要投资类项开展形式，2017 年上半年，国家先后针对地方政府性债务管理和地方政府以购买服务名义违规融资出台相关文件。文件的出台，从短期来看将减缓 PPP 对基建建设的拉动作用，但从长期来看是对地方政府融资风险的合理防范，保护了社会投资主体的合法利益，使 PPP 成为政府基建投资项目的唯一合规模式。

3. 社会

交通运输发展事关人民群众的衣食住行，在保障和改善民生的方面具有重要作用，当前人民群众对出行的要求已经由快向安全、舒适、快捷、经济发展，交通运输行业必须不断加强和创新，致力于服务社会和国民经济。加强区域城乡运输一体化发展，坚持交通运输服务人民，树立底线思维，主动堵漏洞、强弱项，保障交通运输关键领域安全可控，有效防范化解各类风险挑战，为全面建成小康社会奠定坚实基础。

4. 技术

当前全球科技革命和产业变革正在孕育新突破，我国经济发展步入新常态，对交通运输的科技创新也有了更高要求。交通运输部发布了十大重大技术方向和技术政策：建筑信息模型（BIM 技术）、水上安全应急技术、公路长大桥隧设施及运营安全技术、公路重大地质灾害监测与控制技术、车路协同技术、船舶与港口污染防控技术、桥梁智能制造技术、城市与城市群交通发展技术政策、多式联运发展技术政策。企业应研究目前趋势，结合自身资源和优势，利用有利于企业发展的条件，避开威胁企业发展的因素，使企业走上健康持续发展之路。

二、交通建设企业战略实施案例

（一）北方国际合作股份有限公司①

1. 企业简介

北方国际合作股份有限公司（以下简称"北方国际"）是中国北方工业公司控股的上市公司，是实施国家"一带一路"建设的重要团队，公司专注于国际市场的经营，多年来建立了遍布全球的营销网络，培育了强大的国际化经营能力和投融资能力，具有优秀的全球资源配置能力和项目管理能力。

北方国际的国际经济技术合作业务传承自中国北方工业公司。公司成立初期的国际经济技术合作业务以对外经援项目为主，通过组织对外承包贸易性项目和技术出口，提高经济效益，为国家创汇，同时支援第三世界国家。

多年来，公司的国际经济技术合作业务已先后进入亚洲、非洲、欧洲等十几个国家和地区，通过国际竞标，总承包几十个大型国际工程项目，工程涉及场轨道交通、电力、石油与矿产设施建设、工业、农业、市政、房建等专业领域，在国内还拥有房地产和建筑装饰业务，其中众多项目具有重大经济和社会意义。

（1）组织架构。

公司持续加强与国内外大型企业、金融机构等的战略合作。2017年上半年，公司与十余家大型设计、施工、金融单位进行了会谈合作。2017年公司启动战略合作资源管理专项工作，对战略合作资源进行统一管理，使其价值发挥到最大。目前公司及各子公司已与多家金融机构、设计院及产品生产企业签署了战略合作协议。公司还在战略合作模式上不断创新，尤其是在联营体模式上取得重要进展。

因此，在"秉军工品格，筑美好生活"的企业愿景下，北方国际致力于发展成为知名并具有北方工业特色的跨国房地产企业，促进当地社会经济发展，筑造城市美好，提供品质生活。

北方国际也勇于承担社会责任：北方国际地产以服务社会经济发展为导向，秉承北方工业军工品质标准，坚持持续为客户奉献精品项目、提供优质服

---

① 北方国际合作股份有限公司相关资料整理所得。

务,坚持以人为本关爱员工发展与成长,坚持为股东创造价值,坚持做守法、负责任的企业公民,依法纳税、注重环保、积极参与公益事业,为社会经济发展贡献力量。

为此,北方国际构建起实现战略的组织架构如图 8-1 所示。

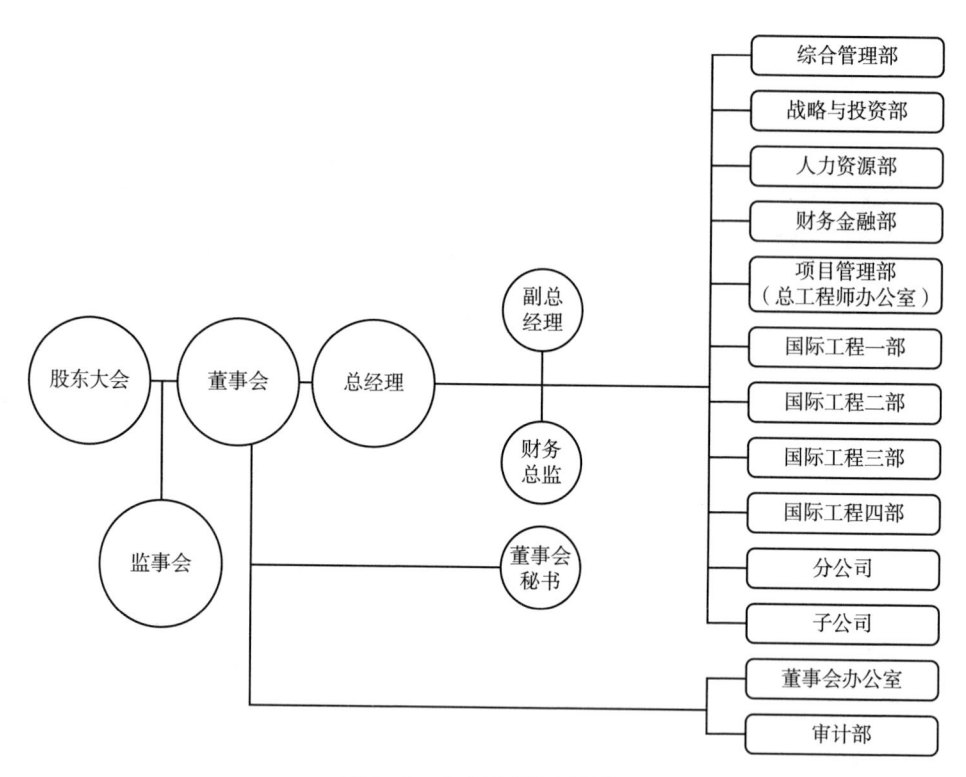

图 8-1 北方国际组织结构

(2)企业现状。

公司具有国家住建部颁发的市政公用工程、房屋建筑工程等施工总承包一级资质和建筑幕墙工程施工和设计一级资质,公司具有商务部颁发的对外承包工程资格,是商务部首批对外援助 A 级成套项目施工企业。分别被中国机电产品进出口商会评为"AAA 级信用企业"和中国对外承包工程商会评为"2011 年度对外承包工程企业信用评价 AAA 级信用企业"。公司并通过了 ISO9001:2008 版的质量体系认证和中国方圆产品质量认证。北方国际地产拥有一支年轻、充满活力的精英团队,专业能力过硬,具备负责高效的职业素养和勇于开拓的创新精神,并以严谨而行之有效的专业化管理体系凝聚企业核心竞争力。

尤其是在市场开发能力方面,公司积极发挥整体品牌优势,加大海外市场渠道建设，形成较强的市场开发能力。同时，公司作为国家—走出去和"一带一路"倡议的先行者和开拓者，坚持以市场为导向，发挥较强的商务能力和资源整合能力，成功地开发出一批标志性项目。这些项目的成功执行为公司建立了良好的品牌和市场声誉，加深了对项目所在国及地区的政治、经济、文化的理解，同业主建立了长期良好的合作关系；为公司积累了宝贵的市场开发和项目执行经验，赢得了良好的业主口碑，并积累了宝贵的战略资源，进一步提升了市场开拓能力，为公司推进市场相关多元化战略奠定了坚实的战略基础。

（3）企业战略。

战略目标：公司制定的战略目标是：在"十三五"末期，将北方国际打造成为具有较强国际竞争力的国际经济技术合作公司。为实现这一目标，公司坚持以市场为核心，以全力提升当期经营，积极推动转型升级，发挥上市公司资本运作优势。具体战略计划则包括：

①以市场为中心，做好市场开发和深耕工作重点跟踪"一带一路"市场，深耕公司传统优势市场，充分把握战略机遇；加强主营业务产业链整合；创新市场开发模式，加强属地化经营；与有实力的大公司组建战略联营体，实现共赢。

②发挥优势资源和能力，打造优势国际化经营产业体系提升公司资本运作效率与水平，着力增强融资能力和水平，加大推进兼并重组，整合优势资源，实现工程与贸易互相促进、互相补充、互相带动，打造高度融合、优势突出的国际化经营产业体系。

③巩固北方国际现有专业基础，强化各核心业务模块的发展定位和专业化方向轨道交通以"做大做强轨道交通业务"为发展定位，聚焦城市类轨道交通；电力工程以市场为依托，着力打造核心市场，积极推进新能源业务；市政房建等业务要采取多元化发展策略，逐步打造专业化、可持续发展模式。

④充分发挥投资的驱动作用，积极拓展新能源业务公司将大力推进海外投资，充分发挥投资的驱动作用，尤其是重点推进特许经营权业务；重点关注电力领域的投资和海外产业布局，积极拓展新能源业务，力争在新能源业务领域形成一定的市场影响力；通过投资快速开拓市场，打造一批能力较强的运营团队，实现公司经营模式创新与转型。

⑤依托行业资源，打造具有国际特色的地产业务，地产业务在国内市场要加大对一二线城市的关注力度，充分发挥北方国际的资本和资源优势，通过专业化、市场化运作，多渠道整合资源，加大土地拓展力度；在海外市场要紧紧抓住"一带一路"建设机遇，充分使用公司的国际市场优势，大力开拓海外项目，打造成为具有北方特色的国际化专业地产开发品牌。

2. 企业分析

（1）组织分析。

公司实现了国际工程与专业化产品贸易的有机融合，充分发挥投资的驱动作用，在轨道交通、电力工程、石油矿产设施建设、市政房建、房地产开发、重型车辆与装备、包装容器研发与生产、物流一体化服务、太阳能产品应用等方面具有优秀业绩与较强竞争力。公司业务范围广泛、专业能力突出，并具有强大的系统集成能力，可以为业主提供一体化和全方位的服务。

（2）SWOT 分析。

①优势。

自我国"一带一路"建设实施以来，北方国际充分利用国内外的政策支持和政策优惠积极走出去，将企业的进出口业务拓展得更广。作为我国的重要军事工业企业，国家给予了重大政策扶持，业务拓展阻力小，企业起步早有丰富的经验和团队。加之企业的业务范围广，企业实力雄厚。

②劣势。

企业的业务范围遍布欧亚中东，在业务的发展中经常会涉及东道主国的文化习俗问题，难免会遇到困难，因此在国外的业务经营上经常遇到各种各样的问题。军工企业的经营难度和保密工作相对来说系数较高，而环境问题的治理如今也是各大企业的难题，业务较广，环境治理费用过高。

③机会。

第一，公司长期以来着力培育项目融资能力，拓展多元化融资渠道，以突出的优势背景，与国内多家银行建立了稳定良好的合作关系，目前已经在多个市场为不同的业主提供了买方信贷融资、卖方信贷融资和政府一揽子优惠贷款融资等多种项目融资服务。同时，公司积极发挥上市公司平台直接融资功能，为公司开展国际化经营和转型升级提供有效的资金保障；通过上市公司平台开展资本运作和资产重组，促进公司快速发展

第二，公司拥有强大的系统集成能力，即工程项目的组织、协调和管理能力，能够为业主提供从项目设计、设备制造与采购、建设、安装、维护等工程项目全过程一揽子服务。长期以来，公司与国内著名的设计、施工和设备供应单位建立了稳定的战略合作关系。公司还拥有一批经验丰富、熟悉国际工程管理和组织的专业人才，使项目管理各环节高效运转，力求为业主提供最优质的服务。证券市场政策将会在两个方面进行主要调整：一是允许业绩良好、市场竞争力强的上市公司一年可以多次增发新股；二是允许现有的上市公司可以到其他的证券市场分拆上市。这两个方面的政策调整，将会提高上市公司的融资能力，扩大上市公司的融资额度，从而提升上市公司的竞争实力。

④威胁。

第一，市场竞争压力日益加大近年来，随着"一带一路"倡议的提出，中国企业纷纷走向国际市场，传统的工程承包、产品出口及合同生效模式均遇到前所未有的挑战，市场竞争异常激烈，市场开拓难度加大。公司将继续深化市场中心建设，坚持多元化发展，积极推进转型升级，深化业务协同，大力推动项目生效。

第二，汇率波动风险加大随着美元兑人民币汇率双向波动且波动幅度日渐加大，汇率波动对公司经营成果的影响逐渐加大。公司通过与分包商共同承担汇率风险的合作方式，减轻汇率波动的影响。同时公司结合国际工程业务特点及日常经营的需要，建立外币结算机制，采用多种金融工具，从而降低汇率风险，增强公司财务的稳健性。

第三，原材料涨价导致盈利空间收窄，2018年上半年随着马口铁等原材料价格上涨的影响，导致公司下属子公司深圳华特盈利空间收窄。为此，公司将进一步加强与客户沟通，加强精益管理，提升智能制造水平，降低产品成本。

（二）中国交通建设股份有限公司①

1. 企业简介

中国交通建设股份有限公司（以下简称"中国交建"）成立于2006年10月8日，是经国务院批准，由中国交通建设集团有限公司（国务院国资委监管的中央企业）整体重组改制并独家发起设立的股份有限公司，并于2006年12月15日在香港联合交易所主板挂牌上市交易，是中国第一家成功实现境外整体上市的特大型国有基建企业。

企业四项核心业务领域分别为基建建设、基建设计、疏浚和装备制造业务。

中国交建拥有全球规模最大的疏浚船队，全球规模最大的港口建设船队，国内一流的大型构件长距离运输船队；2010年共拥有800余艘各类型船舶，陆用工程机械5600余台（套），并拥有一大批国际先进的勘察设计科研仪器和设备。可以看出企业的装备实力十分强大，作为交通建设的企业，有了先进的装备才有可能建出先进的建筑，一定程度上增强了企业的硬实力。

（1）组织架构。

中国交建的愿景是"让世界更畅通让城市更宜居让生活更美好"，企业使命是"固基修道履方致远"，核心价值观是"公平包容务实创新"，企业精神是

---

① 根据中国交通建设股份有限公司（https://www.cccltd.cn/）相关资料整理所得。

"交融天下建者无疆",这些是由企业多年的经营管理和企业的员工素质等形成的公司的意志体现,也是顾客的期望。

公司提出围绕"道德、工作、纪律、仪表、言语、待客、环境"六个方面制定了企业的行为规范。在浓厚的企业文化环境下,企业积极承担社会责任,"用心浇注您的满意"是对客户、员工、股东、社会相关方的郑重承诺,在这样的承诺下,中国交通建设股份有限公司牵头,整合国内多家科研、设计、施工、建设单位的两百多名科技人员协同研究的"离岸深水港建设关键技术研究"课题项目破解了深水港无处可建的困境,让中国有了在世界任何地方建设港口的实力。

在上述战略要求下,中国交建的组织架构也更加完善,如图8-2所示。

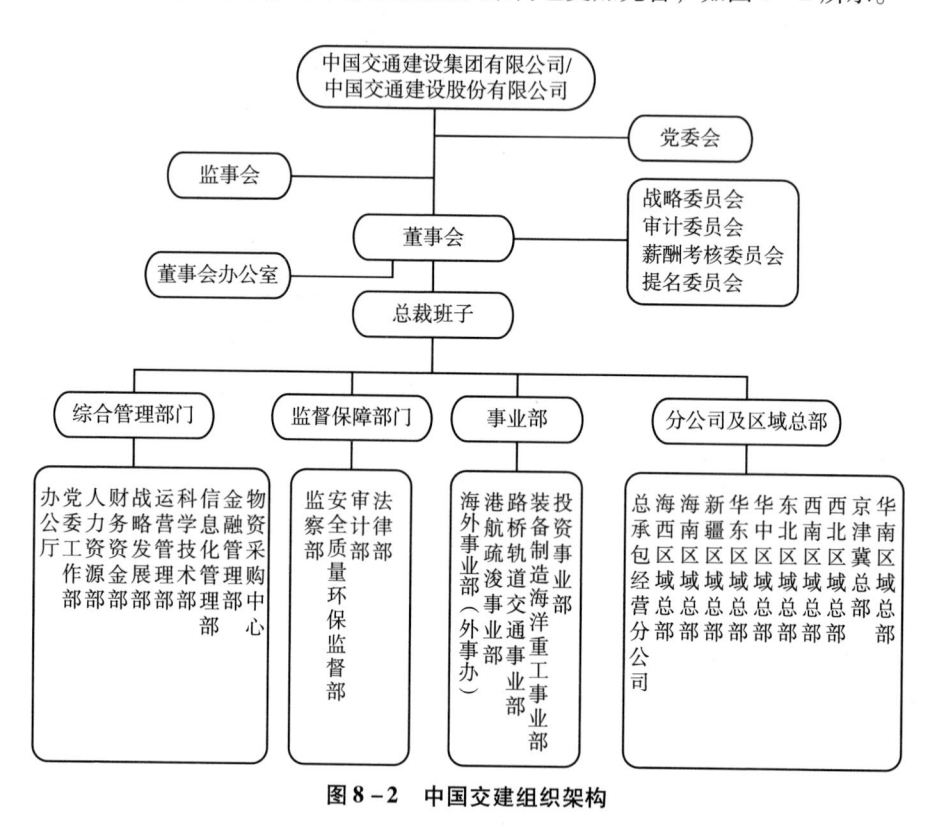

图 8-2 中国交建组织架构

(2)企业现状。

基建建设业务范围主要包括在国内及全球兴建港口、道路、桥梁、铁路、隧道、轨道交通、机场及其他设施,和以投资等多种形式提供的建设服务。按照项目类型划分,具体包括港口建设、道路与桥梁、铁路建设、投资类项目、市政及其他工程、海外工程等。2020年,基建建设业务新签合同额为9508.83亿元,同比增长11.62%。

基建设计业务范围主要包括咨询及规划服务、可行性研究、勘察设计、工程顾问、工程测量及技术性研究、项目管理、项目监理、工程总承包以及行业标准规范编制等。中国交通建设（01800－HK）公布，2020年，中国交建新签合同金额为人民币10667.99亿元，同比增长10.59%。其中：基建建设业务、基建设计业务、疏浚业务和其他业务分别签订合同金额为人民币9508.83亿元、人民币477.3亿元、人民币588.37亿元和人民币93.49亿元。

疏浚业务范围主要包括基建疏浚、维护疏浚、环保疏浚、吹填工程以及与疏浚和吹填造地相关的支持性项目等。2020年，疏浚业务新签合同额为588.37亿元，同比增长11.47%。

装备制造业务范围主要包括集装箱起重机、散货装卸机械、海洋工程装备、重型钢结构及筑路机械设备等产品的研发和制造。2017年，装备制造业务新签合同额为196.46亿元，同比小幅减少38.73%。

（3）企业战略。

发展战略对企业起着根本性的引领作用，是一个企业发展的灵魂和前进的灯塔。"十二五"期间，以打造"五商中交"即全球知名工程承包商、城市综合体开发运营商、特色房地产商、基础设施综合投资商、海洋型装备与港口机械制造及系统集成总承包商为核心战略，是企业由"工"到"商"的转型升级；制定"三步走"中长期发展目标，第一步，在"十三五"末，建成行业领先、国内一流、国际知名的"五商中交"，部分领域和核心业务率先达到世界一流企业水平；第二步，在"十四五"末，建成海外全面落地、行业全面领先、国内国际全面一流的"五商中交"，率先全面建成世界一流企业；第三步，在2035年左右建成价值卓越、品牌享誉海内外的"五商中交"，建立起全球产业链和全球化治理的体制机制，跨国指数超过50%，基本完成由一流跨国公司向一流全球公司的转型。

"十三五"以来，中国交建坚决贯彻习近平总书记治国理政的新理念、新思想、新战略，尤其是对应"利益共同体、责任共同体、命运共同体"，及时调整定位，提出"三者"即成为"政府与经济社会发展急所的责任分担者、区域经济发展的深度参与者、政府购买公共服务的优质提供者"定位。企业将以创新、协调、绿色、开放、共享的发展理念谱写中国交通建设股份有限公司的实践新篇章。

2. 企业分析

（1）组织分析。

现代企业的核心是基于信息化的变革，信息化是赶超世界先进、实现弯道超车的唯一途径。中国交建于2012年正式完成了信息化顶层设计，并不断完善使其与公司战略落地、转型升级、风险管控等的要求。其核心理念是：数字中交，主要内容为两类系统，一个平台，两大门户，两个体系，两级中心，推进策略是四统一即规划、标准、管理、建设，三方式即统建、分建、自建，实施计划是十大重点项目，28 项具体任务。

"十四五"的发展理念是：贯彻落实新发展理念，涉及思维方式、行为方式、工作方式的变革，涉及社会关系、利益关系、工作关系的调整。国运即商机，中国交通建设股份有限公司遵循"五商中交"战略规划及"三者"新定位，正在培育新的优势产业链，如环保、水治理等。公司以勘察设计资源为先机，重视"一带一路"建设对于福建、浙江、河北、辽宁等省份在沿海建设过程的发展机会，把握水环境治理、海绵城市建设过程中带来的新市场机会。在环保领域虽然是新手，但企业积极探索，利用自身优势及资源，积极寻求进入城市污水处理、垃圾处理、燃气、停车场等特许经营领域，培育新的增长点，注重环保 PPP 项目的发展。2014 年，成立了中交天航环保工程有限公司，这是中国交建为打造"五商中交"，成立的首家环保公司，其先后成功实施了湖南洞庭湖、无锡太湖以及生态城污水库、汉沽垃圾处理厂、武清黄花店镇污水坑塘环境改善工程、岛屿环保综合整治数十项内河湖泊的环保整治工程。2016 年，成立了中交生态环保投资有限公司，其以"水土"等流域性、区域性生态环境治理和综合开发为核心业务。

中国交建紧跟国家"走出去"发展战略，积极响应"一带一路"倡议，围绕"全面建设世界一流企业"总体要求，成为"一带一路"建设的重要企业，并被国务院国资委确定为"国际化经营重点联系企业"。公司与交通运输部海事局将开展海事共建活动。2017 年 6 月企业与交通运输部海事局在北京签署战略合作框架协议，双方将合力加强水上施工作业船舶安全管理，加强业务培训交流，加强信息化建设合作，创新人才培养新模式，深化数据资源共享，推进海事业务系统与"中交云"相结合，探索建立施工船舶安全保障及应急机制，共同提高水上交通安全发展水平，为服务国家"一带一路"倡议、"海洋强国"战略和"十四五"现代综合交通运输体系提供有力的支持和保障。

中国交建重视人才在创新中的引领作用，着力创造条件让公司人才心无旁骛搞创新。依靠自主创新，中国交建在许多领域实现了关键技术的重大突破，摆脱了跟在别人后面跑的被动局面，成为"一带一路"沿线国家基础设施建设的主力军。

(2) SWOT 分析。

①优势。

第一，企业有领先的创新能力。

企业重视人才的创新作用，制定了人才引进、培养、激励的新机制，近年来，中国交建创新型人才不断涌现，技术创新成果层出不穷。例如，围绕苏通大桥建设研发出千米级斜拉桥结构体系、设计及施工控制关键技术；围绕港口建设研发出新一代港口集装箱起重机关键技术；针对青藏公路建设研发出高原多年冻土地区公路工程成套技术等。企业建立了持续稳定有效的创新投入机制，在不断加大自主科技投入的同时，建立起以政府资金为引导、集团资金为支持、二级企业资金为主体的多元化投入机制，充分发挥政府及集团总部科技投入的杠杆效应。企业始终坚持市场在资源配置中的决定性作用，协同优化配置各类外部创新资源，着力推动科技创新工程化，有效实现了科技创新的产业化。

第二，雄厚的技术实力。

中国交建承建和设计的众多重点工程建设项目中，创造了许多中国乃至世界水工、桥梁建设史上的"第一"。中国交建拥有20个科研院所、实验中心、研发中心，拥有众多自主知识产权和达到国际先进水平的科研成果。公司共荣获国家科学技术进步奖20项、詹天佑土木工程科学技术奖27项、中国建筑工程鲁班奖45项、国家优质工程奖40多项。

第三，企业有优秀的品牌形象，良好的商业信用。

中国交建在合并重组之际，充分考虑"中国路桥（CHEC）"和"中国港湾（CRBC）"几十年积累的，在国际工程承包领域塑造成为知名品牌的实际，保留了这两个品牌，并作为中国交建开拓海外市场的平台和窗口。中国交建旗下振华重工是装备制造企业，其产品集装箱起重机市场占有率世界第一，已经塑造了全球知名的"振华重工（ZPMC）"品牌，中国交建根据业务布局，继续强化塑造这一品牌。目前，中国交建基本构建了母品牌"中国交建（CCCC）"统领三大子品牌"中国港湾（CRBC）""中国路桥（CHEC）""振华重工（ZPMC）"的海外业务品牌体系。

第四，较高的国际化程度，较强的市场竞争优势。

中国交建作为国有特大型建筑企业，是全球领先的特大型基础设施综合服务商，业务范围遍及中国省、自治区、直辖市及港澳特区和世界50多个国家和地区，市场竞争优势明显。中国交建在香港、上海两地上市，公司盈利能力和价值创造能力在全球同行中处于领先地位。2018年，中国交建居《财富》世界500强103位；在国务院国资委经营业绩考核"11连A"、综合排名第4名；位居ENR全球最大225家国际承包商第3位，连续10年位居中国上榜企业第1名。国际化经营指数26.5%，拥有外籍员工4万人，40%利润来自海外市场，国际竞争优势明显。

②劣势。

第一，部分业务的市场竞争力不强。

中国交建是中国最大的铁路建设企业之一，但与中国中铁和中国铁建两家传统铁路基建企业在中国区域的市场份额方面还有较大差距。中国中铁股份有限公司是中国铁路桥梁和隧道建设行业的领军企业之一，尤其擅长建设复杂铁路特大桥，在中国市场占有主导地位，并且是中国城市轨道交通市场的领军企业之一。中国铁建股份有限公司则在高原铁路、高速铁路、高速公路、桥梁、隧道和城市轨道交通工程设计及建设领域确立了行业领导地位。中国交通建设股份公司在中国区域内的铁路桥梁、隧道建设方面的市场竞争力有待加强。

第二，工业化、信息化水平偏低。

中国建筑业发展很大程度上仍依赖于国家快速增长的固定资产投资规模，发展模式粗放，工业化、信息化水平有待提高，建造资源耗费量大，碳排放量突出。

③机遇。

"十四五"规划是我国全面建成小康社会之后，开启现代化新征程的第一个5年规划，意义重大。其中，多次被提起的交通强国战略更是被赋予了众多的使命和任务，而与之关联密切的智能交通也因此获得了一个巨大的发展机遇。

"一带一路"政策也为企业走出去创造了机会，沿线60多个国家中有些正面临基础设施建设、产业升级等经济和社会发展的重大任务，其相关投资也主要投向了电力工程、房地产、交通运输、石油化工、通信工程等领域，这对中国交通建设企业而言也是非常好的发展机遇。中国交通建设股份有限公司作为亚洲基础设施建设领域国际承包商的领先企业，长期以来坚持"走出去"，精准对接"一带一路"建设与国际产能合作，不仅形成了自身"走出去"的特色优势、示范效应，也有力带动了相关产业多层次、宽领域的"走出去"，也获得了党和国家领导人的充分肯定。

④威胁。

第一，社会经济形势的变化。

建筑工程需要的水泥、钢材等原材料价格上涨，会导致企业运营成本增加。各类客户对设计、建筑水平和服务质量的要求不断提高，企业面临更多高要求、技术难的新工程。城市综合开发、轨道交通建设等业务对企业的资源整合能力也有更高要求。"十四五"期间，国家对交通基建项目的投入也会带来相应的竞争对手。

第二，市场的变化。

"十二五"时期，中国各种交通运输方式快速发展，综合交通运输体系不断完善。"十三五"规划要求突出对"一带一路"建设、京津冀协同发展、长江经济带发展和新型城镇化、脱贫攻坚的支撑保障；要更加注重提高交通安全和应急保障能力，提升绿色、低碳、集约发展水平。企业要审时度势，寻找新的发展空间。伴随着国际化程度的显著提高，企业面临工程建设目的国的政治经济差异的风险，特别是目的国技术标准、法律规范、环保薪酬、金融风险、安全、文化习俗等方面的挑战越发明显，需要企业以更加全球化的视野意识，更加符合国际市场运作规则的管理方式，适应全球市场竞争需要。"十四五"规划要构建多层级、一体化综合交通枢纽体系，优化枢纽场站布局、促进集约综合开发，完善集疏运系统，发展旅客联程运输和货物多式联运，推广全程"一站式""一单制"服务。推进中欧班列集结中心建设。深入推进铁路企业改革，全面深化空管体制改革，推动公路收费制度和养护体制改革。

第三，竞争对手的变化。

中国交建通过持续不断的改革，整体实力得到增强，资源人才等竞争优势明显。但近几年来，同行大型央企等也纷纷改革，有了雄厚的资金，通过调整结构优化资源配置等，形成与企业竞争的强有力对手。

（三）中国铁建股份有限公司[①]

1. 企业简介

中国铁建股份有限公司（以下简称"中国铁建"）起源于中国人民解放军铁道兵，组建于1948年，之后并入铁道部并组建为中国铁道建筑总公司。于2007年11月由中国铁道建筑总公司独家发起设立中国铁建股份有限公司。2008年分别在上海和香港上市，注册资本为123.38亿元。中国铁建是国有独资特大型企业，也是规模最大、实力最强的综合建设集团之一，在业内资质体系完整。中国铁建业务涵盖广泛，以工程承包为主，同时有工业制造、勘察设计和咨询、房地产开发、物资贸易等业务，集科研、规划、勘察、设计、施工、监理、维护、运营和投融资为一体，形成完整的产业链，提供一站式综合服务。中国铁建是中国最大的铁路设计和建设企业之一，几乎参与了我国所有大型的铁路建设项目，掌握了设计和修建高速铁路的核心技术，累计独立修建铁路里程占中华人民共和国成立以来修建铁路里程的50%。其在高速铁路、高原铁路、城市轨道、桥梁、隧道等交通工程设计上有突出成就，确立了在建设行业的领导地位并扩大了影响力。公司经营范围广，遍布除台湾地区以外全国31个省份，同时涉足世界60多个国家及地区。

[①] 根据中国铁建股份有限公司（https://www.crcc.cn/）相关资料整理所得。

（1）组织架构。

企业已经具备了相对完善的组织结构，公司设有董事会、监事会和经营班子，根据职责和经营业务不同，下设办公室、人力资源部、发展规划部、财务部、信息中心等18个部门。各部门之间权责划分、分工明确，可以有效实现经营业务的协调运转。

中国铁建在长期发展中树立了"诚信创新永恒，精品人品同在"的企业价值观，即诚信和创新是中国铁建的核心价值理念，企业的发展要靠创新驱动，用户的赢得要以诚信为基础。造就对人类和自然充满关怀的艺术建筑品和高素质的员工队伍是中国铁建的最高价值取向，精品、人品水乳交融且缺一不可。

中国铁建的企业精神为"不畏艰险，勇攀高峰；领先行业，创誉中外"，指中国铁建继承着中国人民解放军铁道兵的精神—凿路架桥不畏险阻，雨淋日炙勇往直前。在新时代的新形势下，这支发扬铁道兵精神的队伍更要与时俱进、勇攀高峰、创新创业、做大做强，不断拓展市场，成为行业领先，在国内竞争中屹立不倒，在国际竞争中脱颖而出。

（2）企业现状。

中国铁建主要以工程承包为主，开展多元化业务。工程承包是该企业的核心和传统业务，业务种类多，包括铁路、公路、城市轨道、桥梁、隧道、机场码头等多个领域。随着国家"交通强国"战略的提出，交通运输业内各领域的快速发展，行业之间的竞争更加激烈。为了扩大市场、提质增效，中国铁建勇敢迎接挑战，及时抓住时代机遇，全力加快改革的步伐。在稳中求进的总基调下坚持产业优化调整，提升产业布局结构，强化投资驱动；大力研发核心技术，用创新驱动发展；坚持推动企业内部改革，破除企业发展的体制机制弊端；同时坚持人才发展战略，大力培养和吸纳人才，构筑人才优势。

2. 企业战略

中国铁建将在巩固发展传统核心业务——工程承包业务的同时，大力培育房地产开发、设计与工程咨询、资本运营、海外经营、物流贸易和装备制造等多个创效业务板块，为公司制造新的经济增长点、利润增长点，在把公司建设成中国建筑业领军者的同时努力巩固公司地位，提高公司全球竞争力，把公司做大做强。

在未来三年内，中国铁建将坚持"打基础、上台阶、提升企业整体素质"的主线，把增强盈利能力当作目标，全力推进企业由粗放型管理向精益生产、集约经营转变；由单一国内建筑施工为主向海内外六大创效板块并重、协调发展转变；由劳动密集型向管理技术资本密集型转变；由传统企业制度向现代企业制度转变。

在企业发展战略的指导下，企业总体战略既能为企业未来发展指明方向，又能统筹各项分战略，为战略的实施奠定基础。中国铁建的总体战略为：以工程建筑为根本，采取相关多元化、纵向一体化战略；不断转型升级发展，成为中国建筑业的领军者；建设精品工程，成为全球最具竞争力的大型建设集团。

相关多元化：工程建筑是中国铁建的主营和传统业务，要提高主营业务的经营能力，有效地避免投资过度分离。同时要相关多元发展与主营业务有关的、突出的业务，进行新业务的开拓，这样不仅能降低企业的风险，还能使产业之间形成协同效应，形成新的规模，创造新的利润增长点。

纵向一体化：中国铁建的业务涵盖范围广，形成了较为完整的产业链。沿工程建筑核心业务的价值链上、中、下游发展相关业务，能对资源进行整合和科学配置，进一步能拓展和提高六大业务板块的市场份额和经营能力。通过后向一体化整合进入上游，顺应顾客需求的变化，为其提供项目开发、设计咨询、工程建筑等一站式服务，形成长期竞争优势。通过前向一体化整合进入下游，满足顾客多方面需求，与客户建立长期关系，获得反复提供服务的机会，为企业带来稳定的现金流同时能防止被其他企业排斥。

3. 企业分析

（1）组织分析。

中国铁建在交通强国战略指导下，坚持以市场为导向，提高自主创新能力和核心竞争力，在创新发展和科技研发等方面加大资金投入，开发了多项关键技术和一系列具有自主知识产权的主导产品。公司目前拥有72家省级技术中心，67家高新技术企业，建设了轨道交通工程信息化国家重点实验室，科技创新成果斐然。自主设计施工完成的中国首条中低速磁浮（长沙轨道交通工程全线），承建了克地坝陵河特大桥合龙—中国高铁最大跨度第一桥、珠海拱北门岸管幕工程全线—世界最大断面公路隧道、云桂铁路南盘江特大桥钢构、T构合拢—世界铁路中最大跨度的上承式钢筋混凝土拱桥。近年来，公司承担国家多项课题研究，支撑多项科技计划，获得多种奖项，如2015年获国家科学技术进步特等奖1项，中国优秀专利奖3项，中国土木工程詹天佑奖6项；2016年获国家优质工程奖34项，中国建设工程鲁班奖10项。

（2）SWOT分析。

中国铁建SWOT分析矩阵如图8-3所示。

外部／战略／内部	优势（strength） ◆在行业内具有影响力，品牌价值大 ◆业内资质健全，科技创新成果突出，产业链较完整 ◆与政府关系融洽、拥有较多社会资源 ◆经济实力雄厚，人才资源储备多 ◆良好的企业文化 ◆丰富的海外施工经验	劣势（weakness） ◆各大业务板块之间缺乏有机联系和协调 ◆信息化建设水平不高 ◆人力资源管理有待改进和完善 ◆风险监管能力薄弱，监督控制措施不全
机会（opportunities） ◆国际政治环境良好，国际市场蓬勃发展 ◆国家深化供给侧结构性改革 ◆交通强国战略的提出 ◆企业间合作和联盟增加，海外直接投资增加	S-O战略 ◆发挥品牌优势、技术差异化优势和成本领先优势，把握市场机会并积极开拓新市场，推进业务发展 ◆利用政治环境、政策条件以及社会资源，依托产业链优势，建设"铁建牌"的精品工程	W-O战略 ◆提高企业综合管理水平和风险管控水平，制定应急控制措施 ◆加强信息化建设，提升内部管理体系，使业务间形成协同效应 ◆利用行业优势和经验积累争当交通强国建设的"引领者"
威胁（threats） ◆中国经济中长期增速放缓，个别产业受到影响 ◆全球化使市场竞争日趋激烈 ◆综合服务的要求提高	S-T战略 ◆充分利用政府和自身资源进行业务创新，提高企业的服务能力，用多种方式进入新市场 ◆加大科技创新投资，培养高端技术人才，提高企业管理水平，构建核心竞争力	W-T战略 ◆实施人才战略，完善人力资源管理机制 ◆加强业务板块之间的联系，形成资源优势，产生规模效益，提高市场竞争力

图 8-3　中国铁建 SWOT 分析矩阵

三、交通建设行业案例评析

近几年来，国内交通建设行业不仅抓了科技创新，而且抓了理念创新、管理创新和制度创新，全面推进企业的自主创新建设，在创新中发展，在发展中创新，有力地促进了企业的快速发展。

而在交通建设行业的创新发展战略中，企业则更需要明确以下4点关键内容：

（一）创新目的和目标必须明确

企业创新实际上是市场竞争中企业之间进行较量采取的措施和手段。通过创新改变现状，而提高竞争能力，最终目的是想超过对手，抢占市场，获取更高的企业利润和社会效益。因此，必须分析市场环境和市场需求，分析同类企业的竞争能力，分析国内外本行业未来的前沿水平，进而确立企业的创新目标。发展和完善企业"橄榄型"的三级联动、运转高效的技术创新体系基本架构，实行统一规划、协调运作、分级管理、分级考核的基本管理机制，着力打造和提高集团的自主创新能力。

（二）人才是创新的关键

培育数量充足、结构合理、素质优良、勇于创新的科技人才队伍，形成比较完整的科研梯队，为企业发展提供智力支持和人才保障。以企业重点实验室和技术研发中心为基地，依托重大科技研发项目，在企业造就数名学术造诣深厚、技术水平高超、在国内外有影响的科技领军人才以及培养学术水平高、具备国内先进研究水准、国内有影响的科技带头人；形成一支高素质、有活力、创新能力强的交通科技人才队伍，培育多名左右技术水平高、具备较高研究水准的企业优秀科技人才；形成一支熟悉管理、技术业务素质高的科技管理人才队伍。

（三）建立完善的创新体系

建立完善的多级管理、互为联动的科技创新体系。一是以企业技术中心为核心，重点组织开展高端技术和具有前瞻性、战略性、前沿性的国家、行业的研究攻关项目；以局、院、厂为骨干，重点开展新技术、新工艺、新材料、新结构、新产品和工程建设、产品制造中的关键技术研究；以局、厂、院的下属单位，主要以工程和产品为对象，以项目为载体，开展影响工程和产品质量、安全以及提高效益的短、平、快技术革新研究；二是成立技术创新专家委员会，评审重大创新项目的可行性、科学性和有效性；三是建立健全科技创新的运行机制，制定企业科技发展纲要、企业"十九大"交通强国和企业科技管理制度以及管理办法。

（四）创新必须有资金投入

创新特别是科技创新需要资金支持。离开了资金支持，创新就会变成空中楼阁，就会变成无本之木，无源之水，创新也就成为一句时髦口号。重视创新的前期投入，特别是注重把创新活动与生产任务、工程项目、具体产品结合起来。

本 章 小 结

本章首先从政治、经济、社会和文化方面分析了目前国内交通运输行业发展的现状。政治上，政府为未来交通运输业的发展提出了明确的方向和要求，同时我国交通建设行业的相关法律法规正在逐步健全和完善，各种规章制度也呈现出对各个细分领域的针对性；经济上，我国国内经济发展压力整体减缓，且不断从高速发展向高质量发展转变，持续稳定健康的经济发展为交通运输行业的投资提供了稳定的环境；在社会领域，虽然我国人口增速减缓，但是由于庞大基数的存在，人口在短时期内依旧会保持增长态势，由此，随着社会人口的增加，交通运输行业的需求仍会持续上涨，基础设施的建设依旧存在潜力，加强交通建设，为全面小康奠定基础；技术上，随着我国经济快速发展，交通运输行业的研发成果层出不穷，企业必须重视新技术的研发以实现可持续发展；政府部门应重视科技创新，实现领域间的联动，增强基础设施的安全性能。

其次，通过对北方国际合作股份有限公司、中国交通建设股份有限公司和中国铁建股份有限公司的发展案例进行分析，发现上述企业在运营发展过程中不断创新，促进了企业的快速发展。

最后，本章为交通建设行业的创新发展战略提出四个必须注意的内容：一是创新的目标必须明确；二是人才是创新的关键；三是建立完善的创新体系；四是创新必须有资金的投入。

第九章

物流企业战略

一、物流行业发展概述

(一) 现状

物流是从供应地向接收地的实体流动过程。根据实际需要,将运输、储存、装卸、搬运、包装、流通加工、配送、信息处理等基本功能进行有机结合。

物流这一概念最早由美国提出,经历了近一个世纪的理论与实践研究,美国始终走在世界物流发展的最前端。日本的物流发展进程,与美国有着诸多相似之处。虽然物流概念传入日本时间较晚,但发展速度之快、规模之大、现代化程度之高,令人称奇。

1. **政治和法律环境分析**

物流产业作为国民经济的动脉系统,它连接经济的各个部门并使之成为一个有机的整体,其发展程度成为衡量一个国家现代化程度和综合国力的重要标志之一。2018年3月2日,国务院公布的《快递暂行条例》(以下简称《条例》),自2018年5月1日起施行,后根据2019年3月2日《国务院关于修改部分行政法规的决定》修订。《条例》是我国第一部专门针对快递业的行政法规,针对"寄件人实名登记""寄件人隐私泄露"等问题都做了明确规定。《条例》的公布从经营主体、快递安全、监督检查和法律责任等方面对我国快递业进行了规范,无疑为快递行业的健康持续发展提供了强有力的保障。2020年,国家邮政局、工业和信息化部发布的《关于促进快递业与制造业深度融合发展的意见》(以下简称《意见》）指出，到2025年，快递业服务制造业范围持续拓展，深度融入汽车、消费品、电子信息、生物医药等制造领域，形成覆盖相关制造业采购、生产、销售和售后等环节的供应链服务能力，培育出仓配一体化、入厂物流、国际供应链、海外协同等融合发展的成熟模式，培育出100个深度融合典型项目和20个深度融合发展先行区。该《意见》指明了快递行业未来的发展方向，即与制造业深度融合。

2018年4月8日，交通运输部办公厅印发《关于深入推进无车承运人试点工作的通知》，旨在优化无车承运人发展环境，促进无车承运人新业态健康规范发展，确保试点工作有序推进并取得实效。该通知下达后，各地交通部门开始通过开展试点工作逐步调整完善无车承运人管理的法规制度和标准规范，创新管理方式，对于推进物流业供给侧结构性改革、促进物流行业"降本增效"、推动无车承运人行业的发展有重要意义。

为进一步促进物流降本增效，2018年5月16日，国务院常务会议确定，从2018年5月1日至2019年12月31日，对物流企业承租的大宗商品仓储设施用地减半征收城镇土地使用税。同时，从2018年7月1日至2021年6月30日，对挂车减半征收车辆购置税。2018年底前，实现货车年审、年检和尾气排放检验"三检合一"。取消4.5吨及以下普通货运从业资格证和车辆营运证。对货运车辆推行跨省异地检验。推动取消高速公路省界收费站。采取上述措施，加上增值税率调整后相应下调铁路运价，全年降低物流成本120多亿元。[①]

2020年5月20日，发改委、交通运输部颁发《关于进一步降低物流成本的实施意见》，中央和地方财政加大对铁路专用线、多式联运场站等物流设施建设的资金支持力度，研究制定铁路专用线进港口设计规范，促进铁路专用线进港口、进大型工矿企业、进物流枢纽。持续推进长江航道整治工程和三峡翻坝综合转运体系建设，进一步提升长江等内河航运能力。加快推动大宗货物中长距离运输"公转铁""公转水"。

这一批新的政策措施，进一步推动了降低物流企业经营成本。国家在为物流企业降本增效和创新发展创造更好的条件，物流行业已然迎来了黄金时代，物流企业应该抓住机会，在享受利好政策的同时，要重视自主创新，发挥自身优势，去赢得更多的市场份额。

2. 经济环境分析

中国市场在20世纪80年代飞速发展时期，物流成本较高的问题被商品超高

---

① 李克强部署物流降本增效：全年降低物流成本120多亿元[EB/OL]. 国家中医药管理局, http://www.satcm.gov.cn/xinxifabu/guowuyuanxinxi/2018-05-22/7209.html.

毛利率掩盖，随着1997年经济软着陆，进入了全面过剩时期，企业在竞争激励下，开始意识到成本控制的重要性，物流作为资源和人力之外的"第三利润源"，越来越受到重视。

在这样的宏观背景下，我国开始涌现一批第三方专业型物流公司，服务型物流企业也初见端倪。但是由于跳过了美国、日本物流行业的平稳发展阶段，总体而言我国物流业与发达国家相比，在基础设施、经营管理、理论研究、物流技术、信息技术方面还比较落后，大致相当于发达国家20世纪80年代的水平。

近年来，中国经济保持平稳较快增长，为现代物流及供应链管理外包服务行业的快速发展提供了良好的宏观环境。据国家统计局数据显示，2019年社会物流总费用约为14.1万亿元，较上年同期增长6.0%。2020年社会物流总费用14.9万亿元，同比增长2.0%。社会物流总费用与GDP的比率为14.7%，与上年基本持平。① 市场规模巨大，前景广阔。通过多方努力，单位物流成本增速明显趋缓，2020年社会物流总费用与GDP的比率为14.7%，五年下降1.3个百分点，物流降本增效成果显著（见图9-1）。②

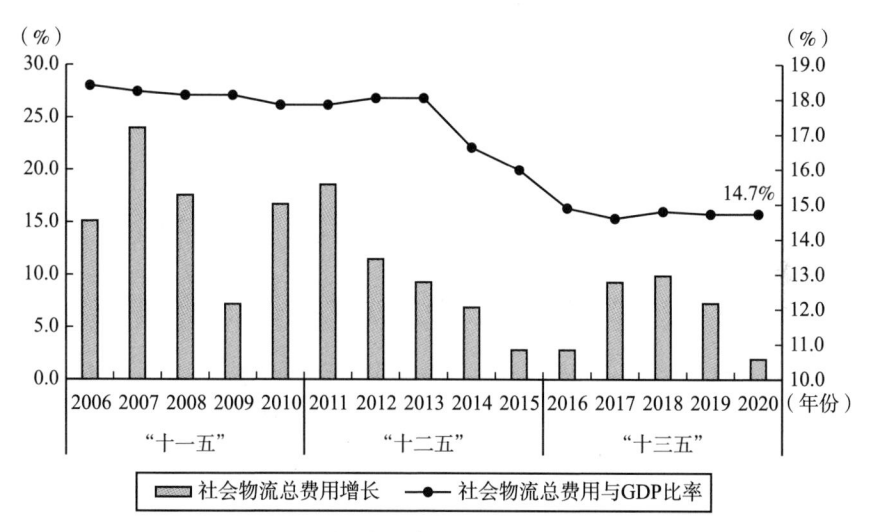

图9-1　2006~2020年社会物流总费用及与GDP的比率

资料来源：根据国家统计局公布的年度数据计算所得。

物流费用占国内生产总值的比重是衡量物流业总体运行效率的重要指标之一。我国物流业近年来虽然保持较快的增长势头，但整体运行效率依然较低。我

---

① 根据国家统计局数据（https：//data.stats.gov.cn/easyquery.htm？cn＝C01）整理所得。
② 根据国家统计局公布的年度数据计算所得。

国该指标从1991年的23.79%下降至2020年的14.70%。近年来，我国物流业运行效率虽进步明显，但相比发达国家仍有很大差距。美国、日本物流费用占GDP的比重稳定在8%左右，我国与美日相差近7%。①

物流业景气指数反映物流业经济发展的总体变化情况，以50%作为经济强弱分界点，高于50%时，反映物流业经济扩张；低于50%，则反映物流业经济收缩。我国物流业景气指数（LPI）从2014年1月份以来基本上保持在50%以上，反映出我国物流业总体仍处在平稳较快的发展周期。中国物流与采购联合会发布的2021年2月份中国物流业景气指数为49.8%，较上月回落4.6个百分点，虽然受节日因素及加强冷链物流和局部地区疫情防控需要的影响，物流业景气指数回落至49.8%，但指数水平总体仍保持基本平稳态势，且明显好于去年同期（见图9-2）。②从行业看，主要是快递快运业和冷链物流受到的影响较大。而从业务活动预期指数看，则大幅回升至65%以上的高水平，反映出随着疫情防控形势的全面好转和生产建设季节的到来，物流企业对市场走势普遍看好。

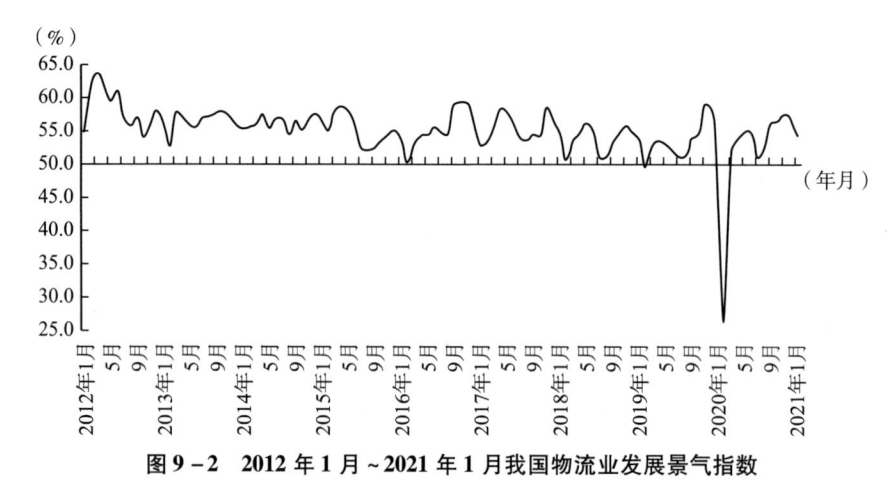

图9-2 2012年1月~2021年1月我国物流业发展景气指数

资料来源：根据中国物流与采购联合会相关数据整理所得。

对中国物流行业而言，2018是降本增效、技术创新、蝶变突破的一年，是传统物流行业向物流金融、供应链金融等领域不断扩展的一年，同时也是物联网、人工智能、信息化等科技与物流不断融合的一年。

---

① 2020年中国物流行业发展现状分析　社会物流总额呈缓中趋稳态势［EB/OL］. 经管之家，https：//bbs. pinggu. org/thread - 8334461 - 1 - 1. html.

② 根据中国物流与采购联合会（http：//www.chinawuliu.com.cn/search/result.shtml？query = % E4% B8% AD% E5% 9B% BD% E7% 89% A9% E6% B5% 81% E4% B8% 9A% E6% 99% AF% E6% B0% 94% E6% 8C% 87% E6% 95% B0）相关数据整理所得。

3. 我国物流行业的发展特点

物流行业经过改革开放以来的发展，已具备了一定的规模与现代化基础，但与发达国家相比，仍存在着不小的差距，未来提升与发展的空间较大。2015年，我国物流市场的发展格局继续呈现调整态势，从集装箱吞吐、航空运输等数据来看，内贸物流市场增长好于外贸物流市场。区域物流市场差距进一步缩小。物流行业并购呈现提速态势，大型物流企业纷纷实施内部资源整合，服务范围不断延伸，物流体系建设明显加速。

总体上，我国物流行业未来发展的主要推动因素包括行业整合、下游行业需求增加、服务范围扩大、通用物流与专业物流分化、传统物流向现代物流转型。

（1）物流企业加大并购力度，行业整合提速。

目前我国物流行业市场集中度较低。国家统计局数字显示，2015年，全国物流业总收入为7.6万亿元，前50家物流企业总收入共8414亿元，占全国物流总收入的11.1%，入围前50强的门槛由2008年的主营业务收入为7.62亿元（见图9-3）。到2020年，全国物流业总收入10.5万亿元，我国物流企业50强实现物流业务收入1.1万亿元，同比上年增长15%，第50名的企业物流营业收入超过37亿元，同比上年增长19%。从中，可以看出我国物流企业规模开始扩大，行业集中度在提升。但如果采用主营业务收入前十强的企业与当年社会物流总费用的比例（CR10）作为行业集中度的指标，那么2015年CR10仅为5.21%，CR50也仅有7.79%，到2020年，CR10上升为7.64%，CR50上升为10.48%，行业整合度虽有进一步提升，但市场还是相对分散（见图9-4）。①2020年度中国物流企业10强名单，如表9-1所示。

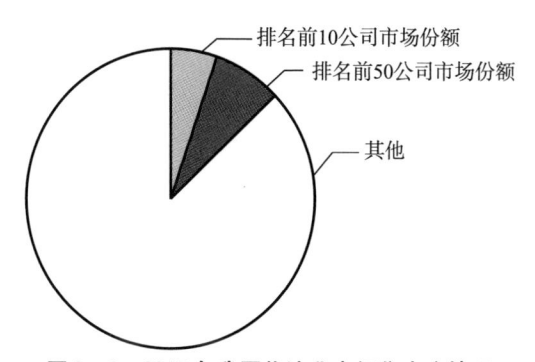

图9-3 2015年我国物流业市场集中度情况

资料来源：2017年中国物流行业概述及行业现状和发展趋势分析［EB/OL］. 产业信息网，https://www.chyxx.com/industry/201706/536978.html.

---

① 2017年中国物流行业概述及行业现状和发展趋势分析［EB/OL］. 产业信息网，https://www.chyxx.com/industry/201706/536978.html.

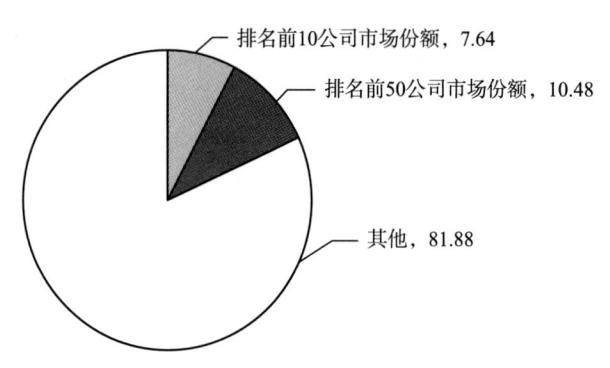

排名前10公司市场份额，7.64
排名前50公司市场份额，10.48
其他，81.88

图 9-4　2020 年我国物流业市场集中度情况

资料来源：2017 年中国物流行业概述及行业现状和发展趋势分析 [EB/OL]．产业信息网，https：// www.chyxx.com/industry/201706/536978.html.

表 9-1　　　　　　　2020 年度中国物流企业 10 强名单　　　　　　单位：万元

排名	企业名称	2019 年物流业务收入（万元）	上一年名次
1	中国远洋海运集团有限公司	24370441	1
2	厦门象屿股份有限公司	16344720	2
3	顺丰控股股份有限公司	10598300	3
4	中国外运股份有限公司	7765009	4
5	中国物资储运集团有限公司	4120000	6
6	百世物流科技（中国）有限公司	3710292	-
7	中通快递股份有限公司	3508378	-
8	韵达控股股份有限公司	3440405	-
9	中铁物资集团有限公司	3261255	7
10	圆通速递股份有限公司	3115112	8

资料来源：中国物流与采购联合会，前瞻产业研究院。

我国物流行业集中度低，导致市场竞争过于激烈，并且呈现以降低服务价格为主要竞争手段的特点，行业整体缺乏差异化的产品和服务。进入门槛低是导致物流业集中度低、价格竞争激烈的重要原因之一。近年来，行业的集中度虽在不断提升，但行业仍缺乏具有定价权的龙头型公司。

规模较大的物流企业，可以利用规模经济，在网络覆盖、运力配置等方面发挥及时、安全、低成本等优势。相比而言，小企业服务功能少，综合化程度低，管理能力弱，竞争能力弱，信息能力弱，经营秩序不规范，不具备适应现代物流追求动态运作、快速响应的要求。基于目前我国市场的这些情况，物流行业整合的需求十分强烈。

(2) 服务范围不断向供应链两端延伸。

目前我国物流企业与制造业的联动继续深入发展，更多物流企业与制造业建立深度合作关系，物流服务范围不断向供应链两端延伸。一些物流企业从最初只承担少量简单物流功能外包的第三方物流，拓展到全面介入制造企业供应链的第四方物流。在供应链上游为制造企业提供原材料与零部件采购服务、原材料入场物流服务、原材料库存管理服务等，在供应链下游为制造企业提供生产线后端物流加工服务、产成品销售物流服务、零部件售后物流服务等，物流专业化服务水平和效益显著提高。自2014年以来，业内已形成了一批具有一定规模、富有国际竞争力的领先供应链管理企业，与此同时，国家政策也大力鼓励、支持和引导更多的物流企业向供应链两端延伸服务范围。

(3) 通用物流与专业物流分化。

经过多年发展，物流行业内的通用与专业分化趋势日益明显，专业化逐渐成为物流企业的发展方向。随着供需双方合作的不断加深，专业化物流公司更加注重按照客户供应链的布局实施针对性的物流资源配置，提供个性化的物流整体解决方案。

物流向专业化发展的趋势是由需求决定的。企业对降低物流成本的需求越来越大，手段之一可以通过优化内部物流管理，节约成本从而增加企业利润。但通过优化供应链管理来降低成本，对专业能力要求很高，这就要求物流服务的专业化。另外，在中国从事生产、销售及采购活动的跨国公司和国内优势企业对专业化物流服务的需求迅速发展，这些趋势成为带动我国物流产业发展的一个十分重要的市场基础。

通用物流与专业物流相比，对客户依赖度较小，市场规模更大，但竞争相对更加激烈。在一些对物流环节中特殊要求较少的企业，通用物流相比于专业物流，具备客户门槛较低，对自身资源要求较少，更具有成本优势的特点。

通用物流与专业物流的分化，有利于为不同物流需求的企业提供更适合自身发展的服务。对于物流企业而言，这一分化将给企业带来一定的挑战，如何结合自身优势与客户资源，选择一条适合自己的道路，是物流企业将面临的一个重大的问题。此外，行业的细分会削弱竞争，价格战的压力会减小，对于物流企业而言，这将是一个新的发展机遇。①

---

① 2017年中国物流行业概述及行业现状和发展趋势分析［EB/OL］. 产业信息网，https：//www.chyxx.com/industry/201706/536978.html.

（二）问题

1. 物流认知有待提高

目前，国内物流行业发展普遍存在两大认知误区：

（1）资源认识误区。从制造业企业逐步剥离出来的物流企业更多地关注原企业需要的物流资源运输，限制了全市对物流发展潜力的认识和发展物流业的积极性。

（2）规划认识误区。企业物流管理普遍缺乏系统的规划，物流外包只是停留在运输等环节，现代物流管理也只是注重技术和设备的引进。整体资源整合能力较弱，相当多企业仍然保留着"大而全""小而全"的经营组织方式。在很大程度上影响了物流企业提质增效和全市物流运行质量的提升。

2. 物流专业人才短缺

大数据显示，物流人才已经成为当代最为紧缺的人才之一，特别是物流规划人员、物流外向型的国际人才和物流分析员最为紧缺。多数物流企业未对人才培养给予高度重视，缺乏对在岗人员再教育和再培训。同时，当前许多高校虽开设了物流专业，但课程调整及教学实践不及物流行业发展更新速度。随着现代物流业的迅速发展，专业的物流人才的缺乏问题逐渐浮出水面。

3. 企业经营方式粗放竞争力不强

从整体上看，国内物流企业存在功能单一、业务不稳定、成本高的特点。大部分物流企业"小、散、弱"，无力承担先进物流技术高额成本，企业物流信息系统不完善，物流运营服务效率差，物流信息化、标准化水平不高。当前，如何充分发挥我国物流行业比较优势条件，特别是发挥制造业优势，尽快做大物流企业，提高全市物流业的辐射能力是近期需要着力解决的战略性课题。

4. 物流产业集群有待优化

从产业结构看，物流产业体系不明确是我国物流业发展主要制约因素，一是优势制造业物流的产业化规模相对较小，未能形成物流支柱产业，也限制了交通运输业等物流基础产业的发展。二是由于未明确物流园区经营的物流业先导地位，造成物流园区和物流项目建设性发展，难以形成规模化、经营性发展，也制约了产业集聚和整体规模壮大。

(三) 趋势

1. 宏观政策红利引导

快递业是物流行业的重要组成部分,是融合信息交流、物品递送、资金流通等多种功能于一体的复合型新兴服务业。随着快递逐渐取代传统邮政包裹成为人们寄递物品的主要方式之一,物流行业市场进一步细分,大型快递企业向综合物流转型,中型向专业化转型,小型向个性化转型,不断形成差异化。各大快递公司在各地租用和购买仓储资源并布局,向物流业发展是大势所趋。

2017年2月13日,国家邮政局发布了《快递业发展"十三五"规划》(以下简称《规划》)。《规划》明确了"十三五"时期我国快递业发展的总体目标:到2020年,基本建成普惠城乡、技术先进、服务优质、安全高效、绿色节能的快递服务体系,形成覆盖全国、联通国际的服务网络。同时《规划》布置了七项任务和九大工程。

(1) 七项任务中,首当其冲的就是:积极打造"快递航母",到2020年,形成3~4家年业务量超百亿件或年业务收入超千亿元的快递企业集团,培育2个以上具有国际竞争力和良好商誉度的世界知名快递品牌。2017年7月24日,国务院法制办就《快递暂行条例(征求意见稿)》(以下简称"征求意见稿")公开征求意见,该征求意见稿强调国家邮政管理部门应当制定快递业发展规划,促进快递业健康发展。同时,县级以上地方人民政府还应当将快递业发展纳入本级国民经济和社会发展规划,在城乡规划和土地使用总体规划中统筹考虑大型集散、分拣等基础设施用地的需要。另外,在快递经营许可上,实行一照多址的政策,通过简化分支机构备案手续,从而给企业提供方便,释放企业经营活力。

(2) 电商刺激快递行业持续增长进入21世纪以来,电商行业的爆发式增长推动着快递行业的迅猛发展,快递行业发展到目前,电商仍将是推动其发展的核心驱动因素。"双十一"购物节作为电商平台主要的营销手段,掀起了全民网购的热潮。而后,购物节大促这一营销手段逐步常态化,"双十二""6·18"年中大促等购物节层出不穷,加之移动互联网的渗透率逐步提高,使消费者网上购物趋于日常化。同时,微商行业的快速发展以及社会零售线上拓展的倒逼效应,这些又进一步刺激线上渠道的业务量增长。

(3) 自动化技术改造升级今年上半年，申通快递"小黄人"自动化分拣设备频频出现在中央电视台等主流媒体，目前公司已经在浙江义乌、山东临沂、河南郑州等地推行自动化分拣设备，经初步测算，自动化分拣的投入预计可以节约70%的人工成本，进一步降低人力成本消耗，提升作业效率。

"十四五"时期是我国在全面建成小康社会、实现第一个百年奋斗目标之后，乘势而上开启全面建设社会主义现代化国家新征程、向第二个百年奋斗目标进军的第一个五年。2021年1月4日召开的全国邮政管理工作会议上，国家邮政局党组书记、局长马军胜表示，当前和今后一个时期，要按照"服务全领域、激活全要素，打造双高地、畅通双循环"的工作思路，围绕提升行业在畅通中的价值，聚焦高质量发展、高效能治理，深化供给侧结构性改革，加强需求侧管理，提升行业供给体系对需求的适配性、要素资源对行业供给体系的保障力，形成需求牵引供给、供给创造需求的更高水平动态平衡，更好满足人民美好生活需要，全方位提升行业贡献度和影响力。①

2. 物流技术发展应用

除了分拣机器人以外，公司在大型转运中心还在不断投资自动化分拣、自动化扫描、自动化称重、自动化计泡等自动化设备，实现库内的操作"无人化"，除了分拣机器人以外，通过前段推广普及自动化分拣，在装卸货格口全部安装伸缩机，在仓储库房推行堆垛机等，逐步降低运营、人力和管理成本，提高公司的物流效率。在物流配送环节，国内第一个无人机配送项目进入试点阶段，地面运输面临新的机遇和挑战。2019年7月，杭州送吧物流科技有限公司的城市环境无人机配送项目通过民航局特定类无人机试运行审定小组运行验证，这是民航局《特定类无人机试运行管理规程（暂行）》发布后，首个完成运行风险评估（SORA）工作的试运行项目。项目开展形成的经验和成果，将为以后的无人机运行安全评估起到示范作用。

送吧公司无人机在城市环境下物流配送的完整运行程序，验证了除正常运行程序以外的无人机单动力失效保护、无 GPS 卫星定位信号条件下的安全飞行、姿态异常保护、控制异常保护等风险控制验证科目。结果表明，无人机结合无人站的全自动飞行配送和货物接驳的运行方式是安全和高效的，自动化的失效保障机制有效控制了无人机在城市环境运行中对第三方所产生的风险。

总而言之，国内快递行业发展迅速，市场需求旺盛，具有良好的发展前景。随着我国经济社会发展水平不断提高，在国内快递市场政策法规日益完

---

① 国家邮政局局长马军胜详解未来五年邮政快递业发展新目标［EB/OL］．光明网，https：//m. gmw. cn/baijia/2021 – 01/04/1302000246. html.

善、经济总量持续增长及产业结构不断优化、网络零售快速发展以及消费者消费习惯转变、快递行业技术不断进步等诸多因素的驱动下，国内快递行业近年来发展迅猛。

3. 中国驶向一条"绿色邮路"

2018年12月6日，中华环境保护基金会、DT财经、菜鸟网络联合发布《2018年中国绿色物流发展报告》，梳理了中国绿色物流在模式创新、技术成果等方面最新进展。报告显示，中国的绿色物流已经借助智慧给环保赋能，驶向一条绿色邮路。

2018年12月15日，国家邮政局制定发布了《快递业绿色包装指南（试行）》（以下简称《指南》）。《指南》指出行业绿色包装工作的总体要求是，经营快递业务的企业应当按照规定使用环保包装材料。在不影响快件寄递安全的前提下，逐步选择低克重高强度的包装材料，设计和使用规格统一的包装或缓冲物；坚持规范作业生产，避免违规分拣操作；探索开发使用循环包装信息系统和回收装备。

随着物流行业的蓬勃发展，绿色物流成为热议话题。近年来，各级邮政管理部门和物流企业积极贯彻落实国家邮政局有关绿色发展的工作部署，快递绿色包装工作扎实有效推进，为行业绿色发展奠定了坚实基础。据初步统计，截至目前，主要品牌快递企业通过采取减少过度包装、循环利用纸箱等措施，每年至少可节约快递封装用品55亿个；电子面单普及率提升至92%，每年至少可节约传统纸质面单314亿张。"绿色物流"健康发展正蔚然成风。

2020年11月30日，国家发展改革委、国家邮政局、工业和信息化部、司法部、生态环境部、住房城乡建设部、商务部、市场监管总局《关于加快推进快递包装绿色转型的意见》（以下简称《意见》）经国务院同意。《意见》的主要目标为到2022年，快递包装领域法律法规体系进一步健全，基本形成快递包装治理的激励约束机制；制定实施快递包装材料无害化强制性国家标准，全面建立统一规范、约束有力的快递绿色包装标准体系；电商和快递规范管理普遍推行，电商快件不再二次包装比例达到85%，可循环快递包装应用规模达700万个，快递包装标准化、绿色化、循环化水平明显提升。到2025年，快递包装领域全面建立与绿色理念相适应的法律、标准和政策体系，形成贯穿快递包装生产、使用、回收、处置全链条的治理长效机制；电商快件基本实现不再二次包装，可循环快递包装应用规模达1000万个，包装减量和绿色循环的新模式、新业态发展取得重大进展，快递包装基本实现绿色转型。

二、物流企业战略实施案例

（一）中国邮政速递物流股份有限公司①

1. 企业简介

中国邮政速递物流股份有限公司（以下简称"中国邮政速递物流"）是经国务院批准，由中国邮政集团有限公司作为主要发起人，于2010年6月发起设立的股份制公司，是中国经营历史最悠久、规模最大、网络覆盖范围最广、业务品种最丰富的快递物流综合服务提供商。

中国邮政速递物流在国内31个省（自治区、直辖市）设立分支机构，并拥有中国邮政航空有限责任公司、中邮物流有限责任公司等子公司。截至2020年底，公司注册资本250亿元人民币，员工近16万人，业务范围遍及全国31个省份的所有市县乡（镇），通达我国港、澳、台地区以及全球200余个国家和地区，自营营业网点近9000个。

中国邮政速递物流主要经营国内速递、国际速递、合同物流等业务，国内、国际速递服务涵盖卓越、标准和经济不同时限水平和代收货款等增值服务，合同物流涵盖仓储、运输等供应链全过程。拥有享誉全球的"EMS"特快专递品牌和国内知名的"CNPL"物流品牌。

（1）组织架构。

中国邮政速递物流认真贯彻通信为本的方针，充分发挥邮政网络资源优势，结合邮政集传递信息、实物及货币于一身的特点，依靠科技进步，以适应市场需求为前提，以为用户提供优质服务为宗旨，以经济效益为目的，集中有限资源，积极、稳妥地发展，构建了较为适应企业发展和外部竞争的组织架构（见图9-5）。

---

① 根据中国邮政速递物流股份有限公司（http://www.ems.com.cn/）相关资料整理所得。

```
┌─────────────────────────────────────────┐
│ 内设机构                                 │
│                                         │
│ ·办公室（党组办公室）                    │
│ ·战略规划部（法律事务部）                │
│ ·市场协同部                              │
│ ·邮政业务局                              │
│ ·财务部                                  │
│ ·人力资源部（党组组织部）                │
│ ·信息科技与建设部                        │
│ ·邮票发行部                              │
│ ·采购管理部                              │
│ ·审计局                                  │
│ ·纪检组监察局（党组巡视办）              │
│ ·党组党建工作部（直属机关党委、纪委）    │
│ ·集团工会                                │
│ ·机关事务部                              │
└─────────────────────────────────────────┘
```

图9-5 中国邮政速递物流组织架构

（2）企业现状。

据国家邮政局统计数据显示，2018年，邮政行业业务收入（不包括邮政储蓄银行直接营业收入）累计完成7904.7亿元，同比增长19.4%；业务总量累计完成12345.2亿元，同比增长26.4%。12月份，全行业业务收入完成763亿元，同比增长16.7%；业务总量完成1279.6亿元，同比增长26.2%。截至2020年，邮政行业业务收入（不包括邮政储蓄银行直接营业收入）累计完成11037.8亿元，同比增长14.5%。

2018年，邮政服务业务总量累计完成1988.8亿元，同比增长17.3%；邮政寄递服务业务量累计完成237.5亿件，同比增长0.5%；邮政寄递服务业务收入累计完成368.3亿元，同比增长4.1%。12月份，邮政服务业务总量完成186.5亿元，同比增长17.2%；邮政寄递服务业务量完成20.4亿件，同比下降1.1%；邮政寄递服务业务收入完成29.4亿元，同比下降5%。

2018年，邮政函件业务累计完成26.8亿件，同比下降15%；包裹业务累计完成2407万件，同比下降9.4%；报纸业务累计完成172.9亿份，同比下降2.3%；杂志业务累计完成7.9亿份，同比下降0.6%；汇兑业务累计完成2520万笔，同比下降32.7%。

2018年，全国快递服务企业业务量累计完成507.1亿件，同比增长26.6%；业务收入累计完成6038.4亿元，同比增长21.8%。其中，同城业务量累计完成114.1亿件，同比增长23.1%；异地业务量累计完成381.9亿件，同比增长27.5%；国际/港澳台业务量累计完成11.1亿件，同比增长34%（见图9-6）。

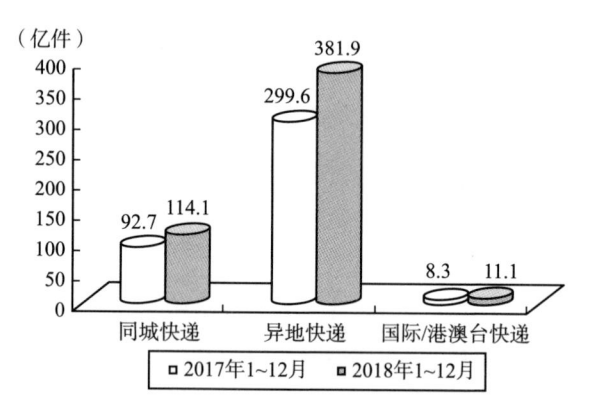

图9-6　2018年邮政分拣快递业务量情况

资料来源：根据国家邮政局相关数据整理所得。

从2016~2020年全国快递服务企业业务量及增速情况来看，截至2020年，全国快递服务企业业务量累计完成833.6亿件，同比增长31.2%（见图9-7）。

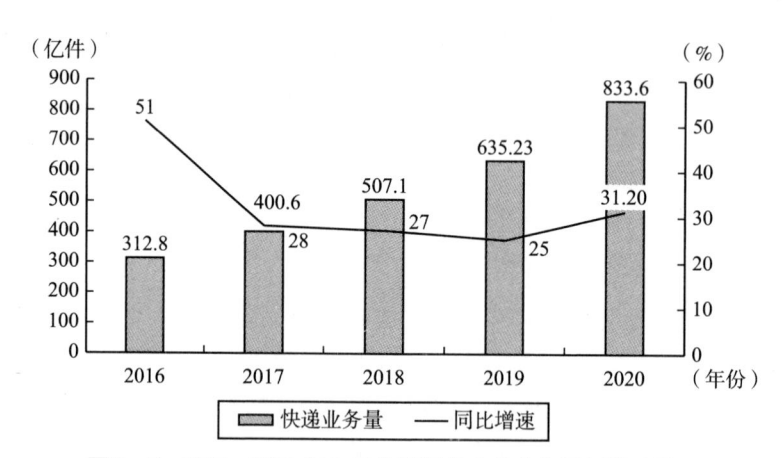

图9-7　2016~2020年全国快递服务企业业务量及增速情况

资料来源：根据国家邮政总局、前瞻产业研究院相关资料整理所得。

据国家邮政局统计数据显示，2015~2020年，我国邮政业务总量整体保持上升趋势（见图9-8）。2020年，我国邮政业务总量累计完成21053.2亿元，同比增长29.7%。

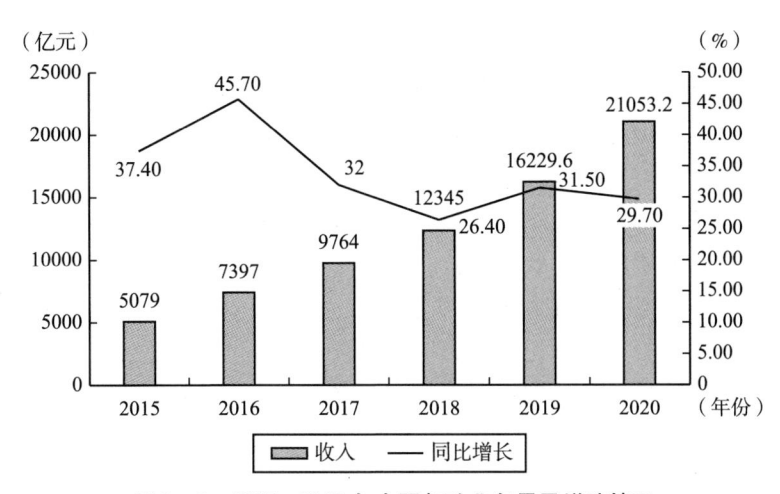

图 9-8　2015～2020 年中国邮政业务量及增速情况

资料来源：根据国家邮政总局、前瞻产业研究院相关资料整理所得。

作为外部条件的社会广泛认可，中国邮政从"传邮置命"到"国脉所系"，从"家书抵万金"到"人民邮政为人民"，服务民生始终是中国邮政坚守的使命。因此，邮政企业必须主动抓住并利用好社会发展所赋予的重要战略机遇，在促进地方经济发展和构建和谐社会中起到积极作用。充分发挥"三流合一"的独特优势，整合三大板块资源，不断提升企业的社会信誉度和知名度，找准邮政服务与地方经济建设的契合点，始终以奋发有为的姿态围绕中心并服务大局，特别是在振兴地方经济的发展中有所作为，在为广大人民群众提供的便民服务中精诚所至，始终把社会效益和企业效益同步发展放在首位。

（3）企业战略。

①"一体两翼"经营发展战略。以依托窗口资源、线上线下相结合的综合便民服务平台为体，以金融和包裹寄递业务为两翼，通过机制创新，形成"一体两翼"齐飞并进的经营发展新格局。

②信息化引领的科技兴邮战略。加快信息化步伐，应用先进技术改造传统业务，引领产品创新，提升服务水平，改善客户体验，推动流程优化，辅助科学决策，增强竞争实力。

③以人为本的人才强邮战略。构建人才发展体系，推进各类人才队伍建设，发挥人才支撑和引领作用，提高员工素质，夯实管理基础，依靠人力资本素质提升驱动发展。

2. 企业分析

（1）组织分析。

随着邮政转型发展的深入，企业对市场需求的捕捉和判断能力更显重要，需要信息系统对目标客户群进行定位分析，提供精准市场营销的决策支持，保证精准市场营销的落地。但现有的信息系统由于长期相对孤立，未能实现资源共享，同时各板块之间的信息化工作缺少有效的协调、沟通机制，导致系统更新跟不上市场变化。

随着信息技术的快速发展，客户的用邮需求更加趋于网络化，并且更加注重企业信息化平台的质量和时效等体验，但邮政企业当前信息网和应用系统不能完全满足用户需求，部分系统尚存在功能缺陷，部分运营操作业务仍依靠手工处理。企业整体科技投入比例较低，对科技创新的统筹规划不足，政策支持和激励力度也不够，导致企业科技创新水平跟不上客户期望值的提升。

（2）SWOT分析。

①优势。

第一，网络覆盖度高。邮政物流拥有全国最大的实物运输网络，终端网络覆盖到了乡镇一级，其农村覆盖率最大，并且邮政也能在很多偏远地区运送货物，加之其国际网络通达全球200多个国家和地区，与其他冷链物流公司相比其冷链市场规模较大。同时邮政形成了覆盖全国邮政物流的运输网络，该网络涵盖了航空快速网、火车物流集散网、汽车区域快速网及实物投递网。其拥有民航航班通达局42个，邮路1541条。其强大的运输网络，更有利于农村等偏远地区之间或者与城镇之间的直接对接。

第二，客户资源丰富。邮政集团的组成部分包括邮政储蓄银行、邮政速递物流和其他的邮政企业，依托其邮政大网将信息流、实物流和资金流整合在一起。邮政在各个领域都有较多合作商，例如医药行业，邮政已与上海医药公司签署了全面战略合作协议；在农村市场，其覆盖率是其他企业无法比拟的，农户商家数量更为可观。并从2014年以来，邮政大力发展农村电商，确立了"互联网+邮政"的发展模式，还与阿里签署战略合作框架协议，宣布将在物流、电商、金融等领域全面开展深度合作，这将会带给邮政更多的客户资源。

第三，可信度高。作为传统国企的中国邮政是最早的快递服务商和老字号的邮政服务系统，信誉由国家担保，无论是国内，还是国际，都有较高的知名度，尤其是在经济发展相对缓慢的农村或西部等偏远地区，邮政的国企身份使其自带"值得信赖"的光环，使更多的客户优先选择与邮政合作，从而获得更多的支持，比起企业，邮政更易打入冷链市场。

第四，政策支持。邮政是大型国企，比民营企业享有更多的国家政策和资源，各地政府也非常重视邮政的发展，很多地区专门出台了促进邮政发展的文件，在2015年修正的《邮政法》中还提到了要改善基础设施，提供相应补贴。同时国家支持邮政利用其服务网络覆盖面广的优势参与药品配送，给邮政发展药品冷链运输提供了便利渠道，政策的支持使其在冷链行业具有独特优势。

第五，百年邮政经营经验和20多年的快递经营经验，使邮政快递（EMS）在从收寄到投递各个环节紧紧相扣、严密作业，保证了快件的安全传递，这也是一些国内私营快递公司所无法比拟的。

②劣势。

第一，营销观念陈旧是制约邮政快递发展的一个重要原因。主要体现在老大自居，重自身而忽视了竞争对手，市场意识淡薄，忽视消费者需求分析，没有认识到市场细分和定位的重要性，营销手段单一等方面。

第二，技术相对落后造成邮政快递快件处理速度缓慢，目前我国大部分地区EMS邮件在分拣和封发两个环节仍基本依靠手工作业完成，既容易产生差错，工作效率也比较低。其次，中国邮政 EMS 邮件只能在收寄、较大中转站和投递端能够监控信息，信息反馈还主要靠在每个环节半人工录入，在邮件量高峰期很容易出错。

第三，邮政 EMS 在网络控制能力方面仍存在隐患。对于国际快递服务，中国邮政 EMS 是通过万国邮联与各国邮政的合作而实现的，对方邮政水平、合作情况无法完全控制。在国内市场，由于主要运输渠道航空和铁路行业自身都从事快递业务，所以邮政与两家的关系是既合作又竞争，在运输高峰期间，运输质量往往不尽如人意。

第四，组织结构不合理，缺乏真正的公司运行体制作为 EMS 的专门管理机构——中国速递服务公司是中国邮政集团的下属机构，对各省市分公司没有直接考核权，对有关快递业务的财务、人事管理权及价格、宣传等方面只有建议权而没有最后的决策权，实际上许多职能与中国邮政集团公司下属的职能部门相互重合，不仅没有起到专业化管理的作用，反而人为地增加了一个管理层次，使决策的效率大大降低。组织结构不合理是影响邮政快递业务进一步发展的重要障碍，邮政快递在面临市场竞争时时常出现反应慢、适应能力差、缺乏竞争力的现象。

③机会。

第一，国内经济的高速增长对国内快递市场有着强大的拉动作用，快递市场是与全社会商品交易总量、国内生产总值等宏观指标存在着高度正相关关系。

第二，国际合作增多。中国邮政利用国际联盟的身份，享有更多地向国外先进企业学习与合作的机会，加之国家部署了"一带一路"建设，国际合作趋势加强，大大拉动了物流业的发展。

第三，全球信息技术（IT）发展迅速，尤其是电子数据交换（EDI）和互联网的出现、应用和普及，促进了电子商务的发展。在运输领域，电子商务的兴起促进了快递市场的进一步繁荣，同时也改变了快递行业的运作模式，传递的作业手段向现代化、信息化的管理方式迈进。

④威胁。

第一，企业内外部竞争激烈。一方面，加入 WTO 组织后，国外各大企业进入中国市场，如 TNT、DHL 等，他们大多都资金雄厚、竞争力较强。另一方面，国内通信行业经理整合并购，相继做强做大，企业间的竞争越发激烈。

第二，国家扶持、鼓励"非公经济"发展的政策，为民营快递企业和"非公经济"所有制体制的改革发展开拓了更加广阔的空间。这一政策的落实将在一定程度上促进民营、国际快递公司的发展，从而加剧市场竞争。

第三，替代服务的质量提高。除了实物传递，用户使用邮政快递业务传递的主要内容是重要文件、资料、单据类物品。随着互联网的发展，电子商务技术不断提高，延伸出的替代服务为那些有特殊要求的客户提供了更多选择的空间，对实物传递的威胁越来越大。

（二）深圳市怡亚通供应链股份有限公司[①]

1. 企业简介

深圳市怡亚通供应链股份有限公司（简称"怡亚通"）作为正在推动中国流通商业变革的线上线下一体化（O2O）供应链生态公司，并致力于构建一个无边界的共享共赢的商业世界，让生态圈所有参与者获得最经济、最大限度地成长。

目前，怡亚通有 3 万多名员工，网络遍布中国 380 个城市及全球 10 多个国家和地区，服务全世界 100 多家世界 500 强和 2000 多家国内外知名企业，覆盖近 10 亿消费人口。

2016 年，怡亚通作为中国供应链领军企业，获评由中国企业联合会、中国企业家协会联合评选的"2016 中国企业 500 强"（第 330 位）、"2016 中国服务业企业 500 强"（第 112 位）两项殊荣。怡亚通自 2011 年至 2016 年连续 6 年上榜，2016 年以 399.39 亿元营业收入跃进至 147 位，是跃进速度最快的企业之一。2017 年怡亚通实施新流通战略，全力推动中国流通行业变革。2018 年，深投控战略入股怡亚通，驱动怡亚通供应链创新发展新纪元。2019 年，怡亚通业务量近 1000 亿元，连续多年入围中国企业联合会"中国企业 500 强"榜单。2020 年，怡亚通先后获评"全国商贸物流标准化专项行动重点推进企业""国家首批服务型制造示范平台""国家智能化仓储物流示范基地""国家 AAAAA 物流企

---

① 根据深圳市怡亚通供应链股份有限公司（http://www.eascs.com/）相关资料整理所得。

业""全国供应链创新与应用试点企业""全国疫情防控重点保障企业""2020全球最有价值的50大商业服务品牌"等荣誉资质。

（1）组织架构。

怡亚通以物流为基础，以供应链服务为载体，以互联网新技术为共享手段，打造十大服务平台，联合供应链各环节参与者，努力构建一个跨界融合、平台共享、共融共生的供应链商业生态圈（见图9-9）。

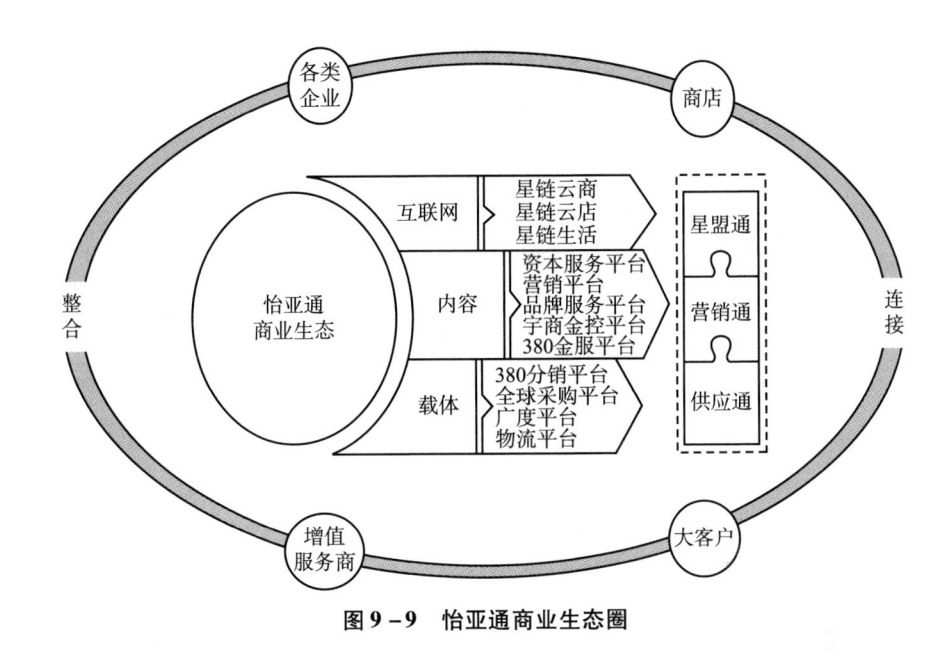

图9-9 怡亚通商业生态圈

怡亚通十大平台的职能定位，如表9-2所示。

表9-2　　　　　　　　　　怡亚通十大平台职能定位

十大平台		职能定位
载体	广度平台	是连接上下游企业的桥梁，帮助企业将非核心业务外包，提升竞争力，实现总成本领先
	380分销平台	是全国最大的流通服务平台，为上游品牌企业提供销售平台，为下游终端门店提供采购平台，推动中国流通行业转型升级
	全球采购平台	是全球供应链服务平台，帮助全球企业实现全球范围内的采购与销售，推动企业全球化发展
	物流平台	是建立全球以及中国380个城市的物流网络，支撑怡亚通集团业务全球发展，提供全方位物流服务

续表

十大平台		职能定位
内容	宇商金控平台	是国内前沿的各垂直细分行业供应链金融服务平台，利用供应链行业大数据，结合外部金融资源为客户提供高效供应链金融服务
	营销平台	是流通消费领域的"分销+营销"平台，在分销基础上，建立营销平台，助力品牌提升市场份额
	380金服平台	是流通金融服务平台，连接内外部金融资源，为流通行业的品牌企业、下游终端客户提供一站式金融服务
	品牌服务平台	是品牌运营服务平台，为合作品牌提供品牌战略规划以及"分销+营销"的一站式服务平台
	资本服务平台	是流通行业资本运营服务平台，帮助合作企业快速发展，走向资本市场，实现生态圈内行业、产业的有效结合与成长
互联网	O2O互联网平台	是以供应链+互联网为核心，搭建的O2O/B2B2C平台，为品牌提供营销互动，为商店户提供优质产品与互联网服务，实现小商店变大超市，助力中国社区商店转型升级

（2）企业现状。

怡亚通以供应链服务为载体，物流为基础，互联网为共享手段，打造第三代互联网生态公司，实现了从行业服务向平台型企业及生态型企业的三次转型，努力构建一个共融共生的O2O供应链商业生态圈。

怡亚通的发展历程分为三个阶段：行业服务型企业，平台型企业，生态型企业。

根据怡亚通生态战略规划要求及组织管理与经营发展需要，整合资源，聚合能量，全面推进供应链商业生态圈建设，公司决定对业务组织管理架构进行调整，由原来的五大业务集群：广度供应链业务集群、深度供应链业务集群、全球采购及产品整合供应链业务集群、供应链金融业务集群、互联网供应链业务集群，调整为十大业务平台：广度平台、380分销平台、全球采购平台、物流平台、宇商金控平台、营销平台、380金服平台、品牌服务平台、资本服务平台、星链互联网平台，助力打造一个健康、共赢的供应链商业生态圈。

（3）企业战略。

怡亚通发布的"供应链+互联网"的生态战略，全面推进O2O供应链（线上线下）融合，详细阐述了怡亚通要做的事情和要达成的目标，怡亚通强调生态是大家的，将建立商业新秩序，以改变中国流通业小、散、乱之现状。怡亚通未来的首个目标是要在O2O平台上做到1万亿元，将通过全国的十大平台实现。未来将有近600家合伙人公司与怡亚通共同演绎这个平台，有效覆盖上百万家终端门店，成为全中国最大的O2O商业生态公司。

2018年4月27日,怡亚通发布公告,与八家国内领先的供应链企业或其子公司签署《关于设立超级大数据合资公司之股东协议》。这八家公司为东方嘉盛、飞马国际、华南城、朗华投资、普路通、顺丰投资、腾邦金跃、越海全球。超级大数据合资公司将构建开放共赢的平台,推动建立高效协同的现代供应链体系,提升国内企业在国际供应链中的竞争力。

2. 企业分析

(1) 组织分析。

怡亚通提供建立供应链商业生态圈服务的核心目的是为客户节省成本,包括生产型供应链服务、流通消费型供应链服务、连锁加盟服务、物流服务、S2B2C互联网服务及建立品牌服务平台。怡亚通为全球采购商、零售商、品牌商、中国以及世界各地的产品提供商提供从原材料采购、VMI、产品整合定制及交易到产品分拨、销售等全程供应链服务,帮助合作伙伴提升核心竞争力,实现全球化采购与销售。

深度供应链是公司最近几年重点发展的战略业务,380分销服务平台是其最重要的组成部分,主要业务领域涵盖日化、食品、母婴、酒饮、家电、医疗等,通过搭建全国性的直供终端平台,提供市场、销售、信息、物流、商务、结算等一站式供应链服务,有效解决企业渠道下沉的成本、人才、运营三大难题,帮助品牌企业高效分销、快速覆盖终端网点,提高商品流通环节的效率并降低流转成本。深度380分销平台是怡亚通构建流通行业生态圈的载体,是目前中国最大的流通深度分销服务平台。为客户提供销售支持、市场服务、结算服务、物流分拨、售后保障等一站式服务,助力产品快速、高效直供终端,深入中国380个城市及乡镇。

中国流通行业覆盖全国商店的物流平台,怡亚通将在全国各省份建立从工厂到各地区的平台,再到终端商店或者消费者的B2B/B2C一站式物流网络。怡亚通打造集连锁加盟、产品采购、品牌服务、营销支持、增值服务等功能于一体的连锁加盟综合服务平台,致力于整合优质的连锁加盟企业,建立星链系多品牌连锁加盟联合体,促进"星链系"会员联盟体系全国发展。2017年已超过8000家连锁加盟店,未来数量将突破30万家。

依托怡亚通商业生态圈,赋能品牌商,怡亚通提供品牌营销策略支持、通路营销专业规划、终端落地管理执行等一系列定制性服务,激活营销全链路,助力品牌在中国的崛起与发展。百万零售商户参与投资,在门店安装"终端传媒设备",怡亚通将为终端联盟成员统筹广告投放资源,覆盖美妆、母婴、标超店资讯直达1~6级零售终端,精准投送消费者超过6亿人次,有效提升门店动销。

怡亚通的380分销服务平台和宇商网，将颠覆现有大小商超的采购模式，从向多个品牌代理商订货，到上宇商网一站购齐，改变了原来一次需要较大量采购的单一品种，转成一次少量多种商品的混合采购，极大提高效率，节省人力物力，更关键的是省去中间代理商而带来的价格优势，以我多年开超市的经验看，同等商品价格低10%～15%，这对竞争激烈而且利润不高的超市商店，诱惑是巨大的！

怡亚通借助现代化的服务设施及国际先进的管理水平，将供应链地产优势与一站式供应链服务优势完美结合，开创了供应链地产服务的全新境界。目前，深圳、上海金桥、上海洋山港1期、大连、长沙供应链基地已落成启用，上海洋山港2期等供应链基地正在建设中，总面积逾30万平方米。

其中，深圳供应链基地位于深圳市龙岗区平湖物流园区内布吉街道李朗社区。平湖物流园区是深圳市政府规划的七大物流园区中唯一以政府主导投资开发的综合性物流园区，具有得天独厚的铁路货运枢纽优势及海陆空立体交通条件。深圳供应链基地由五栋大楼组成，占地面积41377平方米，总建筑面积105592平方米，仓库建筑面积44853.22平方米，是集办公、研发、展览、仓储于一体的现代化多功能综合性基地。

与此同时，怡亚通平台聚合了100余家世界500强及近2000家国内外著名企业的优势资源，业务嵌入电脑、通信、医疗器械、快速消费品等10多个领域，形成了强大的资源整合能力和竞争优势，有效帮助合作伙伴提高核心竞争力。未来，怡亚通期望与更多新领域、新行业的企业合作，为全球不同产业链的合作伙伴源源不断地"供应"多元化供应链服务。

面临阿里、京东、亚马逊等巨头发展成电商、金融、物流及线上线下基础设施构筑的生态型供应链，主业仍在综合物流市场的顺丰或谋求合纵连横式的供应链协同，构筑数字供应链护城河。而生态圈型供应链合作作为未来一种发展趋势，尤其对于传统制造、传统贸易及传统物流企业来说，怡亚通的企业联手可以看作是有别于阿里、京东数字供应链的差异化突围。

怡亚通业务渗透领域，如图9-10所示。

（2）SWOT分析。

①优势。

第一，新颖的商业模式，提供的服务使标的企业核心业务和非核心业务实现无间隙对接，对产品线上的功能加以整合降低管理上的成本，提高供应链的效率。此外，其费用收取的模式对整个供应链产生了共赢的效应，达到了生态的发展模式。

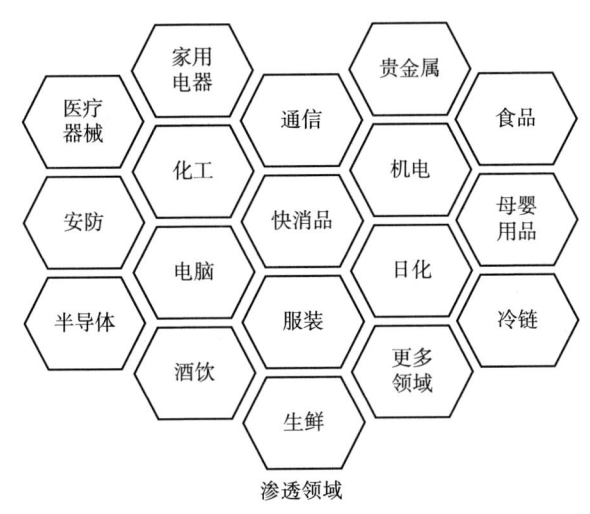

图 9-10 怡亚通业务

渗透领域：医疗器械、家用电器、通信、贵金属、食品、化工、机电、母婴用品、安防、快消品、日化、电脑、冷链、半导体、服装、更多领域、酒饮、生鲜

第二，跨行业的发展优势使企业业务水平不断上升，怡亚通的服务模式有很强的紧密性和渗透功能，标的客户的上下游客户也可能成为公司服务的对象，这样算来市场空间巨大，延伸效应明显。

第三，经过多年的运作，公司积累了大量的知名客户也逐渐形成了自己的品牌优势，这些无形的资源对公司来说是宝贵的，不仅使得公司业务量增长和收入增加，还在市场上奠定了壁垒式的优势。

第四，先进的计算机管理信息系统为企业的运营和复杂的业务提供了强大的技术支撑，系统中完备的功能模块可以全面支持公司及客户发展业务。公司发达的网络布局较同行业其他企业早先抢占了市场，并在当地形成了优势。

②劣势。

第一，公司业务扩张较为迅速，但内部有限的资源与其业务增长幅度不能相匹配。目前复合型的人才较少，基础设施的保障程度也不能完全适应增量业务。

第二，新互联网供应链业务缺少经验，在发展的道路上风险较高。这种风险不仅仅是对互联网供应链模块，如果产生连带作用则对公司整体业务产生滞后的影响，且这一新兴业务中又含有众多的子模块，对每个风险点的把控都是一种挑战。

第三，业务范围的扩展和业务量的持续上升对公司自有资金的需求加大，公司目前自有资金较少，资产负债率过高，如果不能依靠资本市场的非公开发行募集，则对现金流形成了压力。

③机遇。

第一，我国供应链行业未来市场增长迅速，发展潜力大，是一个看不见的天花板；同时，随着相关服务对象行业趋于利好，其相应的供应链服业务也会有更多的需求。政策法规的出台对物流及供应链行业的发展提供了相应的支持,鼓励打造高端物流的主导产业,特别是企业注册地深圳,由于其特殊的地理位置和近年来的发展态势,对非核心业务外包产业的支持是一个极大的利好。

第二,供应链服务的行业覆盖范围广,其提供的服务是互惠共赢的,在为核心企业解决需求方案的同时,加速了行业内的整合,这也是国内企业做大做强的整体发展趋势。由于行业的进入障碍高,一些潜在进入者由于资金、人才和品牌等壁垒限制,难以涉足该领域,形势对于起步较早的怡亚通来说是有利。

第三,很多世界 500 强等知名企业是怡亚通的忠实客户,经过多年的长期合作保持良好的伙伴关系,客户转移的风险小。国际上提供供应链服务的公司在国内市场的成长过程中并不顺利,本土供应链公司竞争实力突出。互联网+的概念为供应链服务企业提供了创新的思路和服务理念。基于此怡亚通有巨大的市场空间,后期的增长会大幅度提升。

④威胁。

第一,怡亚通的供应链管理服务模式随着全球经济一体化的加速而方兴未艾,越来越多企业加入行业中,存在一定的竞争风险。而这种竞争不仅体现在本行业的竞争对手或者潜在的进入者身上,更体现在其他行业如互联网企业、电商企业或者标的企业的自建供应链竞争上。

第二,信息技术特别是互联网技术的日益升级为公司的发展带来潜在的威胁。工业 4.0 和机器人在产业中的日渐普及,在生产制造和流通环节节省了大量的人力物力,对仓储物流环节可以产生替代作用。

第三,公司多年来一直从事供应链服务等相关业务,如果未来发展不及预期,就涉及业务转型,但就现有的专业程度来看,转型面临的阻力较大。专业型的公司已在市场范围内布局,如果作为新进入者会有阻力。

(三)顺丰控股股份有限公司①

1. 企业简介

1993 年,顺丰控股股份有限公司(以下简称"顺丰")诞生于广东顺德,经过多年发展,已成为国内领先的快递物流综合服务商、全球第四大快递公司。

顺丰是国内领先的快递物流综合服务商,具有为客户提供一体化综合物流解决方案的能力,不仅提供配送端的高质量物流服务,还延伸至价值链前端的产、供、销、配等环节,从消费者需求出发,以数据为牵引,利用大数据分析和云计

---

① 根据顺丰控股股份有限公司(https://www.sf-express.com/)相关资料整理所得。

算技术，为客户提供智能仓储管理、销售预测、大数据自助分析等一揽子解决方案。顺丰同时还是一家具有网络规模优势的智能物流运营商，拥有对全网络强有力管控的经营模式。

（1）组织架构。

2015 年，顺丰进行了一次剧烈的组织架构变革来推动自己的多元化发展，以实现自己的"三流（物流、信息流、资金流）合一"。在这次变革之中，顺丰适当地放权，从一个总部集权管理逐步过渡到各部门的独立分权管理体系，把之前全部集中在集团总部层面的战略规划、经营和服务三大职能，打造成三个大的管理集团，分别负责战略研究、经营、资源型服务工作三个大的方向。其又将自己的业务板块划分为五大业务事业群——速运事业群、商业事业群、供应链事业群、仓配物流事业群、金融服务事业群，让这些事业群进行独立的运营。其组织架构，如图 9 – 11 所示。

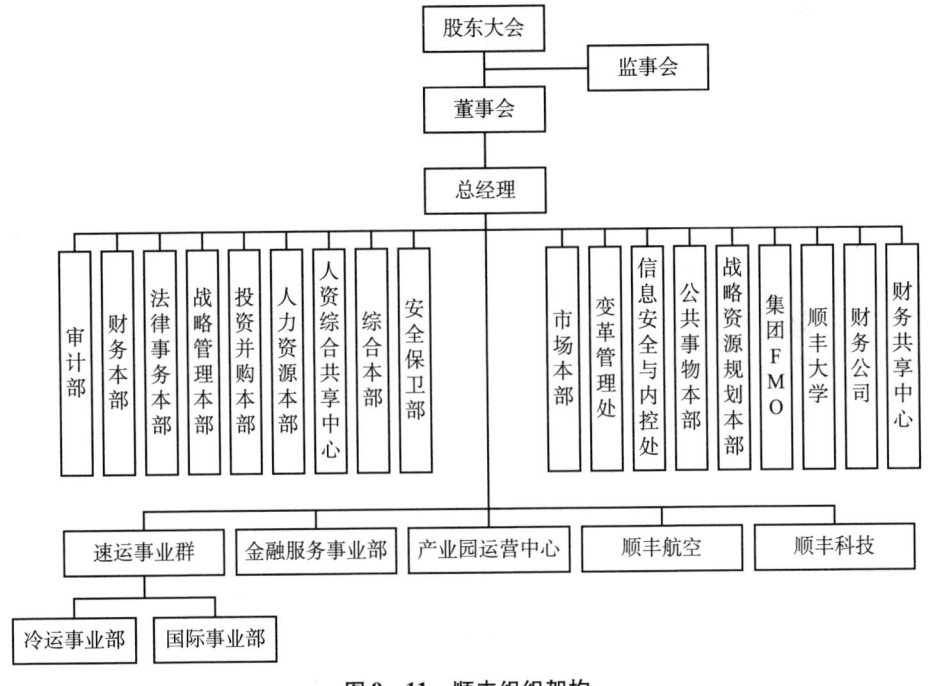

图 9 – 11　顺丰组织架构

（2）企业现状。

按月度经营数据口径粗略计算，顺丰控股 2020 年实现营业收入 1517.43 亿元，完成快递件量 81.37 亿票。相较于 2019 年年报数据中的营收 1121.93 亿元和 48.31 亿票，2020 年，顺丰营收和业务量增幅分别可达到 35.25% 和 68.43%。

按照国家邮政局发布的 2020 年快递服务满意度调查和时限测试结果，在全国品牌快递企业中，按快递企业总体满意度、公众满意度、全程时限和 72 小时准时率排名，顺丰均居于第一。在快递物流行业竞争空前激烈的背景下，顺丰领先于行业水平的航空货运机队规模，为其效率和服务质量提供了有力的支撑。

2021 年春节前，顺丰连发两则重磅消息：一是以 176 亿港元要约收购嘉里物流 51.8% 股权；二是发布募资 220 亿元的定增预案。2 月 10 日，顺丰控股报收 117.10 元/股，上涨 10%，总市值达到 5335.6 亿元的历史高位。这相当于中通的 2.6 倍，韵达的 10.6 倍，圆通的 14.5 倍，申通的 33.8 倍，"三通一达"市值全部加起来还抵不上一个顺丰。

2020 年，顺丰持续加大自动化、AIOT、区块链等新技术投入，不断提升物流效率及智能化水平；进一步加深各业务板块的营运资源、业务与科技，不同地区之间公司与生态圈企业等全方位地协同融合，实现同城、快递、快运资源共享，提升服务的效率与灵活性；在继续开拓新业务板块的同时，针对时效快递，继续通过"时效提升+服务升级"双管齐下，拓展产品覆盖范围，获取增量。据公司年报，截至 2019 年底，顺丰已获得及申报中的专利共有 2361 项，软件著作权 1220 个；其中，2019 年发明专利申请量占到 2019 年专利申请总量的 60%，专利持有量在国内快递行业排名首位。年报中还透露，公司拥有包括无人机、自动化与机器人、数据灯塔、计算机视觉等技术，提供了业内领先的信息安全、可持续包装、区块链产品业务化解决方案。2019 年，顺丰的研发费用为 11.9 亿元，远超同行十倍以上，占总营收的比重甚至和主流科技公司不相上下。

（3）企业战略。

顺丰以"成就客户，推动经济，发展民族速递业"为经营理念。顺丰积极探索客户需求，不断推出新的服务项目，为客户的产品提供快速安全的流通渠道，帮助客户更快更好地对市场做出反应，推出新的产品和调整策略，缩短贸易周期，降低经营成本，促进客户竞争力的提高。

顺丰全部采用自建、自营的方式建立自己的速递网络，特别是 2002 年集团总部成立以来，更加致力于加强公司的基础建设，统一全国各个网点的经营理念，大力推行工作流程的标准化，提高设备和系统的科技含量，提升员工的业务技能和素质，努力为客户提供更优质的服务，不遗余力地塑造顺丰这一民族速递品牌。

2. 企业分析

（1）组织分析。

为了实现"做中国最好的速递公司"的发展目标，顺丰不断运用现代化管理及高科技技术提升公司在技术、运营和管理方面的科技优势，建立先进的货品物流与信息流双重网络，实现了货品全流程的数据传输和自动化管理，为客户提供优质、安全、高效的快运服务。拥有雄厚的实力和广阔前景的顺丰吸引了一大批优秀的专业技术和管理人才。公司非常重视速递业务中物流信息技术的运用，位于总部的咨询科技中心以及设立在北京的研究院致力于顺丰网络信息管理系统的研发，在信息技术、信息系统和信息管理三方面提升公司的核心竞争力。

（2）SWOT 分析。

①优势。

第一，速度优势。速度是快递市场竞争的决定性因素。想要分到更多的市场份额，快递企业必须把速度放在第一位。据了解，无论是同城快递还是成绩快递，民营快递企业都比 EMS 快约 50%，而顺丰，则依然比其他民营快递快约 20%。与此同时，顺丰在 2010 年创建了属于自己的航空公司，有着自己的专运货机，这无论从配货的机动性上还是从输送快件的时效性上来看，都是富有相当的主动性，显而易见，是速度造就了顺丰的成功。

第二，经营灵活。顺丰速运的经营方式相对于中国邮政和国营快递就更加灵活。在服务方式上，民营快递实行门到门服务，手对手交接。上门收件送件，对大客户还可派驻专人到客户处提供收发快件服务。且对寄件封装、重量、尺寸，运递要求没有过多的限制。在服务时间上，灵活的民营快递企业更具竞争力。顺丰目前实行的两班制，属于昼夜不间断的运营机制，保证客户的快件能够在第一时间进行中转派送。

第三，企业文化。顺丰有着自身的一套较为完善的激励奖惩机制，以及较为健全的交通输送网络，可以保证速度与服务质量的高效完成；有着自己崇高的企业愿景，即"成就客户，推动经济，发展民族速递业"，"成为最值得信赖和尊敬的速运公司"，也有着全面的企业核心价值观。

②劣势。

第一，从业人员素质普遍较低。由于民营快递对从业人员的素质要求普遍不高，行业技术含量低，初始资本投入较少，行业利润较大，容易进入，并且廉价劳动力市场充足，因此导致快递市场很不规范。另外，国家对民营快递企业的管理相对"真空"，有些企业仅追求短期效益，管理松散，人员流动性大，失信于客户的事时有发生，这大大影响了民营快递企业的整体信誉。

第二，资金不足，融资渠道不畅通。物流快递企业是资金投入比较大的行业，FedEx、UPS、DHL每年都以几十亿元的投入来扩大和完善其服务，而顺丰速运却是完全采用自身的经济实力来维持着企业的发展，这在很大程度上制约了顺丰的快速壮大。企业自身的经济实力尚为强大，但自给自足的运作模式依然有很大制约性。从全国工商联编写的《中国民营企业发展报告》蓝皮书中看到，民营企业融资通过银行贷款仅4%、非金融机构2.6%、其他渠道2.9%，自我融资的比例高达90.5%。融资在一定程度上成了民营企业发展壮大的"瓶颈"。

第三，快递网络局限。EMS作为我国邮政快递的龙头老大，它以无人能比的网络优势在开展国内快递。而对于顺丰来说，与EMS及其他大型民营快递相比，其最大的劣势在于网络的相对不健全，在涉及偏远或较不发达地区，顺丰的快递业务尚未触及，这或多或少地减少了顺丰的发展机会。

③威胁。

激烈的市场竞争。我国快递市场目前的形势是国际快递巨头、国有快递和民营快递多方并存的局面，民营快递从诞生起就生存在夹缝之中。同时，在民营快递之间也进行着激烈的战争，同时间存在着大量的内讧，顺丰要想在这激烈的竞争中脱颖而出，确实需要付出更多的努力。

④机会。

第一，加入WTO后的机遇。首先，我国加入WTO后，对外贸易将在20～30年保持快速增长。一直得益于外贸的民营快递也必然受到"牵动效应"的影响，市场前景看好。其次，外贸的进入为顺丰速运带来了全新的经营理念、一流的技术及追求个性的服务方式，为顺丰速运的发展提供了学习的契机。

第二，EMS的市场份额逐年递减。EMS市场占有率的萎缩无疑使顺丰获得更为广阔的发展空间。

第三，电子商务日益发展，配送市场潜力巨大。随着电子商务的迅速兴起，物流配送需求的数量与类型大量增加。在强烈运输需求的推动下，快递货物运量快速增长。此外，以因特网为平台的电子商务必将引起在线交易呈几何速度增长，配送瓶颈的解决需要大量的门到门服务，这些都为顺丰速运提供了广阔的发展空间。

第四，快递业增长迅速为顺丰的发展提供了良好的机遇。快递业本身就是个正处于发展的行业，同时中国的第三方物流市场也还处于初级发展阶段。而快递业作为物流业的重要组成部分，发展空间较大，大环境的发展趋势为顺丰速运的未来提供了一个良好的发展机会。

(四) 申通快递有限公司①

1. 企业简介

申通快递有限公司（以下简称"申通快递"）初创于1993年，公司致力于民族品牌的建设和发展，不断完善终端网络、中转运输网络和信息网络三网一体的立体运行体系，立足传统快递业务，全面进入电子商务领域，以专业的服务和严格的质量管理推动中国快递行业的发展。

2009年修正的《中华人民共和国邮政法》正式实施后，为邮政行业的良性发展提供了有力的法律保障，也为行业内的快递企业自身规范提供了依据。申通快递作为起步较早，网络覆盖面最大的民营快递企业，终于由当初的"黑快递"企业，转变成中国邮政业的重要组成部分，这对于国内快递企业而言，有着开天辟地的意义。

2010~2011年申通快递在全国布局已经形成，网点覆盖全国各大省市县级区域，苏浙沪地区基本实现派送无盲区。公司营运产能不断增长，服务质量稳步提升，公司品牌和形象的统一建设深入推进，成为国内快递网络较完整、规模较庞大的民营快递体系之一。

（1）组织架构。

申通快递采用以加盟为主的经营模式，加盟模式有利于网络快速布局，快递公司只建设转运中心，服务网点是加盟商独立法人运作，快递公司负责中转和中转仓所有业务，包括干线运输线路的运输成本、分拣、称重等，加盟网点负责支线运输和配送运输。加盟形式下，快递公司对所有费用进行统一结算，寄件方所在的服务网点向快递公司支付面单费、物料费、中转费和收件地的派送费等费用，并由快递公司向派件方所在的服务网点支付派送费。申通快递组织架构，如图9-12所示。

（2）企业现状。

2016年12月30日，申通快递在深交所上市，为中国快递行业上市军团再添劲军。截至2018年，申通快递服务网络共包括转运中心85家，航空部56家，独立网点1772家，服务网点及门店20000余家，品牌总体从业人员超过30万人，形成了覆盖率领先的快递服务网络。同时，公司进行中的改、扩、建中转场地为33个，上半年，公司开通路由达到4000余条，运能由2016年的14582吨/

---

① 根据申通快递有限公司（http://www.sto.cn）相关资料整理所得。

天，提升至 16300 吨/天，为适应大物流、大中转发展需求，我们正和厂家积极合作共同研发集装化干线运输设备，摆挂式智能中转场调运装备。截至 2021 年 1 月，公司拥有独立网点及分公司超 4500 家，服务网点及门店 25000 余个，从业人员超过 30 万人，每年新增就业岗位近 1 万个。申通快递在全国范围内形成了完善、流畅的自营快递网络。

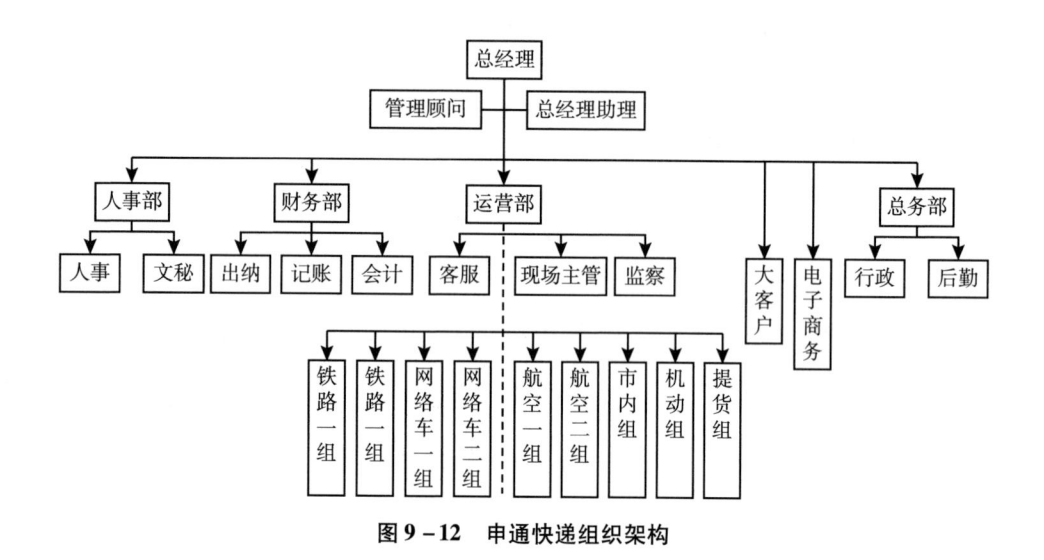

图 9-12 申通快递组织架构

在国际业务方面，申通快递的国际化进程进一步加快，其中从广州口岸顺利完成跨境电商进口通关试运行到与波兰邮政签订合作协议，再到法国邮政和 DPD 集团到访申通集团并达成初步战略合作意向，其中，申通将与波兰邮政深化合作，整合利用中欧专列、航空包机、海运等资源，在波兰建立东欧地区物流转运中心和多个海外仓，全面拓展中欧小包、国际专线等快递业务，推动申通快递走向欧洲，建立中国—欧洲双向辐射的快递枢纽。

(3) 企业战略。

未来，申通快递将继续以快递为基础，在深耕主业的基础上，打通上下游，发展快递、快运、国际、金融、数据和供应链六大业务板块，从而进行多元化开拓增加发展的新动能，最终将申通快递打造成以快递业务为核心的国际化综合物流服务集团企业。

申通快递的产品主要体现在快递产品方面。一是标准产品。汽运时效产品，限时递、当日递、次晨递、24 小时件、48 小时件、72 小时件；航空时效产品为重点城市间 24 小时件。二是增值产品。推出承诺达、代收货款等，此外，申通快递及子公司还提供信封、文件袋、纸箱等快递包装物销售服务。其次在国际产品方面，目前主要有国际小包、国际邮政包裹、海外仓等业务，服务地区覆盖美国、澳大利亚、俄罗斯、英国、日本、韩国等地区。

在供应链产品方面，一是仓储产品，致力成为专业的第三方仓储物流供应链服务商，专注为电子商务行业提供仓储、精细加工及配送管理一站式服务。二是冷链产品，申通快递投资设立了上海申雪供应链管理有限公司，主要提供冷藏、冷冻仓储并提供冷链当日配、次日配、隔日配等供应链服务，冷链成为申通快递重要的战略发展内容之一。同时，申通快递再下重拳，联合河南日报报业集团与河南通通优品科技有限公司投资9亿元，共同建设中国（郑州）冷链交易中心项目，这也是申通快递加快冷链战略的重要举措。

2. 企业分析

（1）组织分析。

标准化运营体系建设是申通快递实现内部协同发展战略的关键一环，也是建立健全申通快递管理生态体系的必备环节。在业务运营方面，公司拥有规范的业务标准化流程，统一操作标准与规范，提高公司的业务质量，重点做好仓储操作规范、派送操作规范、客服信息反馈处理操作规范、货款回笼操作规范、异常情况处理操作规范等，从而进一步细化业务相关的操作流程，明确流程标准，通过业务运营体系的标准化推进公司真正成为快递行业中的典范；在客户服务方面，加强客服体系建设，通过发挥和应用新型的移动互联网工具以及智能化模块的建设，全力推进客服智能化工程，同时加强客户服务标准化培训，着力推广客服标准化流程；在企业形象标准化方面，公司已经建立了统一的品牌形象识别系统，确保企业形象在任何场景使用的规范化和统一性。

作为成立最早的一批民营快递企业，申通快递公司积累了众多快递行业专业人才，公司管理层在市场营销、客户服务、物流管理、加盟连锁等领域积累了丰富的实践经验。近年来，申通快递持续推动人才优先发展战略，通过创建人才结构新模式，即实现由单一型人才向复合型人才转型，在岗位结构上，实行管理、专业、技术、业务"四个序列"的人才结构；在人才培养方面上，实现以内为主、内外结合的人才培养模式，全面推进人才的素质提升；在知识结构上，实行专业化、知识化和国际化人才结构搭建，并联合国内及国际名牌高校探索合作培养模式，做好高精尖人才的储备工作。

（2）SWOT分析。

申通快递SWOT分析如表9-3所示。

表 9-3　　　　　　　　　　申通快递 SWOT 分析

类别			具体内容
优势(S)	内部因素	1	相对于同行业，速度快，效率较高，服务灵活
		2	物流信息详细，价格相对而言较合理
		3	其遍布广、网点多、业务范围较大
		4	作为本土快递企业，其在运营过程中能够融入中国文化，使得服务更合适中国人的需要
		5	积极开拓新兴业务，包括电子商务物流配送服务、第三方物流和仓储服务、代收货款业务、贵重物品通道服务等，目前已经成为国内最重要的电子商务物流供应商
劣势(W)	内部因素	1	因网点过多而出现服务质量难以得到保证的情况
		2	从管理人员素质方面来看，由于我国物流人员的缺乏，新兴的快递业很难找到高素质的人才，从而使行业整体管理人员素质较低
		3	国内快递市场竞争激烈，处于无序、混乱状态，市场监督主体不明确
		4	在中国快递市场中，联邦快递、UPS、EMS 占据着主导地位，拥有绝对的优势，使民营快递发展受到阻碍
机会(O)	外部环境	1	网络购物市场的兴起，为快递业提供了新的业务增长点
		2	持续稳定增长的国内宏观经济，为快递业提供了良好的快递基础
		3	外贸进出口的增长，为快递企业开辟了更广阔的发展空间
		4	快递市场规模的增长随着物流规模的增长而增长
		5	信息技术的发展，特别是互联网发展，成为快递发展最有力的推动器
		6	交通运输条件的改善为我国本土快递业的网络编制提供了最基础的条件
威胁(T)	外部环境	1	业内竞争激烈。外资快递企业、国有快递企业、其他大型民营快递企业、小型民营快递企业都在积极地争夺市场
		2	相关法律与政策滞后。扶持快递服务发展的配套政策不完备，车辆进城难、发展融资难、企业用地难、空运租舱难等问题突出
		3	市场竞争有待规范。部分快递企业把低价竞争作为市场营销的主要手段，导致"谁先涨价谁先垮、谁不涨价谁等垮"的无序号竞争现象蔓延，阻碍市场健康发展
		4	产业集中度低。市场准入门槛较低，导致近年来快递企业数量激增，盲目扩张，"小、弱、散、差"现象突出，缺乏口碑优，实务强，网络全，具有国际竞争力的大型快递企业
		5	从业人员素质偏低。快递从业人员流动性大，大数快递企业没有建立业务和技能培训制度、站夜话、技能型人员紧缺，管理、运营、技术等方面的专业人才匮乏，严重制约了企业的发展

（五）德邦物流股份有限公司①

1. 企业简介

德邦物流股份有限公司（以下简称"德邦快递"）成立于1996年，致力成为以客户为中心，覆盖快递、快运、整车、仓储与供应链、跨境等多元业务的综合性物流供应商。我们凭借坚实的网络基础、强大的人才储备、深刻的市场洞悉，为跨行业的客户创造多元、灵活、高效的物流选择，让物流赋予企业更大的商业价值，赋予消费者更卓越的体验。德邦快递始终紧随客户需求而持续创新，坚持自营门店与事业合伙人相结合的网络拓展模式，搭建优选线路，优化运力成本，为客户提供快速高效、便捷及时、安全可靠的服务。截至2018年12月，全国转运中心总面积168万余平方米，网点10000余家，覆盖全国96%的区县、94%的乡镇，网络覆盖率行业领先，为客户提供标准定价、一单到底的快递服务。目前，德邦正从国际快递、跨境电商、国际货代三大方向切入港澳台及国际市场，已开通港澳台地区以及美国、欧洲、日韩、东南亚、非洲等国家线路，全球员工人数超过14万名。

2018年1月16日，德邦快递在上海证券交易所挂牌上市，正式登陆A股资本市场，简称"德邦股份"。同年7月2日，公司品牌名称正式由"德邦物流"更名为"德邦快递"。

2019年9月1日，2019中国服务业企业500强榜单在济南发布，德邦快递股份有限公司排名第221位。2019年6月11日，德邦快递入选"2019福布斯中国最具创新力企业榜"。2020年7月，2020年《财富》中国500强，德邦物流股份有限公司排名第356位。

（1）组织架构。

德邦快递从初创期开始就进行了多次组织架构的调整。在2016年里，德邦又进行了一次大的组织架构调整，主要进行了四个动作：一是将市场营销本部更名为零担本部；二是成立快运事业群，隶属于总裁，下辖零担本部、快递本部、运营本部；三是成立营管管理部，隶属于快运事业群；四是成立流程与IT本部，隶属于总裁，下辖流程支持部、营运流程支撑中心等。

在2017年初，德邦快递竟又进行了组织架构变革，并进行多项变动，其中主要的变动有：成立营运事业群、职能事业群隶属于总裁；成立枢纽中心本部、

---

① 根据德邦物流股份有限公司（https://www.deppon.com/）相关资料整理所得。

营运办公室隶属于营运事业群;成立资本运营本部隶属于职能事业部。其变化后的部分组织架构如图 9-13 所示。

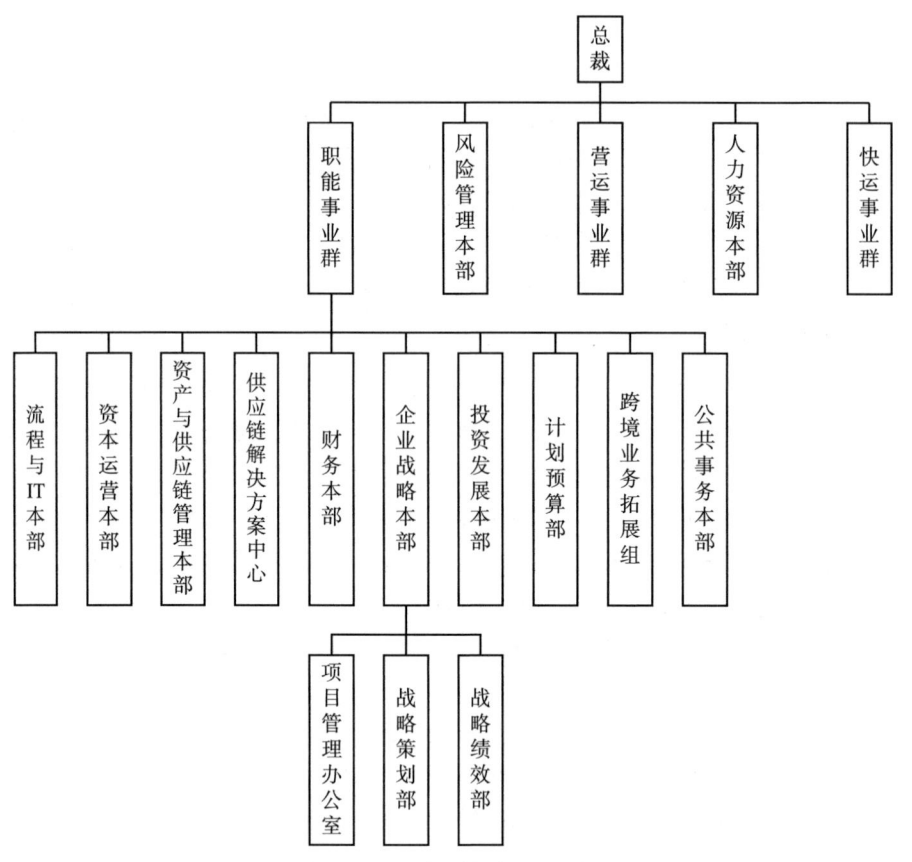

```
                            总裁
        ┌───────────┬───────────┬───────────┬───────────┐
     职能事业群   风险管理本部  营运事业群  人力资源本部  快运事业群
        │
┌───┬───┬───┬───┬───┬───┬───┬───┬───┐
流程与IT本部  资本运营本部  资产与供应链管理本部  供应链解决方案中心  财务本部  企业战略本部  投资发展本部  计划预算部  跨境业务拓展组  公共事务本部
                                                              │
                                                    ┌─────────┼─────────┐
                                              项目管理办公室  战略策划部  战略绩效部
```

图 9-13 德邦快递组织架构

(2) 企业现状。

德邦快递凭借坚实的网络基础、强大的人才储备、深刻的市场洞悉,为跨行业的客户创造多元、灵活、高效的物流选择,让物流赋予企业更大的商业价值,赋予消费者更卓越的体验。德邦快递始终紧随客户需求而持续创新,坚持直营模式为主的经营模式,搭建优选线路,优化运力成本,为客户提供快速高效、便捷及时、安全可靠的服务。公司主要产品包括快运业务、快递业务和其他业务(仓储供应链、跨境等)。

2018 年德邦快递经营收入达到 230.25 亿元,净利润达到 7 亿元,扣非净利润达到 4.56 亿元,分别较 2017 年增长 13.15%、28.13% 和 45.29%。2018 年,德邦快递业务量为 4.83 亿票,同比增长 54.21%。

在主营业务中，快递业务收入为113.97亿元，同比增长64.50%，高于行业平均增速；毛利率为9.32%，同比增长3.87个百分点；快递业务量为4.47亿票，同比增长63.87%；快递票均收入为25.49元，同比上涨0.39%。

快运业务2018年收入为112.06亿元，同比下降13.76%，主要受公司产品结构优化升级、整车业务处于战略调整期，业务量有所收窄带来的综合影响。2018年快运业务毛利率为19.06%，同比上升1.42个百分点，显示出盈利能力增强。

其他业务（包含仓储与供应链、跨境业务）收入为4.22亿元，同比下降1.44%，主要是受2017年金融业务剥离影响所致。剔除后其他业务收入同比增长5.75%。业务毛利率为11.22%，同比增加1.70个百分点。

（3）企业战略。

德邦快递一直以标准化的服务引领行业，通过统一的车体形象、店面形象、员工形象和操作标准，让客户全方位体验到德邦快递始终如一的专业服务。根据客户的不同需求，通过定制化的创新为各行业客户提供代收货款、签单返回、保价运输、安全包装等增值服务。致力成为以客户为中心，覆盖零担、快递、整车、仓储与供应链、跨境等多元业务的综合性物流服务商。

2018年7月2日，"大件快递大有可为"德邦快递2018战略发布会在北京"水立方"开启。本次发布会上，将原德邦物流正式更名为德邦快递。同时，德邦快递更名后推出了行业内第一款真正意义的大件快递产品——大件快递3~60kg。并将以产品组合和服务定义大件快递服务。现场，德邦快递"首席体验官"、中国顶级篮球运动员易建联先生成为了大件快递3~60kg产品的首位用户，亲自感受德邦大件快递服务。

2. 企业分析

（1）组织分析。

德邦快递为全面发力快递业务，将巩固公路快运业务的领先地位，扩大核心竞争优势。公司将积极推进客户导向、产品创新、精益运营和决胜区域四大战略的落地。快递业务方面，公司将加大对三大核心经济圈的投入，紧绕客户不同需求，不断丰富产品矩阵，通过技术整合、智慧赋能等举措实现降本增效，并不断优化客户体验，提升客户满意度和黏性。快运业务方面，公司将强化优势业务，完善业务结构，巩固公司快运领导地位。

不过，目前快递业集中度继续走高，市场竞争激烈，相较进入市场更早的通达系，德邦快递主要面向新兴的大件快递市场，现有的市场份额有限。加之大件快递的运输难度，德邦快递在快运业务上的高服务口碑未能延续至快递领域。

人工费用及运输费用成本合计占德邦快递2018年营业成本的81.77%。伴随着德邦快递业务规模的扩张，特别是快递业务的快速发展导致用工需求大幅增加，带来了更大的人力成本压力。近年来，随着人口红利逐渐消失，社会人工薪酬福利水平不断升高，预计会对德邦未来的盈利能力造成一定的压力。

（2）SWOT 分析。

①优势。

第一，安全质量管理方面。德邦通过 FOSS、PDA、CRM、官网平台、App 等系统，实现营运端到端的透明化管理，多样化智能侦测和手机实时查看。建立以人员优化、日常管理、车辆保障、线路风险预防等方面的车辆安全防控体系，长短途百万公里事故率呈逐年下降趋势，在同行业中一直保持较好的水平。

第二，信息化管理方面。信息化是现代物流发展的必由之路，也是德邦快递精细化管理的重点。目前，公司旗下的德邦科技拥有 138 个 IT 系统、57 个 IT 项目、5 个开发平台。每年投入超过 5 亿元，未来将继续加大 IT 资源投入，让快递插上科技的翅膀。

第三，人才管理方面。2006 年德邦快递在同行业最早启动校园招聘以来，至 2019 年已累计招聘 1 万余名本硕博应届毕业生；2012～2018 年连续 7 年荣获中国年度最佳雇主。德邦快递拥有独特的人才培训选拔体系，以个人能力为核心，公平公开公正。以进取者为本，以业绩为核心，通过不断优化绩效考核，使资源向绩优者倾斜，激励员工专注提升客户服务体验。

②劣势。

第一，运输价格偏高。德邦一直集中发展公路零担物流，定位致力于中高端物流市场，但随着近年来电子商务的飞速发展，快递也迅速地崛起，德邦快递也开始向快递业发展，但并不是很理想。其定位过高，很难进入 80% 的低端市场，整体无法与顺丰、申通、圆通的快递公司相比。

第二，网点开设过快。德邦快递现在全国有 6800 多家直营门店，但管理水平良莠不齐。直营店的开设对公司差异化战略的品牌形象树立确实有所帮助，但弊端也很多，比如网点分布过去密集，缺乏合理性，广州这一个城市就有 100 多家直营店，而相邻的几个城市却只有十几个营业点，这种分布情况不仅仅是经济发展的不均衡导致的，主要原因是德邦快递对营业额的预算不准确，这会使公司错失很多盈利机会。

第三，主营业务单一。德邦快递集中经营零担业务，其他仅有的几个业务也都是公路货运。在近几年的发展过程中，零担业务的盈利空间已经变得非常小，不仅有其他同行间的市场抢占，且经济大环境也显示，快递业务早已成为物流业的新星。德邦快递再故步自封，只能使企业面临越来越小的市场和盈利。

第四，进军快递业后优势不明显。德邦快递的主营业务是零担，主要运输服务集中在卡运，其物流网络已经较为完善。德邦快递进军快递业之后并没有一鸣惊人，经过近三年的发展，其快递业务范围依旧覆盖不到其货运的范畴。在平时的生活中，邮寄和收取快递都很少见到德邦快递的身影。这个大的市场处于飞速发展期，德邦快递应该认真思考原因，发现自身问题，解决问题，改变发展战略，抓住市场，以谋求企业更长久的发展。

③威胁。

第一，购买者的议价能力。德邦快递主要客户都是一些行业内的大型企业，知名度高且货物运输量巨大，很多物流企业都翘首企盼可以与之合作，所以稍有疏忽合作联盟关系就会被觊觎者破坏。这种竞争环境使得德邦快递不得不在一些特殊环境下降低服务价格来迎合企业的合作。

第二，货运成本的价格压力。德邦快递的公路货运是主营业务，这就需要企业拥有大量的公路货运汽车，德邦快递的汽车一般为自有车辆，但油价的上涨就会影响到企业的成本，成本上升利润自然下降，此外，员工的工资水平提高也自然会影响到企业的利润所得。此外，仓库是物流企业必不可少的部分，德邦快递的仓库大多为公司所有，但也有相当一部分为外部租用所得，租金的上涨就会影响企业的整体收益。

④机会。

第一，运营管理层面，不断加强自主创新。业务流程合理化，绩效监控动态化，管理改善持续化。烦冗的业务流程会大大降低工作效率，每一个中间环节的成败与企业最后的利益息息相关。复杂的流程也会对顾客的满意度造成一定的影响，同时会造成资源浪费和成本的提高。以公司的管理需求为基础，设计实时动态监控绩效系统，既可以保证公司的日常应用，又可以及时发现操作过程中的错误，尽早控制和改正，保证管理系统准确、高效地运行。公司应设立专门的机构，制订明确的行动计划，实时性、周期性地对管理系统进行优化和创新。

第二，客户管理层面，战略实施转向。可以清晰地看到德邦快递的"V+级"和"V级"客户是企业的主要经济贡献体。为了配合实施德邦快递的发展战略。一方面，公司要继续保持对原有重量级客户的高水平服务，提高顾客满意度，保证顾客忠诚度，不仅不让客户流失，更要让忠诚客户为企业带来更多的新用户。另一方面，企业的内部资源和外部优势都德邦快递指向为增长型战略，这说明德邦快递现在处于可扩张阶段，可以加大营销力度，提高德邦快递的知名度，结合现行最受欢迎的和最受人们关注的节目或活动，为其提供赞助，以此来得到更多潜在消费者的熟知和关注，为公司发展更多的新客户，增值创收，使企业在行业中夺得领先地位。

第三，财务管理层面，横纵双向配合。公司需要在保证质量的同时，尽可能提高技术能力，降低成本，提高资源利用率，为公司创财务收入记录。德邦快递以总行一体化为主，相关多元化为辅的战略为财务导向，从两方面入手进行财务层面战略：一方面，纵向一体化的战略会使企业的资金开始分散投入产业链上下游的新业务范畴，要使有限的资金合理地分配到现有项目和新开发项目，这就需要财务部门的管理和研究，科学进行规划，并且制定高系数的风险保障体系，为企业做好守卫；另一方面，为达到财务层面目标，要在整个价值量的所有有可能的环节进行优化，加大降低成本力度，提高现有资源的使用效率。适当地利用外部资源和企业自身的无形资源，例如利用德邦快递的企业知名度和良好形象进行融资，为实现战略的资金需要做足准备。

三、物流行业案例评析

现代物流是指将信息、运输、仓储、装卸、包装等物流活动综合起来的一种新型的集成式管理，尽最大可能降低物流总成本，为客户提供全程物流优质服务，这是铁路现代物流发展亟待解决的关键问题。为此，要加快转变物流服务与运输组织相割裂的传统思维，树立将运输组织管理拓展到物流各环节的全过程管理理念，创新运输组织管理，优化运输组织方式，加快交通现代物流发展，全面提升全程物流运输服务效率。

以运输组织管理创新推动现代物流发展，是对传统运输组织方式和管理方式的一次全面变革。通过优化物流产品设计，更好地适应物流市场和客户需求，进一步增强交通企业物流产品的市场竞争力；通过创新运输组织管理，不断增强现代化物流服务能力，扩大物流业务规模，进一步提升物流服务效率，充分发挥各交通企业在综合交通运输体系中的骨干作用，为促进经济社会持续健康发展提供可靠保障。

因此，在物流企业的战略设计中更应注重。

（一）加强物流管理的综合协调

加强物流管理要从综合协调出发，物流业与其他产业具有明显的不同，物流管理的各项活动贯穿于各个经济领域，因此必须要从物流的综合管理出发，提高物流的综合管理水平。物流业存在于整个经济体，因此难以独立存在。而交通物流业是复合产业，同时又具备局部独立的产业形态，必须要从综合物流管理的模式出发，建立完善的物流控制管理机制，提高物流综合信息管理水平。物流管理要以技术为媒介，形成多个产业交叉行为，形成特殊形态的综合性产业。物流管理体制创新的过程中需要建立完善的内部管理机制，提高物流管理水平。通过产销企业物流服务的外部模式出发，形成一体化的物流供应链管理，保证物流步入一个规范化的轨道。物流渗透到经济领域，必须要保证企业经营活动能够顺利进行，通过经营活动的重合和交叉，形成有效的产业形态，从而能够有效地产生物流经济效益和社会效益。在物流相关管理体制建设的过程中，需要对管理部分进行有效的协调，形成完善的保障机制，坚持多元化沟通制度，为物流创新创造良好的内部条件和外部条件。目前针对我国物流管理横向沟通、分散管理不协调等问题，在今后的物流管理体制创新的过程中要综合协调，从多方面弱化部门利益，从行业管理的规律出发，形成有效的政策理念，按照全局发展的要求引导物流管理体制创新。

1. 物流管理要整合运输资源，建立综合交通运输管理体制

物流管理要协调各种运输模式，因此要解决运输之间的衔接问题，实现物流的全方位畅通。具体实施的过程中要建立综合交通运输管理体制，提高交通综合运输管理能力，为物流业的全面发展营造良好的内部环境和外部环境。物流管理体制创新过程中要采取集中统一管理的模式，对各种物流资源进行有效的整合和优化，提高物流资源的全方位管理水平。物流管理体制创新必须要从多方面的利益出发，要从运输质量出发，从管理体制完善到运输质量提升需要完善的制度支撑，必须要解决运输业发展中的各种瓶颈问题，从薄弱环节入手提高物流的综合管理效率和管理水平。

2. 推进物流领域制度的全面创新

物流制度创新是个系统性工程。制度创新的过程中需要解决政府物流管理部门与物流企业之间权责不清晰的问题，因此物流企业制度创新必须从国家政策出发，按照市场规则的要求提高物流管理体制的创新水平，提高物流企业的综合竞争力，政府应该发挥行政主体的作用。物流企业需要发挥市场主体作用，在以盈利为目的的情况下，必须按照市场规则科学合理地运行。物流管理制度的制定需要从产业政策、产业发展规划、规章制度、技术标准、市场规则等方面出发，同时要加强监督力度，形成完善的监督管理体系，依法履行物流管理的各项职能，提高物流的管理水平和综合效益。

3. 物流管理制度创新要促使国内统一市场形成

现代物流管理的一个重要思想是集约化经营管理，形成一种垂直一体化产物，提高物流控制管理的综合效益。物流市场形成需要建立完善的物流网络系统，让不同企业之间能够在物流模式上进行全面的合作，促使物流能够达到最优的状态。现代物流管理体制建设的过程中不能以单个企业价值为目的，要形成一体化经营管理模式，促使企业的增值能力和增值目标能够顺利实现。

4. 加强物流企业行业协会建设

物流企业的健康稳定发展离不开行业协会等组织的协调和支持，因此在物流业发展的过程中需要积极创造条件，建立完善的物流企业行业协会管理制度，提高物流企业的组织管理和协调能力。行业协会的建立对物流企业的全面优化管理具有重要的影响，在物流快速发展的当今，需要把各种社会资源有效整合在一起，形成物流管理的良好环境，提升物流的综合控制管理。物流的组织控制管理与商业运行规律应紧密联系在一起，需要从物流质量管理角度出发，积极引导物流创新，实现物流的全面协调发展。

（二）加强物流与制造业融合发展

新冠肺炎疫情下，面对全球政治经济格局巨变，"双循环"的新发展格局的提出，尤其是物流作为社会流通体系在"双循环"发展格局中的意义重大。因此，作为民生保障的物流行业更需紧抓机遇，并推进降本增效、提高供应链弹性、促进产业链协同、加强与制造业联动。其中，以六大重点方向构成下一阶段物流行业发展的主线和关键词。

大宗商品物流：支持中长期运输合同及铁、水运输，利好多式联运及三方合同物流。

生产物流：鼓励智能化改造，鼓励推广物流机器人、智能仓储、自动分拣等新型物流技术设备。

消费物流：鼓励高品质、差异化的消费物流发展，推进冷链、生鲜/农产品物流基础设施及供应链发展。

绿色物流：鼓励包装及物流器具绿色化、减量化、循环化，鼓励探索逆向物流。

国际物流：支持国际航空、海运、中欧班列等干线发展，鼓励发展面向高价值货种的全流程航空物流。

应急物流：鼓励物流企业与应急制造商合作。

未来，在"双循环"的大背景下，我国要进一步提升物流产业国际化能力，一方面要坚持市场导向，遵循现代物流产业发展规律，培育国际物流产业市场主体，为市场发展营造良好的营商环境，提升企业国际化能力，支持企业通过兼并收购等方式整合国内国外物流产业资源，发挥规模经济优势。另一方面要加强政策引导，围绕制约我国供给物流发展面临的系统规划、空间布局、资源整合和发展方式等问题精准发力，加强顶层设计，出台提升国际物流能力的指导意见，为鼓励发展国际物流产业营造良好的政策环境。

本 章 小 结

本章重点介绍并分析了"双循环"新发展格局背景下的物流企业及其相关战略。具体来说，本章第一部分从物流行业的现状、问题和趋势三个方面总结概述了物流行业的发展情况；第二部分通过中国邮政、怡亚通、顺丰、申通快递以及德邦快递的企业案例对物流企业的战略实施进行了深度分析；第三部分加强物流管理的综合协调角度对物流行业的案例进行评析。

第十章

交通装备制造企业战略

一、交通装备制造行业发展概述

交通运输设备制造业（transportation equipment manufacturing industry，TEMI）是专门制造交通运输设备的行业，而交通运输设备就是实现交通运输职能的物质载体，其产品与涉及业务一般包括设备主体、零配件、技术维修等。它不仅为国民经济各行业发展输送先进的装备和技术手段，还为社会大众不断升级更新的生活方式提供了支持。交通运输设备制造业包含的种类繁多，产品多样，按照《国民经济行业分类标准》（GB/T4754-2017），其中包括了两个大类，分别是汽车制造业和铁路、船舶、航空航天及其他交通运输设备制造业。各大类别中又包括了不计其数的子行业，按照不同运输方式领域可以大体划分为铁路设备制造、道路设备制造、水上设备制造、航空设备制造以及管道设备制造等；而按照技术特征又可分为固定设备制造（如轨道）、移动设备制造（如高铁）与通信设备制造等。

（一）现状

1. 政策与法律

我国政府大力推动重点领域突破发展，其中就包括了航天航空装备、海洋工程装备及高技术船舶、先进轨道交通装备、节能与新能源汽车四大交通运输设备产业，并指出应积极推动发展服务型制造。

"一带一路"建设对中国开展国际产能合作、中国在国际产业分工中的升级和确立中国在世界的话语权都具有深远的意义。"一带一路"建设的实施，为我国交通运输设备制造业的发展带来了新的机遇，但与机遇同时存在的是，国际市场的开放意味着对我国交通运输设备制造业的产品性能、生产能力、市场开拓能力等方面提出了新的要求。我国在国际上倡导互联互通的理念，努力推广国际交通项目的建设，高速铁路（以下简称"高铁"）成为中央政府力推的第一输出产业。例如，雅万高铁是共建"一带一路"倡议以及中国和印尼务实合作的标志性项目，全长142公里，2022年6月21日，全线13座隧道的全部贯通，而且雅万高铁采用中国自主研发的CRTSIII型板式无砟轨道系统，是我国自主知识产权技术在海外项目的首次使用。

我国对汽车产业的新政策主要集中在鼓励发展自主品牌，保证自主品牌的市场占有率；调整汽车产业结构，鼓励大型并购重组，相继出台二手车评估政策、老旧汽车报废标准等政策。自2011年国家继续以财政补贴形式支持推广节能和新能源汽车，出台扶持节能和新能源汽车的政策，政府对新能源汽车的推广一直在努力中。2012年先后出台了《节能与新能源新产业规划》《节能惠民补贴工程》《新能源汽车产业技术创新工程财政奖励资金管理暂行办法》等政策来鼓励汽车厂商研发新能源领域获得新的突破与发展。2015年国务院通过《1.6L排量及W下排量乘用车型实施减半征收车辆购置税政策》显示对汽车节能减排的政策支持。近来汽车行业新政策频出，指导汽车行业发展方向，并重新平衡各厂商、经销商和消费者之间的利益关系。

2. 经济情况

交通运输设备制造业是装备制造业中的支柱行业，对国民经济贡献巨大，而且，其产品也是其他行业如交通运输业发展的基础。2020年中国机械500强的评选中，一汽汽车、上汽汽车、东风汽车稳居前三位，在前十强中，汽车制造业有五家企业入选，航空、航天器制造与铁路运输设备制造业都有一家企业入选，在入选的500家企业中，交通运输设备制造业有141家企业入选，成为入选企业数最多的行业。

交通运输设备制造业对国民经济的税收稳定增长做出贡献，交通运输设备制造业的发展对于国家财政收入的增加、经济秩序的稳定有重要的意义。近年来我国交通运输设备制造业发展非常迅速，铁路运输设备制造、汽车制造、船舶制造、航天航空设备制造等无论是在产值上还是技术上都提升明显，在国民经济活动中扮演了极其重要的角色，且未来的潜力依然巨大。同时，在传统的装备制造业中交通运输设备制造业属于服务受众更广、发展更趋于现代化的产业。然而，传统的制造业发展模式已经开始制约交通运输设备制造业进一步发展，要素价格上涨，产业平均利润率长期处于较低水平，并且产品优势单一、缺乏差异性和客户黏性也致使其对国内市场的吸引力和在国际上的竞争力都并不占据主导优势。

根据国家统计局发布的数据,2016年交通运输设备制造业(汽车制造业与铁路、船舶、航空航天和其他运输设备制造业数据之和)实现工业销售产值100733.54亿元,占所有工业行业工业销售产值总和的8.74%。行业规模较大,2019年行业内共有规模以上企业(年主营业务收入在2000万元及以上的法人企业)20198家,占所有工业行业规模以上工业企业总数的5.35%。由以上数据可见,交通运输设备制造业是我国工业行业以至整个国民经济的重要组成部分,其发展对于我国制造业以及宏观经济的发展具有重大的推动作用。①

2015~2019年国家GDP温和增长,国民经济状态保持平稳运行(见图10-1)。未来"十四五"期间,汽车产业仍然是国民经济的主要支柱之一。宏观经济的稳中有升,城镇化的推进和实现将成为拉动汽车消费的又一个增长点。国民可支配收入的日益提高为汽车需求和销量持续增长提供了更大的可能性。可以预见,交通装备制造产业中汽车产业将会继续健康发展。

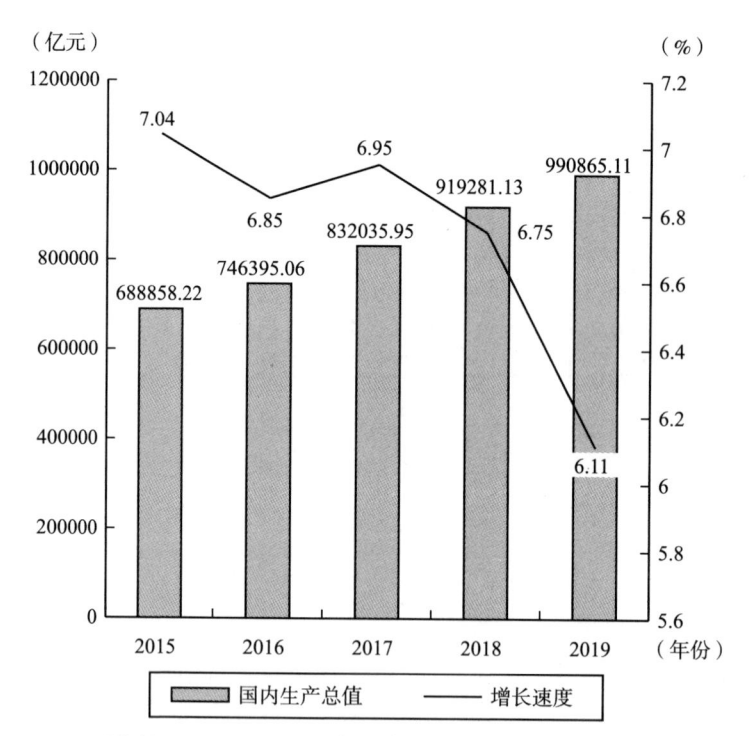

图 10-1 2015~2019 年国内生产总值及其增长速度

资料来源:根据国家统计局国家数据(https://data.stats.gov.cn/easyquery.htm?cn=C01)相关资料整理所得。

---

① 根据国家统计局国家数据(https://data.stats.gov.cn/easyquery.htm?cn=C01)相关资料整理所得。

3. 社会文化

人民生活水平的日益提高，人们的出行需求也呈现多样化、层次化的结构，迅速增长的客运量分散于汽车客运、轨道运输、航运等各个方面。个体私营经济的发展，带来私人汽车的大发展。根据公安部交管局统计，截至2019年上半年，中国汽车保有量已突破2.5亿辆，如图10-2所示，中国千人保有量达到173辆/千人。根据《2015年中国乘用车使用状况白皮书》显示，截至2015年中国乘用车已整体步入维修保养高频时期，不断增长的保有量及车龄将对乘用车的维修、养护、保险等后服务产生巨大的需求。汽车保有量的持续快速增加，使得买车、用车、二手车买卖领域均仍有较大的发展空间，为汽车产业的发展奠定基础。据相关专家预测未来15年内，中国汽车驾驶人数将达10亿。由于此见汽车产业发展前景较好。

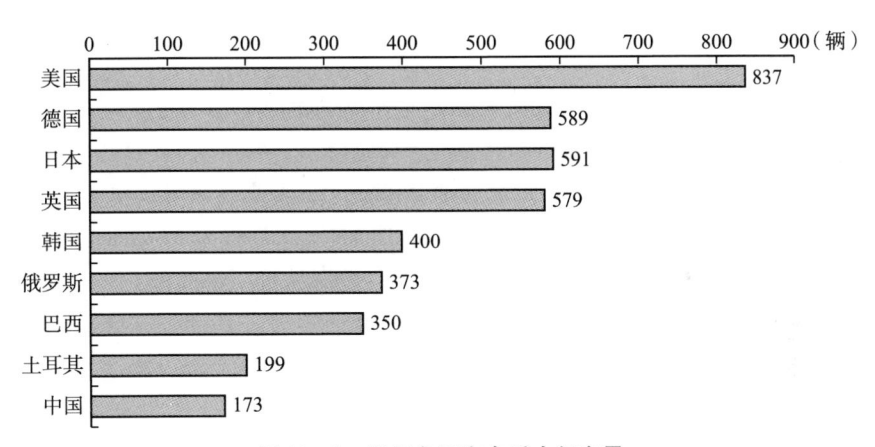

图10-2 世界各国汽车千人保有量

美国 837
德国 589
日本 591
英国 579
韩国 400
俄罗斯 373
巴西 350
土耳其 199
中国 173

资料来源：车聚网。

一个行业解决的就业人口也是该行业对社会文化的影响，以制造产业从业人员作为衡量行业带来的就业量的贡献，可以看出，每年就业人数增长率虽有波动，但大多数年份保持为正数。制造业弥补了大量的就业缺口，是解决就业问题的重要行业，对社会生活的稳定发展也具有较大影响。2006~2019年制造业从业人员统计如图10-3所示。

图 10-3 2006~2019 年制造业从业人员统计

资料来源：车聚网。

4. 技术环境

交通运输设备制造业技术的发展需要新的动力，信息化将是行业提高技术创新能力关键途径。创新是一个复杂的系统性工程，其中（research and development，R&D）是创新的最重要的环节，R&D 也是衡量自主创新能力的重要指标。交通运输设备制造业规模较大，R&D 活动规模也较大。其中，在 R&D 人员方面，2017~2019 年，除铁路、船舶和其他运输设备制造波动幅度较大以外，行业总体以及内部其他各部门人员数量较为稳定；在 R&D 项目方面，项目数量在 2019 年出现了较大幅度的上升，项目经费在 2018 年有稍微下降，但到 2019 年项目经费有较大的上升，说明行业对 R&D 始终保持着高度重视的态度（见表 10-1）。专利数作为技术创新的重要指标之一，也呈现了增长趋势，其中，高技术产业航空、航天器制造单位企业的专利产出数量远大于行业平均水平以及其他两个部门，技术创新成果显著。

其中在汽车制造业方面，为保护环境，汽车生产企业致力于汽车尾气的排放处理和节约燃料。为了防止汽车尾气排放污染空气，出现了电动汽车、混合动力汽车还有氢燃料汽车和生物能源汽车等。在汽车智能化方面，已经取得了斐然的成果。如自动驾驶系统、自动调节速度与车距系统、车辆碰撞预警系统和电子气候系统等。通过网络与所有汽车联通，汽车与交通信号系统联通等技术带来汽车智能化技术的又一次飞跃。

表 10-1　　　2017~2019 年交通运输设备制造业 R&D 情况分析

R&D 情况					
	企业数 （个）	人员 （万人）	项目 （项）	项目经费 （亿元）	有效专利 （件）
交通运输设备制造（2017）	6363	47.3825	42216	1590.4994	74458
汽车制造业	5276	33.7408	30989	1162.2569	45168
铁路、船舶、航空航天和其他运输设备制造业	1087	13.6417	11227	428.2425	29290
交通运输设备制造（2018）	7521	49.6337	44015	1581.6467	90524
汽车制造业	5691	36.5477	32780	1217.7686	57360
铁路、船舶、航空航天和其他运输设备制造业	1830	13.0860	11235	363.8781	33164
交通运输设备制造（2019）	8767	48.4718	52088	1888.7187	101031
汽车制造业	6615	35.4306	38395	1405.1002	62403
铁路、船舶、航空航天和其他运输设备制造业	2152	13.0412	13693	483.6185	38628

资料来源：2017~2019 年的《中国科技统计年鉴》。

（二）问题

1. 行业内的竞争态势

行业内各企业间主要竞争关系存在，其竞争激烈程度主要取决于：企业的数量、实力情况、增长速度、产品的差异化程度。我国交通运输设备制造业产品缺乏差异化，同质化现象较严重，这导致企业面对竞争时往往倾向于价格战，虽然这在一定程度上有利于促进市场扩容，拉动消费，但是长期的价格竞争使企业利润率降低，从而在研发、售后等方面的投入也会相应减少，产品的国际竞争力也会不足。另外，我国交通运输设备制造业在产品聚焦方面也存在较大欠缺，产品战线过长，缺乏强大的品牌产品。

2. 行业内的共性问题

当前我国交通运输设备制造企业大多仍是沿用传统的重型工业发展模式，无论是在要素投入或是企业管理方面都采用粗放式发展，但过度依赖增加生产要素投入来扩大规模不仅消耗了大量资源，违背绿色可持续发展理念，而且在无形中增加了企业成本，降低了净利润。充分的低层次劳动力供给与高层次专业性人才的缺失都间接影响到交通运输设备制造企业对发展模式的选择，这和目前重商轻工的教育环境也有着直接的关系。

3. 产业空间的布局不合理

我国的交通运输设备制造业主要集中于东部、东北以及部分中部地区，从产业梯度转移角度分析，在第三产业迅速发展且逐渐占据主导地位的情况下，目前的空间分布并不是很合理。此外，一些学者的研究表明，无论是交通运输设备制造业还是其中的汽车制造业，当前的产业集聚水平都较低，尤其是汽车制造业的集聚水平在近年来呈现降低的趋势。

4. 企业的创新能力不足

在我国交通运输设备制造企业科技创新类型中，引进消化吸收再创新比重较高，自主创新意识和能力不强，重引进轻吸收现象也很常见。事实上相较于发达国家 R&D 经费支出占 GDP 比重达 3% 以上，我国研发投入仍显不足。制造业服务化的信息交流平台和技术交流平台还比较少，各种配套能力也有待加强。例如我国的汽车制造业，与德国相比，虽然研发投入差距不断缩小，但是差额绝对量仍然相当大。另外，目前产学研一体化机制并不成熟，实用性成果不足，如何有效激发企业科技创新动力值得引起重视。

（三）趋势

交通装备制造业的趋势分析，同样适用于 PEST 分析。

1. 政治法律环境

中国工程院确定的十大重点领域，提出了针对十大重点领域的创新方向与路径，可以看出，国家对制造业在新时代发展非常重视，而交通运输设备制造业作为重点行业，自然应承担起推动中国制造业迈向强大的职责，探究其发展新动力应当是行业内以及学术界的工作重点。国家将创新驱动、质量为先、绿色发展、结构优化、人才为本列为制造业发展的五大基本方针。其中，"创新驱动"方针被列于首位，且规划中明确指出要把创新摆在制造业发展全局的核心位置。

交通运输设备制造业应当坚定不移地实施创新驱动战略，推动和工业技术信息化，开展智能制造，促使交通装备产品的可靠性与先进性，满足国际市场需求。可见，由信息化带动的技术创新将是交通运输设备制造业迎接新的机遇和挑战的最可靠的方式，将是我国交通运输设备制造业应对国际竞争的关键因素。

汽车工业是我国较早实行改革开放的行业之一。国家支持汽车工业引进外资，以合资合作方式引进国外先进技术。近年来支持汽车行业的企业实行股份制改造，建立现代化企业制度，为客车工业的发展提供了便利的环境。

2012年国务院在发布《节能与新能源汽车产业发展规划（2012—2020年）》中首次提出"到2020年，纯电动汽车和插电式混合动力汽车生产能力达200万辆、累计产销量超过500万辆"。

2015年3月18日，交通运输部发布了《关于加快推进新能源汽车在交通运输行业推广应用的实施意见》，提出在城市公交、出租汽车和城市物流配送等领域，新能源汽车在2020年要达到30万辆的目标。

2020年国务院发布《新能源汽车产业发展规划（2021—2035年）》，提出"到2025年，我国新能源汽车市场竞争力明显增强，动力电池、驱动电机、车用操作系统等关键技术取得重大突破，安全水平全面提升。纯电动乘用车新车平均电耗降至12.0千瓦时/百公里，新能源汽车新车销售量达到汽车新车销售总量的20%左右，高度自动驾驶汽车实现限定区域和特定场景商业化应用，充换电服务便利性显著提高。"的愿景。

2. 经济环境

虽然目前世界经济发展放缓，全球复苏之路崎岖艰辛。但是，客车行业属于弱周期行业，且国内需求强劲，主要影响因素表现为：随着城市化进程的不断推进，我国的城镇化率已达60%。在这过程中，城镇道路建设和交通发展在不断地完善，解决城镇公共交通问题为客车行业带来了发展机遇；西部大开发及高等级公路的快速建设也为公路客车提供了新的市场空间；在我国人口基数大且国民生活水平在不断提高，外出及旅游人数的逐年递增，可以有效地拉动客车业的发展；国家继续实施新能源汽车推广及应用补助政，为客车行业提供了创新、发展的稳定保障。

3. 社会文化环境分析

随着经济、技术的不断发展以及居民生活水平的显著提高，人们的生活态度发生了很大转变。如今，人们更注重生活质量的提高和娱乐的多样性。城市公共交通班车、校车接送、长途客车、旅游客车、房车等，使得出行已变得不再受约束，城乡进出方便，过年过节往返自由。

4. 技术及资源环境分析

由于我国汽车工业起步较晚，技术上的克服和学习主要采取了以市场换技术的方式来获得国外先进技术。但，随着企业研发的投入和国家政策的支持，我国客车企业逐步跟上国际汽车工业的脚步并不断向上发展。特别是我国新能源汽车新兴产业正在以非常快的速度发展，并走向产业化。中国的新能源汽车产业将不仅在数量和规模上，而且在综合技术水平上达到世界先进水平。

二、交通装备制造企业战略实施案例

（一）浙江吉利控股集团[①]

1. 公司简介

浙江吉利控股集团（以下简称"吉利控制集团"）始建于1986年，从生产电冰箱零件起步，发展到生产电冰箱、电冰柜、建筑装潢材料和摩托车，1997年进入汽车行业，一直专注实业，专注技术创新和人才培养，不断打基础练内功，坚定不移地推动企业健康可持续发展。现资产总值超过2000亿元，员工总数超过7万多人，连续6年进入世界500强。2017年财富世界五百强中吉利控股集团排名343位。2020年财富世界五百强中吉利控股集团排名243位。

吉利控股集团总部设在杭州，旗下拥有沃尔沃汽车、吉利汽车、领克汽车、Polestar、宝腾汽车、路特斯汽车、伦敦电动汽车、远程新能源商用车等汽车品牌，规划到2020年实现年产销200万辆，进入世界汽车企业前十强。

（1）组织架构。

为实现企业战略目标，吉利的组织架构则被设计为：

（2）企业现状。

吉利控股集团旗下汽车企业在中国上海、杭州、宁波，瑞典哥德堡，英国考文垂，西班牙巴塞罗那，美国加州建有设计、研发中心，研发设计、工程技术人员超过2万人，拥有大量发明创新专利，全部产品拥有完整知识产权。在中国、美国、英国、瑞典、比利时、白俄罗斯、马来西亚建有世界一流的现代化整车工厂，产品销售及服务网络遍布世界各地。

吉利控股集团积极履行社会责任，大力支持社会力量办学，努力践行产学研结合，技师、技工培养，积极投身慈善事业。2016年启动"吉时雨"精准扶贫项目，在集团党委的直接领导下，不断探索，大胆实践有中国特色的社会公益事业，正在全国十多个地市精准帮扶超过12000个贫困家庭。吉利控股集团秉承"快乐人生，吉利相伴"的核心价值理念，长期坚持可持续发展战略，为实现中国汽车强国梦、全球汽车产业转型升级、用户更好体验而不懈努力！

[①] 根据浙江吉利控股集团（https://www.geely.com/）相关资料整理所得。

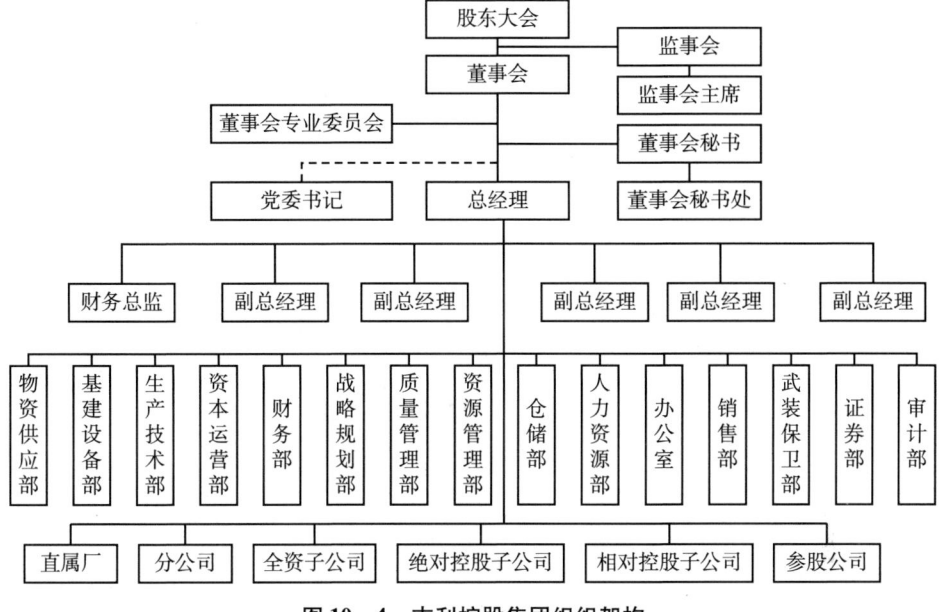

图 10-4 吉利控股集团组织架构

吉利汽车品牌主要有博瑞、博越、帝豪 GL、帝豪 GS、新帝豪、全新远景、远景 SUV 远景 X1 等新款知名品牌,此外还有吉利金刚、吉利熊猫、自由熊等品牌。在 G20 杭州峰会,吉利汽车总共提供了 5 款车型,分别是:博瑞、博越、帝豪 GS、帝豪 EV、远景 SUV,共 330 辆,作为 G20 峰会期间接待、安保、警戒等指定用车。更突显出吉利汽车品牌的优越性,在国际会议的舞台上展示宣传,提升品牌的知名度。

(3)企业战略。

总体战略:在 2020 年达成 200 万部的销售目标,把吉利控股集团打造成为全球前十大汽车工业集团。

战略目标与定位:基于对未来互联趋势和消费者需求的深刻理解,吉利控股集团以沃尔沃汽车公司作为一个龙头,制定了全面的智能互联战略,技术路线和产品规划,紧紧把握电气化、轻量化和智能化等核心技术的研发,力争把吉利控股集团打造成全球前十大汽车工业集团。

2. 企业分析

(1)组织分析。

吉利控股集团在浙江杭州、临海建有吉利汽车技术中心和吉利汽车研究院,形成较强的整车、发动机、变速器和汽车电子电器的开发能力;投资数千万建立浙江汽车安全技术重点实验室,具备中国及欧盟体系下所有整车法规的碰撞试验的能力；自主开发的吉利熊猫、帝豪先后获得五星安全评价；帝豪获得四星安全认定，成为中国首款获得欧洲权威安全评定机构高星级认定的车型之一，被誉为中国汽车行业安全技术的里程碑；吉利汽车首款车型以全球鹰获得"超五星"殊荣，成为自主品牌中绝无仅有的"超五星"车型，超越了众多合资品牌车型；吉利控股集团自主开发的发动机，升功率达到处世界先进，中国领先水平；自主研发并产业化的系列自动变速器，填补了国内汽车领域的空白。

技术水平是决定汽车品质的主要因素，我国汽车行业的自主创新能力不足，技术储备十分限，而汽车技术的提高需要持续投入大量的时间和财力，吉利控股集团的企业底蕴不够深厚，吉利控股集团要想迅速提高竞争地位，单纯依靠自身的积累是不行的，先进的核心生产技术需要从外部引进，通过并购沃尔沃可以走上技术获取捷径。吉利并购沃尔沃，正是看重沃尔沃拥有丰富的汽车技术专利储备，完善品质管控体系。沃尔沃汽车自从创立以来，始终关注汽车安全性能和对环境影响，其产品质量可靠耐用，生产所用材料环保。沃尔沃汽车的主被动安全配置在汽车界是绝对领先的，被称为世界上最安全的汽车。其"自动制动系统""盲点信息系统""驾驶疲劳预警系统"等安全技术是处于全球领先地的沃尔沃还在低碳环保方面的技术研发实力雄厚，拥有3种发动机可以满足欧Ⅵ和欧Ⅶ汽车尾气排放标准。近年来，新能源汽车成为世界汽车行业的发展潮流，沃尔沃投入大量资金研发新能源汽车，推出混合动力汽车项目。收购沃尔沃能帮助吉利抢先进入新能源汽车领域，抢占未来汽车竞争的制高点。沃尔沃还拥有4000多名高素质的研发人才，能帮助吉利建立强大的研发创新队伍，提高自主研发能力。

一直以来吉利汽车的品牌形象是低端的，低廉的成本和价格虽然为吉利带来了丰厚利润，但也给消费者留下质次低端的印象。虽然吉利控股集团一直致力于自主研发，特别是在2007年实施战略转型后，提出了从成本优势到技术优势和品牌服务的转型，取得了一定的成果。不过，由于在技术方面仍远远落后国际先进水平，品牌底蕴不足，缺乏高端的豪华品牌，无法改变"质平价廉"的品牌形象，而且在国外的认可度不高，与国外品牌差距悬殊，成为吉利控股集团进军国际市场的最大瓶颈。快速改变吉利控股集团在消费者心目中固有的印象，已成为吉利控股集团向高端进军的首要任务，但重新建立一个高端品牌是很难的，成为国际知名的品牌就更难了，这需要大量的时间和金钱，效果如何也是未知数。吉利控股集团冲击高端市场是行不通的，收购已经是高端品牌的沃尔沃可以使吉利控股集团"抄近道"，避免了创立新品牌的失败风险。收购沃尔沃可以丰富产品线，弥补吉利控股集团在高端市场品牌的缺失。并购事件本身就是一个品牌传播过程,"蛇吞象"式的轰动效应能吸引世界媒体的关注,相当于在世界范围免费宣传了吉利控股集团,从而提高吉利控股集团的国际认知度,从一个名不见经传的品牌变为世人皆知的"明星",有利于提升吉利控股集团的低端品牌形象。

(2) SWOT 分析。

①优势。

全资收购沃尔沃、澳大利亚 DSI 全球第二大自动变速箱公司、英国伦敦出租车公司、吉利汽车多公司共享技术资源、发挥每个资源的优势;沃尔沃属于高端品牌,是汽车界内安全的代名词;拥有国内较为完整的、水平较高的汽车研究院;汽车生产基地较多,按平台打造生产基地,能将产能最大化、提高生产线的专业化水平,整合当地优势资源,提高运输效率高;高校能源源不断输送企业所需人才,同时又提高了高校的就业率,增加生源,提高教学质量。能根据市场需求情况,采取灵活多变的管理机制;全国销售服务网点多而全。

②劣势。

由于起步晚,品牌知名度低;早期生产的车以价格竞争为主,主力产品价格在3万~4万元,品牌认可度低;管理经验缺乏,都是一步步在摸索中求得发展;产品品质稳定性不高;中长远战略规划不足,影响企业长远发展;当没有足够产品时,生产基地是负担;有点经验丰富的品牌运作的中高级人才较少。

③机遇。

国家战略支持中国品牌汽车工业发展,打造成汽车强国;国家支持基础设施建设,高速公路建设和城市化进程中的路面建设;中国人民银行存贷款利率降低,鼓励消费,刺激内需;国家支持小排量汽车,惠民补贴政策和1.6L下购置税减半政策;油价下调,今后很长一段时间一直处于低油价时代,节假日高速公司免费;国家政策法律法规鼓励新能源汽车;中国人均GDP未来一段会持续增长;中国汽车人均保有量较低,而每年能培养较多的汽车驾驶人员。

④威胁。

合资品牌产品线和产品价格不断下探,利润空间和生存空间受到挤压;主竞品长安汽车产品线更长;配套厂商和客户议价能力增强,利润空间被挤压;经济增长幅度下降,消费者购买愿望下降。

吉利控股集团 SWOT 分析,如图 10-5 所示。

内部因素 战略选择 外部因素	优势（S） 1. 收购 VOLVO 技术优势 2. 品牌优势 3. 专业的、较多的生产基地 4. 高校办学，培养基础人才 5. 机制灵活多变 6. 销售服务网点多而全	劣势（W） 1. 知名度、认知度低 2. 品质不稳定 3. 管理经验缺乏 4. 基地多，产品少成负担 5. 中高级人才较少 6. 中长远规划不足
机会（O） 1. 国家支持自主品牌 2. 基础设施建设逐年增加 3. 存款利率低，鼓励消费 4. 国际政策鼓励小排量车 5. 油价低 6. 人均 GDP 持续增长 7. 人均汽车保有量较低 8. 国家支持新能源汽车	SO 战略 S_1O_1：国家支持发展与技术优势结合，拉长拉宽产品线 S_2O_1：运用沃尔沃高端品牌及技术优势，在国家支持，打造全新品牌 S_6O_4：通过，借助国家对小排量车支持，增加销量 S_1O_6：利用技术优势，并根据经济增长，增加产品线	WO 战略 W_1O_1：运用国家支持小排量汽车制定品牌弱化区域销售 W_5O_1：国家支持自主品牌，招募更多人才 W_6O_7：增长人均汽车保有量这一契机，做好中长远规划 W_4O_3：存款利率降低，鼓励消费汽车产品，研发更多产品让基地产能最大化
威胁（T） 1. 合资品牌产品线拉宽和产品价格下探 2. 主竞争产品线更长 3. 配套厂商和客户议价能力提高 4. 经济增长幅度下降，购买欲望下降	ST 战略 S_1T_1：运用技术上优势，以拳头产品来打击主竞品，占领市场 S_2T_1：通过沃尔沃高端品牌优势，与合资品牌抢占市场 S_1T_4：通过沃尔沃高端品牌，自主品牌价格，凸显性价比	WT 战略 W_1T_1：对合资品牌强势区域合理规避 W_2T_2：自身品质不稳定，避开对主竞品更长产品线

图 10-5　吉利控股集团 SWOT 分析

（二）中国中车股份有限公司[①]

1. 公司简介

中国中车股份有限公司（中文简称"中国中车"，英文简称缩写"CRRC"）是经国务院同意，国务院国资委批准，由中国北车股份有限公司、中国南车股份有限公司按照对等原则合并组建的 A+H 股上市公司。经中国证监会核准，2015 年 6 月 8 日，中国中车在上海证券交易所和香港联交所成功上市。现有 46 家全资及控股子公司，员工 17 万余人。总部设在北京。中国中车承继了中国北车、中国南车的部业务和资产以及优秀文化，承继了中国轨道交通装备制造业的百年积淀，承载着中国高铁走向世界的梦想，是全球规模最大、品种最全、技术领先的轨道交通装备供应商。主要经营：铁路机车车辆、动车组、城市轨道交通车

[①] 根据中国中车股份有限公司（https://www.crrcgc.cc/）相关资料整理所得。

辆、工程机械、各类机电设备、电子设备及零部件、电子电器及环保设备产品的研发、设计、制造、修理、销售、租赁与技术服务；信息咨询；实业投资与管理；资产管理；进出口业务。

（1）组织架构。

中国中车设置董事会办公室等 25 个经营管理机构，其中职能部门 17 个、事业部 8 个。这 25 个组织架构便是未来中车的整体轮廓。各业务板块的梳理将按照该组织架构进行。其中就包括：股东大会公司、中国北车集团大连机车研究所有限公司、青岛四方车辆研究所有限公司、北京北车物流发展有限责任公司、中车进出口有限责任公司、北车兰州机车有限公司、中国北车股份有限公司大连电力牵引研发中心、北车投资租赁有限公司、北京清软英泰信息技术有限公司。

（2）企业现状。

2015 年 6 月 8 日，中国中车在上海证券交易所和香港联交所成功上市。中国中车的成立，是中国轨道交通装备行业提升核心竞争力、打造世界一流跨国企业的重要举措，是中国乃至世界轨道交通发展的重要里程碑，开启了中国轨道交通装备国际化的新征程。

中国中车坚持自主创新、开放创新和协同创新，拥有世界领先的轨道交通装备研发制造平台，高速动车组、大功率机车、铁路货车、城市轨道车辆等产品全面达到世界先进水平，能够适应高温、高湿、高寒、风沙等各类复杂的气候环境条件以及多样化的个性需求，是全球轨道交通行业实现产品类型全覆盖的企业之一。目前，中国中车产品已经出口全球近百个国家和地区，并逐步从产品出口向技术输出、资本输出和全球化经营转变，全球化经营网络基本形成。中国中车坚持自主创新、开放创新和协同创新，持续完善技术创新体系，不断提升技术创新能力，建设了世界领先的轨道交通装备产品技术平台和制造基地，以高速动车组、大功率机车、铁路货车、城市轨道车辆为代表的系列产品，已经全面达到世界先进水平，能够适应各种复杂的地理环境，满足多样化的市场需求。中国中车制造的高速动车组系列产品，已经成为中国向世界展示发展成就的重要名片。产品现已出口全球六大洲近百个国家和地区，并逐步从产品出口向技术输出、资本输出和全球化经营转变。

（3）企业战略。

面向未来，中国中车将以融合全球，超越期待为己任，紧紧抓住"一带一路"建设和全球轨道交通装备产业大发展等机遇，大力实施国际化、多元化、协同化发展战略，全面推进以"转型升级、跨国经营"为主要特征的全球化战略，努力做"互联网＋"的创新排头兵，努力把中国中车建设成为以轨道交通装备为核心，跨国经营、全球领先的高端装备系统解决方案供应商。

中国中车坚决贯彻执行中央"走出去"方针，通过技术引进、合资合作、产品出口、售后服务以及国际交流与海内外朋友建立了平等互利的友好联系。出口产品以质量取胜，实现了产品从批量出口到技术输出、资本输出的跨越。海外目标市场由发展中国家向发达国家拓展，出口产品种类也由单一性向多元化、个性化方向发展。产品出口遍布世界上98个国家和地区。公司致力于为世界提供安全、可靠、高速、舒适、环保的产品和服务，为全球轨道交通的可持续发展提供最有效的解决方案，成为具有国际竞争力的世界一流企业。

2. 企业分析

（1）组织分析。

通过引进消化吸收和自主创新相结合，中国中车所已具备强大的自主研发与创新能力，已构建完成在轨道交通装备牵引传动与控制系统领域的自主创新研发平台，拥有了成熟先进的电气系统集成技术、变流及其控制技术、车载控制与诊断技术、电力电子器件技术、高分子复合材料工程化应用技术、列车运行控制技术、风力发电装备集成及关键部件技术、电动汽车整车集成及关键部件技术、工程机械及其电气控制技术、通信与信息化应用技术等关键核心技术，同步实现了设计、制造与试验平台的完整打造。

中国中车行业地位突出，具备强大的资质实力并享有盛誉，现为变流技术国家工程研究中心的依托单位，城市轨道牵引设备交流传动与控制系统国产化定点单位，铁路产品质量监督检验中心牵引电气设备检验站的挂靠单位，IEC/TC9行业标准的国内归口单位，国家轨道交通高分子材料及制品质量监督检验中心，轨道交通车辆制造技术国家地方联合工程研究中心承建单位，国家能源主动配电网技术研发中心参建单位，湖南省企业技术中心，湖南省减振降噪材料工程技术研究中心，国家兆瓦级风力发电机组变流器高技术产业化示范基地，湖南省电动汽车电传动工程中心的依托单位，国家火炬计划重点高新技术企业，国家专利先进单位，株洲中国轨道交通专利信息中心。

创新不止，领跑不息。中国中车所将继续秉承"诚信、敬业、创新、超越"的企业精神，坚定不移地向着宏伟目标稳步迈进，矢志成为"电气装备、新材料应用产业的领跑者，同心多元化的佼佼者，资产经营与资本营运的完美结合者"。

（2）SWOT分析。

①优势。

第一，中国中车成了完整配套的系统集成的能力，这是中国中车中车的一大优势。

第二，中国高铁在造价、工期、质量、性价比的优势也十分明显，中国中车有的甚至只相当于别人的 2/3，这个优势是非常强的。

第三，中国中车通过吸收消化，比较好地掌握了多种标准的生产能力，这也是其他国家目前比较难比的。同时中国中车还积累了应对复杂多样环境的中车建设的运营环境，因为中国国家大、地形地貌、环境气候十分复杂，这些环境我们都成功地建成运行了，这也是中国中车的一大优势。所以长远来看，中国中车有非常好的"走出去"前景。

②劣势。

2015 年，中国南车与中国北车合并重组，形成中国中车。受到合并企业各自业务板块地理区域的不同以及下属子公司众多等原因，在两者合并之后，增加了内部组织架构的复杂性，除了要考虑销售、生产以及采购等业务整合之外，还必须对管理结构以及新业务进行人事整合。因此，合并组建形成的中国中车若无法较好实现各方面的整合，势必会影响发挥合并后的协同效应，导致短期内无法实现预期目标，从而影响中国中车的日常运作和发展。

大型轨道交通项目自出现开始就面临着社会公益以及商业利益的博弈，当前国际通行模式为 PPP 模式，也就是公司合作伙伴关系，与中国国内以政府主导模式存在很大差异，因此中国中车并不熟悉 PPP 模式，这在一定程度上降低了中国中车开拓海外的竞争力。

③机遇。

随着资源环境约束在全球范围内的日益严格，以"高效、低碳、节约"为核心的可持续发展理念成为普遍共识，在这一背景下，许多国家有了修建高铁的计划，并开始付诸实施。据国际铁路联盟统计，除中国外，现有 10 多个国家正在建设高速铁路，预计未来 10 年的新增里程将达到 1 万公里左右，中国高铁迎来了前所未有的走出国门、进军海外的机会，过去几年中，中国已经与老挝、泰国、美国、俄罗斯、巴西等国签署了高铁协议，与缅甸、波兰、印度和中亚部分国家也达成了合作发展铁路的共识。在我看来，中国高铁能在短短几年间走向海外，主要在于各国对高速铁路日益增长的需求，以及中国中车在技术、运营经验、质量以及性价比等方面所拥有的竞争优势。

④威胁。

在 2011 年温州高铁"7·23"事故发生两年后，巴西高铁开始招标，2014 年世界杯和 2016 年奥运会两大盛事在即，加上宣传中的回报率丰厚，巴西高铁项目的开标引得全球各大高铁公司摩拳擦掌。但是巴西政府规定，凡是过去 5 年内发生过事故的运营商不允许参与竞标，而我们的"动车事故"刚刚过去两年，中国高铁的运营商中国铁路总公司就这样被挡在了门外。表面上看，中国高铁难以参与巴西高铁项目的竞标是因为安全原因,但实际上,技术并不是阻碍,如何突破市场,通过外国复杂的技术认证以及招标程序才是最难的部分。其中,标准不同是中国公司在国际竞争中失利的主要原因,而其中有壁垒的意味。中国高铁技术在国内的应用已经非常成熟,走出去是一种必然,怎么突破走出去所遭遇的壁垒和障碍,是中国高铁面临的最大挑战。

(三) 郑州宇通集团有限公司①

1. 企业简介

郑州宇通集团有限公司(以下简称"宇通集团")是一家集客车产品研发、制造与销售为一体的大型现代化制造企业,日产整车达360台以上。主厂区位于河南省郑州市宇通工业园,占地面积1700亩,拥有底盘车架电泳、车身电泳、机器人喷涂等国际先进的客车电泳涂装生产线。2012年新建成投产的新能源厂区占地2000余亩,建筑面积达60万平方米,具备年产30000台的生产能力。

宇通集团于1997年在上海证券交易所上市,是国内客车行业第一家上市公司。公司主要经济指标连续十余年快速增长,并连续十余年获得中国工商银行AAA级信用等级。2016年,客车产品实现销售70988辆,新能源客车销售26856辆。

(1) 组织架构。

为实现企业战略目标,宇通集团的组织架构则被设计为:

(2) 企业现状。

宇通集团是以客车为核心业务,以工程机械、汽车零部件、房地产为战略业务,兼顾其他投资业务的大型企业集团,总部位于河南省郑州市。2015年,宇通集团销售大中型客车、工程机械合计70616台,比2014年的65081台增长5535台、增幅8.5%;集团整体实现营业额418.12亿元,比2014年的372.88亿元增长45.24亿元、增幅12.1%。

目前,宇通集团已覆盖公路客运、旅游、公交、团体、校车、专用客车等各个细分市场,包括普档、中档、高档等各个档次的119个产品系列的完整产品链。

---

① 根据郑州宇通股份有限公司(https://www.yutong.com/)相关资料整理所得。

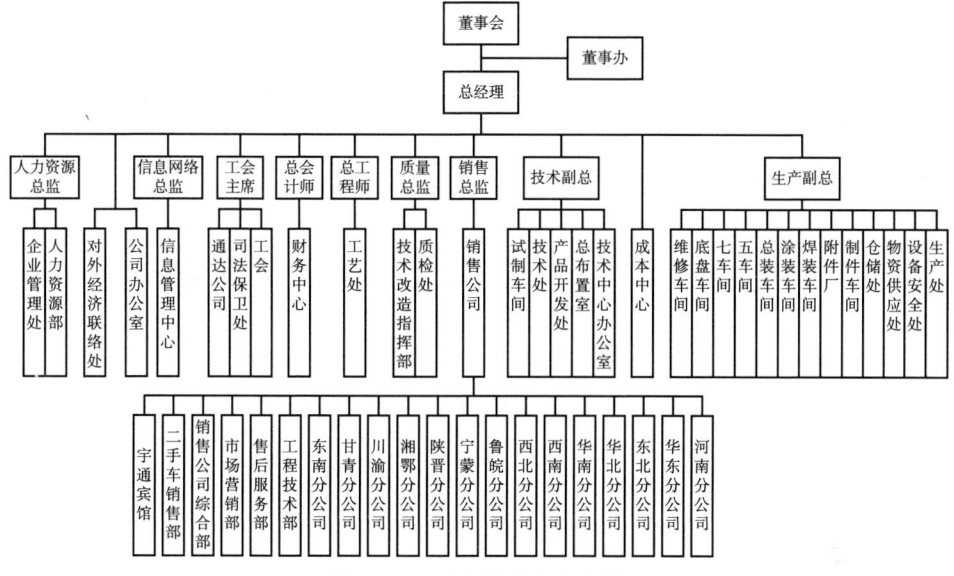

图 10-6　宇通集团组织架构

宇通集团以市场为导向，以客户为中心，进行的产品研发，拥有行业内首家博士后科研工作站和发改委等五部委联合认定的行业首家"国家级技术中心"，并新建了全球唯一专注客车试验研究的试验中心，全球领先的整车阴极电泳生产线和具有国际先进水平的底盘车间，全面提高了客车产品的设计水准和工艺保证能力。是国内首家获此认证的客车企业，标志着以宇通为代表的客车行业在质量管理方面已经与国际同步接轨。宇通集团有限公司充分应用各种信息技术以提高企业内部管理水平。从1994年就开始进行管理信息系统的建设，遵照"总体规划，分步实施"的原则，先后实施了ERP、PDM、KOA、CRM、SRM等系统，全面集成了公司技术、生产、供应、销售、售后、财务、质检、仓储、办公、人事等业务，企业信息化管理水平国内领先，并向企业外延进行了拓展和应用。

不断创造具有质量、服务和成本综合优势的产品是宇通客车竞争优势的源泉。目前，公司业务已涵盖公路客运、旅游、公交、团体、校车、专用客车等各个细分市场，包括普档、中档、高档等各个档次，国内84个产品系列，海外68个产品系列的完整产品链。

宇通集团率先在行业成功实施了CRM客户管理系统，建成了功能完善的客户服务管理平台，24小时为客户提供购买咨询、服务请求、配件查询、问题反馈等一站式服务。公司先后投资1.3亿元，成为中国客车行业内唯——家组建起9家独资4S中心站的企业，并联合分布全国的1100余家售后服务站，覆盖到县级城市的服务网点，将服务半径缩减至60公里以内（除新疆、西藏、内蒙古），从而为提供更优质的服务及维修水平提供了良好保障。

在巩固提升国内市场份额和品牌地位的同时，公司积极开拓海外业务，代表中国客车走向世界。近几年来，宇通客车批量远销至古巴、委内瑞拉、俄罗斯、以色列、沙特等30多个国家和地区。

(3) 企业战略。

公司聚焦客车主业，以"为客户创造价值"为使命，以"国内客车第一品牌，国际主流客车供应商"为发展愿景。借助销售规模和市场占有率的优势，坚持"发挥优势、弥补短板、通过产品竞争力提升实现持续健康发展"的经营思路，加大前瞻性研发投入，保持同行业中最优秀的技术实力；提升制造工艺和自动化水平，建设国际一流客车制造能力；通过打造优秀的文化氛围和工作环境，打造一流的人才队伍；通过建立快捷高效的供应链，提供系统化销售解决方案和增值服务等一系列举措持续提升公司运营效率和产品竞争力。

通过业务的良性循环，实现市场份额、客户满意度的持续稳步提升，为客户、股东、社会等利益相关者创造更大价值

2. 企业分析

(1) 组织分析。

经过多年的发展，宇通集团综合实力居国内同行业领先地位，形成了独特的以"崇德、协同、鼎新"价值观，"以客户为中心，以员工为中心"经营管理理念为核心的企业文化体系与先进的管理理念：

①以市场为导向，依据市场做研发，进行合理的产品规划，拥有博士后科研工作站和发改委等四部委联合认定的"技术中心"，并新建了专注于客车试验研究的试验中心，整车阴极电泳生产线和具有国际先进水平的底盘车间，全面提高了客车产品的设计水准和工艺保证能力。

②从源头起严把原材料质量关，强调产品质量，建立全过程的质量控制监督系统。宇通顺利通过了由德国管理体系认证有限公司（DQS）颁发的ISO/TS16949：2002版质量管理体系认证，标志着以宇通为代表的客车行业在质量管理方面已经与国际同步接轨。

③充分应用各种信息技术以提高企业内部管理水平。宇通集团一直注重管理信息系统的建设，遵照"总体规划，分步实施"的原则，先后实施了ERP、PDM、KOA、CRM、SRM等系统，全面集成了产、供、销、技术、财务、人事等业务，企业信息化管理水平国内领先，为公司集团化扩张的顺利开展打下了良好的基础。

围绕"缔造宇通品牌,拓展国内、国际市场,成为具有全球影响力的,以客车为主业、适度多元化的产业集团"的事业目标,宇通集团对内整合下属各企业,合理配置资源,充分发挥宇通品牌优势;对外形成规模效益,增强资本优势,促进共同发展。

未来,宇通集团将以产品为龙头,以资本为纽带,以企业文化和管理模式为核心,形成涵盖客车、工程机械、汽车零部件、房地产开发等行业,集制造、科研、投资、贸易于一体的,跨区域、多元化、高科技、国际化的大型企业集团。

(2) SWOT 分析。

宇通集团 SWOT 分析如图 10-7 所示。

优势(S)	劣势(W)
拥有较强的产品研发能力 具有规模优势和营销优势	进入海外市场较晚,海外市场占有率较低 相对于外资品牌竞争力较差 高端产品价格贵于国内其他品牌
机会(O)	威胁(T)
国家政策支持节能减排,推行新能源汽车 国内市场需求坚挺 国际市场发展空间广阔	关税税率不断下调,价格优势下降,外资品牌竞争压力变大 客车行业产能过剩,利润空间变小航空、高铁带来的竞争威胁

图 10-7 宇通集团 SWOT 分析

三、交通装备制造行业案例评析

目前,我国交通装备制造业在航空、汽车、高铁等诸多领域,都已有所建树,而这离不开企业战略的支撑。

(一) 汽车企业

当前,我国汽车制造业发展面临关键领域自主创新能力不强、实现全球价值链攀升愈加困难、持续发展动力机制尚未形成等问题。随着我国在前沿科技领域加快布局，汽车制造业应抓住机遇，进行产业转型升级，实现从全球价值链低端向高端跃升。

创新驱动我国汽车制造业转型升级有三条实现路径：

1. 基于技术路线

由于技术积累性较强、进入壁垒较高，政府需给予适当的政策支持，企业需持续投入资金，才能对新技术进行有效融合，进而实现价值链跃升和产业转型升级。现阶段，汽车制造业发展正处于"机会期"，即通过融入"互联网+"和关键技术创新，集中发展动力装备和系统集成，抢占技术制高点，实现价值链攀升和产业转型升级。基于技术创新驱动我国汽车制造业转型升级，应按照"自主创新为主，技术引进为辅"的发展路径，加快构建国家价值链体系，坚定走自主创新发展模式下跨越式转型升级路径。

2. 基于市场路线

市场路线和技术路线切入点不同。技术路线通过赶超和突破核心技术实现升级，是从价值链微笑曲线的前端切入，满足顾客有形产品需求；而市场路线则从微笑曲线的后端——品牌和服务入手，驱动产业转型升级，通过开辟新市场、创造新需求，实现集成创新、商业模式创新等。随着消费者个性化、多元化需求凸显，市场路线最能满足其深层次价值需求，企业选择市场创新路径，满足消费需求的层次和顾客的现实体验将会不同于技术路线。从第二次工业革命以来的历史经验看，对于处在追赶阶段的发展中大国来说，市场重于技术，创新驱动产业结构升级必须重视市场作用。

3. 基于全产业链创新

基于全产业链创新包括以下三个维度：

一是组织创新。通过汽车制造业"链主"企业的组织创新可激发创造活力，借鉴"阿米巴经营""小微模式""三人小组制"等创新理论，集聚资源，形成激励，实现企业员工"自创新"和"自驱动"。二是技术创新。全产业链的技术创新，就是要让这些企业参与主导企业的技术创新，寻求与主导厂商的共赢，促使其专注自己的核心领域，节约创新成本，实现产品价值最大化。三是工艺创新。全产业链上的工艺创新是广义的内涵，包括工艺的全要素创新，旨在提高产品的生产效率，增强产业竞争力，如生产工艺创新、工艺装备创新、工艺管理创新和工艺组织创新。

（二）铁路企业

中华人民共和国成立以来，我国铁路运输装备制造业在"自力更生"原则指导下已发展成为拥有完整的科研、设计和制造体系，具有自主研制各种铁路运载装备所需的技术实力和工业基础，拥有一大批满足国内市场需求的自主品牌，能够提供从干线机车车辆到城轨车辆的多系列的运载装备产品，满足了中国铁路各个时期的运输需求和铁路大提速的需要，为中国铁路的发展立下了汗马功劳。特别是改革开放以来，轨道交通装备在技术引进和再创新方面成绩斐然，被公认为是最具自主创新能力、最具发展潜力的少数几个行业之一。

1. 自主创新是实现铁路运输装备制造业跨越式发展的基本途径

科技进步是跨越式发展的驱动要素，技术后发优势是实现跨越式发展的基本条件，技术跨越是跨越式发展的原动力，而跨越式发展的最终实现必须通过自主创新。技术差距是出现技术后发优势的根本原因，技术后发优势转变为现实发展优势的过程，是技术差距不断缩小的过程，也是技术跨越式发展的过程。我国铁路这方面的技术与国外发达国家相比有较大差距，如果仅仅依靠自己的力量探索，需要花费较长时间和较大的研发成本，更重要的是制约经济社会发展，付出的社会成本是相当大的。利用经济全球化的机遇，发挥中国铁路市场需求巨大的优势，引进铁路装备制造的先进技术，进行消化、吸收、再创新，在短时间内系统掌握这些先进技术，并在国内进行大规模生产，使我国铁路运输装备水平和设计制造水平进入世界先进行列。这是加快我国铁路现代化的正确选择，是适合我国国情的自主创新方式。

2. 战略联盟创新模式

联盟是超越正常的市场交易但并非直接合并的长期协议，它的做法是通过与一家或多家独立的企业签订协议来进行价值创造，或与一家或多家独立的企业合作共同开展活动。此外，一些不相关产业内企业也常常在特定领域结成联盟。战略联盟形式多样。生产联盟是通过生产联盟协议，企业共同生产制造某种产品，以实现单体企业无法达到的规模经济；市场联盟是以扩大市场占有率为目的的合作方式；技术联盟则是以技术知识为纽带，联盟企业共同研发新技术，共同把新技术推向市场，或共同设计、生产新产品。企业与科研机构及政府部门之间的合作联盟也是战略联盟的常见方式。通过联盟，可以共享规模经济、范围经济、共生经济所带来的收益，达到资源互补、风险共担、利益共享的目的。

(三) 补充案例

1. 智慧高铁健康维护企业[①]

新岸线创建于2004年,是一家致力于宽带无线通信和智能处理器IC核心技术研发的高科技民营企业,涉及移动通信、智能终端、智能交通、智慧家居等多个行业领域。公司目前员工近1000人,总部设立在北京,分别在上海、广州、深圳成立了分公司,办公面积两万平方米。公司以研发团队为主体,具备芯片前后端研发、软件系统开发、移动通信系统研发、宽带无线接入系统设计等能力。

EUHT是新岸线公司主导开发的、拥有完全自主知识产权的无线高速通信技术。EUHT技术的应用将带给高铁与车站全方位的视频监测、超高速的信息传输以及最可靠的数据检测,这将推动铁路从数字化向智能、智慧化发展,实现更加安全、准时的运行,同时也将对人性化与现代化的服务提供高品质的技术支持。

车辆将配备智能供电设备、智能供电调度、智能供电运行管理及通信网络组成的智能供电系统,实现智能故障诊断、预警、自愈重构等功能,形成供电系统健康评估体系。调度系统将构建基于人工智能的高速铁路智能调度指挥系统,实现智能动态调度、智能协同控制、智能换乘调度、智能故障诊断等功能,达到路网整体列车调度效率最优,提升系统应急决策和处置能力,提高运营效率和旅客满意度。未来高铁上行驶的智能动车组列车能够与对风级、雨量、雪深等自然环境自动监测与报警,保证大风报警信息实时上车。还能实现地震预警及自动应急处置,并对沿线非法侵入自动报警防范等。中国高铁故障预测与健康管理的意义及应用:

故障预测与健康管理(prognostics and health management,PHM)以及工业大数据分析是未来在中国及全球高铁市场中实现企业价值和发挥竞争优势的关键领域;自20世纪90年代中期以来,故障预测与健康管理技术应用范围不断扩大,在飞机、轮船、车辆、能源、制造等领域逐渐得到应用,并已取得明显成效。据美国波音公司报告显示,故障预测与健康管理系统已经应用于波音旗下的7款机型上,并在30多个国家正式投入运营,该系统帮助运营者对飞机各个系统的状态进行全面了解,并根据状态进行维护和油耗管理。美国通用汽车与智能维护系统中心(IMS中心)合作开发并上线了汽车自动生产线故障预测与健康管理系

---

① 根据新岸线(http://www.nufront.com/)相关资料整理所得。

统,根据通用汽车的 2012 年度报告显示,故障预测与健康管理技术帮助通用汽车大大降低了设备维护成本,降低了设备故障率,每年创造的经济价值接近 2 亿元人民币。

近年来,伴随着轨道交通在世界范围内的快速增长,随之而来的运营、管理、安全、维护、维修等问题都日益严峻。故障预测与健康管理系统已被学术界和工业界公认为解决轨道交通智能维护、维修管理、安全管理、健康管理问题最关键也最有效的解决方案。故障预测与健康管理系统是一个多学科融合的高科技、工程化系统,核心是应用人工智能技术以及多学科的工程知识,需要各类专业人员参与研发。美国国家智能维护系统中心(IMS)作为世界范围内 PHM 领域最权威的科研和应用机构,2011 年就开始和法国阿尔斯通就高铁牵引电机的故障预测和健康管理展开合作,帮助阿尔斯通建立了智能维护系统,极大地降低了车辆的维护成本并且提高了安全性。

2. 动车组牵引电机故障预测与健康管理(PHM)案例[①]

牵引电机是高铁列车的核心设备,也是"高铁之心",是列车的动力之源,决定高铁列车能否高性能地运行。2016 年中国中车启动重大专项"动车组核心装备故障预测与健康管理"。高铁牵引电机故障预测及健康管理的难题主要有两个方面:一是对早期故障的准确识别;二是对剩余寿命的精确预测。此项目中,安脉盛根据牵引电机的实际使用工况和应用场景,综合考虑数据采集策略、数据分析技术、工程应用经验、设备可靠性、数据存储、传输等因素,设计出一套针对牵引电机的专有分析方式:通过提取电机实际运行中的转速、温度、电流、电压等信号,利用世界领先的故障预测与健康管理技术,对采集的数据进行信号处理、特征提取、模式识别、健康评估、故障及性能预测,最终实现分析结果的可视化呈现,从而实现对牵引电机的健康状态的在线监测、诊断和分析,并使得分析方法具备高效率、高可靠性及高实操性等特点。

对以上各种信息,通过特殊信号处理与特征增强技术将早期故障特征识别出来,成功解决第一个难题;而解决第一个难题是解决第二个难题的先行条件,因此当第一个难题显性化之后通过人工智能算法,综合总结检测对象的变量化、变性化和变化率,从而解决第二个难题,即高铁牵引电机剩余寿命的精确预测。以 PHM 技术为核心的故障预测与健康管理系统如图 10-8 所示。

[①] 根据杭州安脉盛智能技术有限公司(https://www.aimsphm.com/)相关资料整理所得。

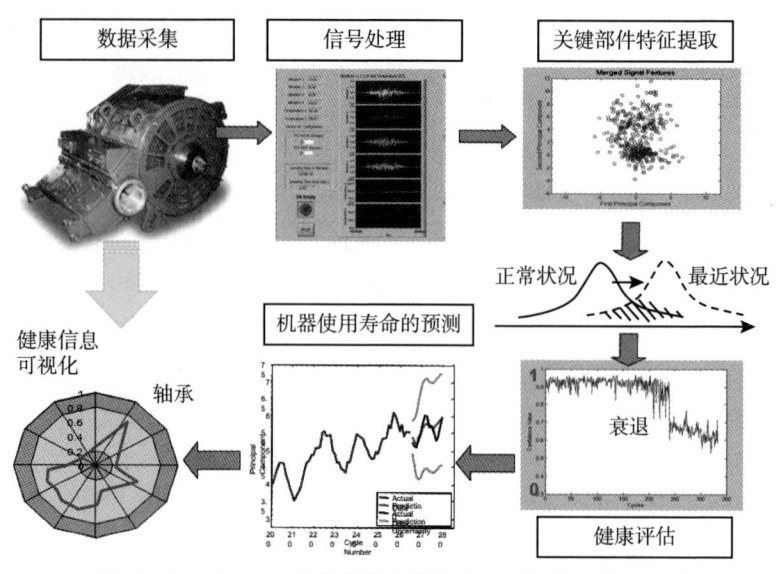

图 10-8 以 PHM 技术为核心的故障预测与健康管理系统

本 章 小 结

在本章第一小节中，首先分析了对我国目前交通装备制造业的发展，从政策与法律、经济情况、社会文化以及技术环境四个环节细致地阐述了当前交通装备制造业的现状发展；接下来从行业内的竞争态势、行业内的共性问题、产业空间的布局不合理、企业的创新能力不足四个方面分析了我国交通装备制造业目前存在的问题；最后运用 PEST 分析方法，分析交通装备制造业的趋势。

在对我国交通装备制造业全国大环境的初步分析之后，通过对三个典型企业：浙江吉利控股集团、中国中车股份有限公司、郑州宇通集团有限公司的公司现状、组织架构以及 SWOT 分析了解我国交通装备制造业战略的实施情况。

高端装备制造业是以高技术为引领，处于价值链顶端，以及产业链核心环节的战略新兴产业，决定着整个产业链的综合竞争力，是推动工业转型升级的引擎，如何提高我国高端装备制造业自主创新能力成为我国国民经济持续发展的核心要求。对于汽车企业而言，创新驱动我国汽车制造业转型升级有三条实现路径：一是基于技术路线；二是基于市场路线；三是基于全产业链创新。对于铁路企业来说，自主创新是实现铁路运输装备制造业跨越式发展的基本途径；战略联盟创新是企业价值创造的重要途径。

第十一章

新业态交通企业战略

一、新业态交通行业发展概述

(一) 现状

早在 2015 年 11 月 15 日,国家主席习近平就在 G20 峰会上提出:"新一轮科技和产业革命正在创造历史性机遇,催生互联网+、分享经济、3D 打印、智能制造等新理念、新业态,其中蕴含着巨大商机,正在创造巨大需求。"[1] 2016 年 3 月 5 日,李克强总理在政府工作报告中又明确提出:"支持分享经济发展,提高资源利用效率,让更多人参与进来、富裕起来。"[2] 分享经济发展已得到中国政府的高度重视。

2016 年 2 月 28 日,国家信息中心信息化研究部、中国互联网协会分享经济工作委员会联合发布《中国分享经济发展报告 2016》。报告还对交通出行、房屋住宿、金融、知识技能、生活服务、生产能力六大领域的分享经济发展概况进行了系统阐述与分析。

在分享经济的基础上,以交通分享为代表的新业态交通企业也逐渐发展起来。交通分享是指在分享经济的大背景下,以互联网平台为依托,整合社会闲置车辆、车内空间或驾驶技能等交通资源,通过大数据计算高效匹配出行供给与需

---

[1] 习近平. 创新增长路径 共享发展成果——在二十国集团领导人第十次峰会第一阶段会议上关于世界经济形势的发言 [N]. 人民日报, 2015-11-16.
[2] 李克强. 政府工作报告——2016 年 3 月 5 日在第十二届全国人民代表大会第四次会议上 [EB/OL]. 中国政府网, http://www.gov.cn/guowuyuan/2016-03/05/content_5049372.htm.

求，实现分享出行能力的各种智慧出行方式的总和。

在"互联网+"的背景下，交通分享成为传统出行需求与大数据、移动互联网等新技术交叉组合、叠加应用下催生出的全新出行模式，并在短时间内成为影响范围较广、活跃程度较高、备受消费者追捧和市场关注的热门领域。

2020年上半年，我国新冠肺炎疫情防控和经济恢复增长都取得了阶段性的较好成绩，在全球大国经济体中做出了表率和榜样。为应对国内外复杂严峻的发展形势，提出的"双循环"战略，加快形成以国内大循环为主体、国内国际双循环相互促进的新发展格局。其中，扩大内需与技术创新是实现"双循环"战略的重点。在"双循环"体系中，亟须培育一批具有创新力和带动力的国际性流通企业，与生产企业深度融合并主导产业链、供应链，构建新型产销体系，提升流通产业带动能力。同时充分发挥流通产业链接国际国内市场的纽带功能，整合两个市场资源，提高资源配置效率，更好地为经济高质量发展服务。因此，在"双循环"的新发展格局下，新业态交通企业迎来新的机遇。

1. 发展历程

从2010年至今，发展历程分为三个阶段：

（1）起步阶段（2010年9月至2012年12月）。2010年9月以来，基于LBS技术的移动互联网出行服务开始迅速发展，在此期间成立各类大中平台达10家以上，呈现出百花齐放、蓬勃发展的态势。

（2）竞争阶段（2013年1月至2015年2月）。2013年起开始大规模洗牌，在投资公司、互联网巨头的资本支持下，各平台间发数次大规模用户争夺战，最终两大平台——滴滴和快的联合并开始占据市场主流地位。

（3）分化阶段（2015年3月至今）。经过竞争洗礼，基本形成"一超多强"局面。滴滴、嘀嗒、易到、神州和优步成为融资额达10亿美元或注册用户达千万级以上的主流平台。其中滴滴以165亿美元估值、2.5亿用户成为业内的"超级平台"。

2. 发展现状新业态交通在短期内实现了服务类型的快速拓展和运营模式的迭代创新。

根据平台与车辆及司机关系，服务类型分为P2P和B2C两大运营模式：

（1）P2P即个人车辆或司机接入互联网平台，平台只提供信息对接服务，但会对其进行安全审核及培训，并提供保险支持。

（2）B2C即平台拥有车辆及职业司机，在接到消费者出行需求后指派专车为其服务。

新业态交通领域目前基本形成"一超多强"的格局。滴滴以其"一站式"模式成为新业态交通领域代表性企业。在其他细分市场，一些平台凭借自身特色也获得了市场认可，如神州专车、友友租车、车纷享等。

在专车服务领域，2021年度中国移动出行类App最新排行榜显示，滴滴出行、嘀嗒出行、首汽汽车、曹操出行分别位列专车类App活跃用户规模排名前四位。

新业态交通已成为影响交通出行乃至经济增长的巨大产业。目前主流新业态交通平台接入平台汽车数量逾千万，占全国汽车总量6.5%以上。覆盖用户2.5亿人，占全国人口18.3%。覆盖全国约60%的城市。截至2020年，我国网约车市场用户规模高达6.23亿人，同比2019年增加11.6%。截至2020年10月，网约车市场活跃用户规模达10088.6万人次，累计同比增加9.5%，为上年同期的109.5%。截至2019年6月，网约专车或快车用户规模达33915万人，较2018年底增长率为1.9%，而用户使用比例由40.2%略下降至39.7%。①

（二）问题

1. 运输市场要公平竞争

近期，网约车市场硝烟再起，一批"互联网巨头"高调进入网约车市场，给乘客出行带来更多选择的同时，过度补贴竞争、非法营运等市场乱象也随之而来，不仅对公平竞争的运输市场秩序带来了损害，也势必会对运营安全和乘客合法权益带来损害。

公平竞争是市场经济的基本原则，是市场机制高效运行的重要基础。企业首先要自律，无论是新的进入者，还是老的经营者，依法合规经营永远都是前提，也是企业做大做强的根本保证，任何企业都不能触及扰乱市场秩序、维护乘客安全和合法权益的底线。形成公平竞争的环境，是网约车加快发展、实现繁荣的有效手段，最终目的是维护消费者利益。网约车市场前期发展实践已经证明，高额补贴并不可持续，通过低价倾销"抢占市场"结果也只能是"寅吃卯粮"，自身背负沉重的负担，不利于企业和行业的长期健康发展。

良好的市场环境有赖于有效的管理和监督。加强市场监管，保障公平竞争，维护市场秩序是政府的职责所在。必须按照高质量发展的要求，及时研究新经济领域市场监管问题，不断完善市场竞争规则，强化监管手段，维护市场秩序，营造公平公正的市场竞争环境。同时，要发挥社会力量的作用，引导公众参与监

---

① 六大领域分享经济发展概况（之一）：交通出行［EB/OL］.国家信息中心，http：//www.sic.gov.cn/news/568/6067.htm.
2021年上半年中国网约车用户规模、市场规模及市场竞争格局分析［EB/OL］.产业信息网，https：//www.chyxx.com/industry/202108/969938.html.

督，调动一切积极因素，促进市场自我管理、自我规范、自我净化。

总之，只有加快建立并维护更加公平可持续的市场竞争秩序，才能有效激发各类市场主体活力，才是让百姓出行更加安全、舒适、便捷，增强人民群众获得感安全感幸福感的根本路径。

2. 网约车发展要"脱虚向实"

近年来，滴滴、美团、携程、高德等一批互联网企业进入交通运输行业，推动"互联网＋"交通运输发展，促进新老业态融合发展，为用户提供了多样化的选择。但最近网约车行业在部分城市再度开始了"烧钱大战"，客货运输服务与互联网技术融合后的新业态成为多方资本的角力场。一些企业用投资人的钱以低成本、低价格为竞争武器，提供高额的补贴，不管车辆、驾驶员有无运输资质，甚至"马甲车"也上了平台，运输服务体验不断下降，个性交通出行比例短时间内出现明显增加，一些特大城市交通拥堵进一步加剧。

"烧钱"补贴烧出了短时的市场份额，也烧掉了长期的市场公平与底线。近年来，网约车、共享单车领域时有出现以补贴为手段的营销方式，这样以低价为手段抢占市场份额的方式也是一种不计成本、争夺一时"数字"份额的方式。实际上，"烧钱"补贴是一些平台公司无视法规、无视市场秩序的行为。有的平台公司甚至利用"烧钱"补贴吸引周边城市"黑车"大举进攻，明目张胆地从事非法运营，这不仅损害了合法合规从业人员的权益及其投资者的权益，也对整个互联网出行市场造成了严重破坏。

这些乱象不由得令人担心网约车行业开始"脱实向虚"。这个"虚"一方面是指"虚拟"，网约车的资本竞赛使得行业不聚焦于服务质量和安全运营，而是以资本所关心的交易量和估值为目标；另一方面是指"虚假"或者叫"泡沫"，这种依靠资本刺激出来的交通需求不是真正的需求，泡沫破裂后的供给也将严重过剩，特别是那些"以租代购"盲目进入行业的驾驶员在资本退潮后将面临巨大的损失，势必引发严重的社会问题。最后各路投资者恐怕也会"竹篮打水一场空"。

2016年《国务院办公厅关于深化改革推进出租汽车行业健康发展的指导意见》已经明确指出，网约车是出租汽车服务的一种新型服务方式。网约车是出租汽车服务方式的创新，是依托"人、车、路"等基本生产要素，为人民群众和社会提供出行服务的实体经济，必须"脱虚向实"。这既需要投资人和行业企业认识到"脱实向虚"的巨大危害，主动合规经营、理性竞争，也需要执法部门依法监管，督促企业依法合规经营，规范发展，切实保障人民群众的获得感、幸福感、安全感。

3. 诚信经营方能行稳致远

共享单车押金难退，同一段路程、同一款网约车但打车软件对不同用户的报价却不一样，老用户比新用户价格还要高，"大数据杀熟"等的交通运输新业态屡屡爆出失信问题，扰乱了市场秩序，侵害了人民群众合法权益，同时也阻碍了交通运输新业态自身的健康发展。

人无信不立，企业无信不兴。回望古今中外的企业兴衰，真正能够长盛不衰的成功企业无不是依靠"信"字立身，无不源于诚信经营而赢得市场。唯有诚信经营，才能真正在激烈的市场竞争中赢得消费者的信赖，才能促进企业健康、可持续发展，从而在更长远的时间跨度上获得利润。

以互联网为依托，交通运输行业涌现出的新业态企业不是天外来客。在市场经济一次又一次大浪淘沙的洗牌中，这些企业最终是凤凰涅槃，还是横冲直撞成为"一地鸡毛"，诚信至关重要。正所谓大道至简，只有坚守诚信经营、以诚待客，以更好满足人民群众出行需求为根本目的，不断精益求精提升服务，企业才能真正做大做强，才能行稳致远。这是市场经济的大逻辑、硬道理。

营造诚信的市场环境需要全社会共同努力。交通运输主管部门必须履职尽责，既要大力表彰诚信企业，也要对失信企业"该出手时就出手"，营造公平有序的市场环境，防止劣币驱逐良币。消费者要擦亮眼睛，学会"有态度地消费"，用脑思考、用脚投票，坚决对不诚信的企业说不。媒体要发挥舆论监督作用，及时曝光企业不诚信的行为，形成让失信者无立锥之地的社会氛围。当然更重要的是，企业自身应该具备长远的战略眼光和积极向上的价值观，讲诚信守承诺，只有这样才能真正将互联网优势转化为运输服务优势和市场竞争优势，才能获得人民群众持久的支持而不是短暂的点赞，才能在激烈的市场竞争中劈波斩浪、行稳致远。

4. 交通运输新业态不是"法外之地"

随着移动通信和互联网技术加快普及和飞速发展，传统交通运输与互联网相结合的行业新业态蓬勃发展。网约车、共享单车等往来穿梭于城市的大街小巷，"从门到门""一键支付，一条龙服务"等成为交通运输服务"标配"。在新业态发展的过程中，"烧钱大战"风起云涌，押金难退、管理失序、安全堪忧等问题时有发生。交通运输新业态在一阵阵叫好声中，一个个问题也浮上水面。

正如每一枚硬币都有它的正反两面，每一个新生事物都有其利弊两端，交通运输新业态也不例外。我们要做的，就是要尽可能发挥其有利的一面，为社会公众提供更加安全便捷的交通运输服务；尽可能扬弃其无序发展、野蛮生长等消极因素，促进其可持续健康成长。

有观点认为，交通运输新业态是"互联网+"新技术对传统交通运输行业的创造，法律应当慎入，管理应当宽松，以免抑制新业态的发展。这种看法不仅有害，而且无益于交通运输新业态健康发展，必须引起高度重视。实现交通运输新业态科学健康发展，同样不能仅仅依靠市场的力量。因为市场也有失灵之处，它不仅存在"优胜劣汰"效应，也存在"劣币驱逐良币"、恶性竞争、大数据"杀熟"等弊端。

无规矩不成方圆。法治是现代社会的重要标志之一，交通运输新业态必须依法治理，运行在法治轨道上，不能也不应成为"法外之地"。因此，充分发挥新业态积极作用，关键在于"游戏规则"的普遍适用，关键在于监管的刚性运用。对于交通运输监管部门来说，就是要始终坚持依法行政，加快推进监管创新。对新业态既要有兼包并蓄的宽容胸怀，也要有一视同仁的刚性监管。业态模式不论新旧，发展平台不论线上线下，监管的标准和力度必须相同，监管的漏洞必须堵上。对于企业来说，新业态不是"法外之地"，不能以为自己"大而不能倒、大而不能管"，而选择性执行法律规章甚至以各种理由拒绝接受监管；特别是大企业更要在经营过程中做创新发展的表率，做遵章守法的表率，做引领行业新风正气的表率，切实加强自律，实现良性发展。对于社会公众来说，在享受新业态带来便利的同时，也要清楚物有所值的道理。贪图一时的超值，可能带来的是自身合法权益受到侵害的风险。

总而言之，毫无底线的"包容"只能变成"潘多拉魔盒"，最终伤害的是包括投资机构、运营团队、平台企业在内的新业态命运共同体中的所有各方。只有充分依靠法治的力量，确保新业态始终在法律许可范围内活动，避免出现"治外法权"，才能协调处理好监管者、消费者和经营者、投资者等各方面的利益关系，取得最大公约数；才能使交通运输新业态在更好地服务国计民生的过程中体现自身价值，实现更大发展。①

（三）趋势

交通基础设施建设释放红利的同时，外部性溢出持续发酵催生，从而有力驱动经济增长，具有准公共产品属性、已迈入"十四五"时期的交通运输业，面对日益激烈的市场竞争和纷繁复杂的变革环境，其基础性、先导性本质特性依然存在，新业态交通衍生出的智能交通和"互联网＋"模式必定赋予其新的职能和内涵。无疑，"共享经济"要求交通运输业坚持国家主导，创新发展理念，优化运输结构，发挥比较优势，拓展配置空间，实现互联互通，为构建"人便于行、货

---

① 交通运输部：《"互联网＋交通"新业态系列评论》。

畅其流"综合交通运输体系蓄势攒劲，为经济腾飞插上双翼。

培养新人才新队伍，为智能交通破解人才瓶颈。没有人才，就谈不上创新和发展。尤其是传统交通产业面临颠覆变革的历史阶段，综合交通逐步走向"网络化、协同化、智慧化"，未来交通必须考虑各种人群的需求，多种交通出行方式有效衔接组合，真正实现按需出行，毋须置疑，新形势新要求自然对人才队伍提出了更高的要求。一是引进专业人才。通过招录考试，引进一批学历高、能力强、素质硬的复合型人才，特别是新业态新模式急需的专业人才队伍，努力做到引用结合、人尽其才。二是组织教育培训。采取请进来、送出去等教育模式，鼓励支持干部职工在职进修深造或网上在线学习，提高履职尽责能力；适时组织干部职工到先进发达地区调研考察，借鉴推广成熟经验。三是完善成长机制。要结合交通运输业特点，建立健全一套有利于人才健康成长、队伍作用发挥、干事创业稳定的工作考核机制，不断加快行业创新、促进经济转型。四是注重人文关怀。给予人才队伍必要的情怀激励和文化激励，让人才队伍最大限度"爆发"内在潜能。

探索新平台新路径，为智能交通开辟广阔前景。基于互联网、GPS、云计算、大数据、智能终端等技术的广泛应用，共享经济正以迅猛之势全面蔓延渗透交通运输业，有心致力于此的相关企业争相依托互联网打造一个涵盖出租车、商务专车、公交、货车、代驾、合乘、单车，甚至物流等出行信息的综合性服务平台，借此充分整合市场闲置的各类交通资源，既方便用户便捷选择出行交通方式，又能节省等待时间、满足用户更多个性化需求，同时也能有效激发交通资源市场活力。其最终目的归根到底还是解决人的衣食住行和精神文化需求等。试想国内人口基数大、市场潜力大，动辄就是两三亿元，甚至更高的市场份额。因此，资本热衷投资国内共享经济的原因不言而喻。有了好的平台，突破路径依赖显得就尤为重要。一方面加大宣传，另一方面接受体验，共享经济的强大，就在于新生事物能产生巨大黏性：共享单车能有效解决出行"最后一公里"、网约车能有效解决高峰时段拦不到车、新能源物流车能有效解决进市区限制少等问题时，使用者用脚投票就是最好的选择，可见智能交通前景广阔无限。

融合新技术新应用，为智能交通呈现立体交互。智能交通特征之一就是其数据交互是实时的，未来走向必定是基于数据的服务与管理，资本市场对于"互联网+交通"的认可程度都非常高，眼下主要是加快与大交通涵盖铁水公空邮等各子行业的融合，形成一批持续的市场的引爆点，作为个体出行将拥有更自由的选择权，交通服务体系的可靠性、便捷性和安全性将得到大幅提升。从 2016 年底交通运输部发布的《中国交通运输发展白皮书》可知：全国铁路建成了客运联网售票系统、高速公路电子不停车收费系统基本实现了全国联网；港口电子数据交换系统、船舶交通管理系统、船舶自动识别系统在水运管理中广泛应用；民航商务信息系统处于世界先进水平；邮政建立了国家、省、市三级联动视频监控体系；无线射频识别技术、全球卫星导航系统等应用于民航运输、物流配送中以及全国道路客运联网售票系统，部省市县四级道路运输机构、驾培企业以及检测企业等的基础数据平台高效协同，利用保险等第三方参与道路运输营运车辆动态监控。还有高铁"刷脸"进站系统已进入试用测试阶段，公交乘车进入"无现金支付时代"。以上实践证明，现实交通运输体系可完全映射到数字虚拟环境中，人们出行或货物运输供需双方的时空分布、载运工具的区域分布、安全监管与服务能力等参数将实时呈现在虚拟环境中，全方位、宽领域、多层次交通服务需求的研判、满足和抑制将实时融合对接互动。

培育新模式新产业，为智能交通调整利益格局。互联网介入后，把固化的行业结构和运营形式打破，自然而然社会结构、经济结构、地缘结构和文化结构也会变化，必定导致议事规则、决策权力、舆论控制随之变化，交通运输业运营组织新模式较传统意义而言，可谓日新月异、大相径庭：原本分散的运力资源得到有效整合、相对封闭的交通供需信息实现高效对接、不尽合理的运输组织效率大幅提升。一种是业内市场化程度较高带来的，主要是利益的增量变化，出现多方受益的共赢格局；另一种是业内对准入门槛较高的，主要是利益存量分配的调整，免不了会有一些主体利益受损情况。由此可见，传统交通运输业出现新模式新产业，而被赋予更多更高技术附加值。诸如，传统的出租汽车沿街巡游，转化为通过网络实时反映供需，引导乘客与司机线上呼叫、线下交易的网约电召，新旧业态并存倒逼传统出租汽车转型升级、提升服务；货运由"单打独斗"转向通过"无车承运人"整合配置市场资源，实现车货库匹配自动化，打造"线上＋线下＋物流"一体化全新模式；智能停车通过车位分享、网上支付方便寻找停车泊位和简化手续等。

提供新产品新服务，为智能交通打造品牌形象。智能交通面临的问题与挑战，主要归纳为：一是质与量不够平衡。长期以来，注重各类指标"量"的增长，如道路里程、车辆规模和班线条数等，而对内在的"质"注重不够，而资源配置、衔接优化、服务水平亟待改善。二是控与放不够合理。主要表现市场机制对资源优化配置及运输企业的主体作用重视不够，长期过分依赖传统的管理手段。三是上与下不够通畅。局限于各运输方式的内部优化，而多方式综合运输层面统筹优化力度不够。"互联网＋"模式让交通运输业拥有更多的满足人们出行需求的新产品新服务。班车类出现了定制公交、嗒嗒班车、滴滴公交，提供定点定时、一人一座、快速直达的班车服务；货车类出现了中小型车辆点到点、短距离、小运量的网络运营平台；小车类出现了点到点、门到门的专车、快车及分时租赁和私人共享服务；单车类发展速度更是有如蝗虫繁殖；还有其他交通运输类产品服务不一而足。可见互联网＋给交通运输业打造了新动力新引擎，针对人们多样化的出行需求迫切需要交通运输业重塑品牌形象。

完善新法规新制度，为智能交通给予政策支持。当基础设施建设的需求逐渐淡化衰退，依附于主干业务延伸出来的其他产品和服务保障就会增加，那么交通运输业必定面临监管格局的调整变化。理所当然，现有法治体系与交通运输业变革之间日益显得不相适应。作为交通运输业发展的规制机关，要做好顶层设计，为有效保障各方权益保驾护航。这就要求交通主管部门下大力推进简政放权，深化"放管服"，重点研究交通运输业的经济属性和本质规律，在接纳新事物和各方利益以及公共利益之间寻找一个平衡，它既不能是一种观点战胜另外一种观点，也不是一方利益在众多的利益博弈中高位胜出。即要在寻求多方利益的平衡上下功夫，着力完善新法规新制度建设。尤其是当新业态极易引发社会稳定、危及乘客安全等问题出现时，要及时转变监管思路，通过适应技术创新提升治理能力，借助产业升级解决交通痼疾，改革传统的管理服务方式，以互联网思维构建完善法治化的行业治理规范，确立配套完备的市场规则和运行秩序，有效回应交通运输业发展的核心需求和政策支持。[1]

二、新业态交通企业战略实施案例

（一）携程网：交通联程营运企业[2]

1. 企业简介

携程是一个在线票务服务公司，创立于1999年，总部设在中国上海。携程旅行网拥有国内外六十万余家会员酒店可供预订，是中国领先的酒店预订服务中心。2003年12月，携程旅行网在美国纳斯达克成功上市。

携程旅行网成功整合了高科技产业与传统旅游行业，向超过9000万会员提供集酒店预订、机票预订、度假预订、商旅管理、特惠商户及旅游资讯在内的全

---

[1] 培育共享经济时代智能交通发展新业态 [EB/OL]. 求是网, http://www.qstheory.cn/laigao/2017-09/01/c_1121586872.htm.

[2] 根据携程网相关资料整理所得。

方位旅行服务。

随着科学技术的发展，以及在大众创业、万众创新的时代条件下，携程也从简单的在线票务服务进军到交通服务中，在原有服务的基础上增加了"高铁游""城际快车""免费机场大巴""首都机场停车"等服务，为人们的出行提供了极大的便利。

2. 推行交通智慧联运服务的相关背景条件

一方面，携程作为一家技术驱动的企业，携程的员工比例中近1/3为工程师，远超行业平均水平。同时，不断拓展渠道，通过创新工场、金点子奖等方式，充分调动全员的创新意识和积极性，使科学管理理念及创新精神融入携程每位员工的基因。作为国内领先的在线旅行服务商，携程经过数十年的发展，在互联网时代已经成为了领军者，如今在移动互联网崛起的时代，携程同样用敢为天下先的气魄，将全面转向移动互联网+交通服务，如今的携程将机票预订、酒店预订、旅游产品、门票、租车、机场停车和机场大巴等服务整合，推出了"指尖上的旅行社"模式，把一站式的休闲旅游服务推向极致。

另一方面，随着市场中用户需求的多元化，多点式的App应运而生，在线旅游客户端使用的日益深入和成熟，使得其需求变得更加细分，用户也希望App能更轻巧、灵活和功能多样化。

因此，携程推行交通智慧联运服务是一个必然的趋势，也是创新的成果。

3. 携程推行交通智慧联运服务的意义及应用

作为中国体量最大的在线旅游服务商（OTA），携程构建起的大交通布局目前已经覆盖空铁联运，空巴联运，以及公铁联运。而作为乘机体验的"最后五公里"，接送机是一个重要服务板块。公开资料显示，截至2020年底，全国机动车保有量达到3.72亿辆，仅有车用户每年机场出行就高达过亿人次。据介绍，首都市场作为全球第二繁忙的航空枢纽，2019年全年的旅客吞吐量超过1亿人次，这给机场停车场带来巨大车流量。"每到国庆等出行高峰期，由于客流量激增，许多热门机场停车场会出现停车难问题。不少旅客只能把车停在户外，车辆经受风吹日晒在所难免。"携程机票相关负责人表示，"因此，我们希望通过相关合作，解决机场停车最后10米难题。"

携程推出"大交通"智慧联运服务，在智慧交通领域，利用智能技术串联各业务板块，继续开发和完善空铁联运、空巴通、公铁联运以及境内外专车等"大交通"服务产品，更好地服务中小城市旅客出行。

从解决"最后10米"停车难到打通旅客出行的"最后100米"，再到打通二、三线城市乃至更偏远地区的交通网络，携程等OTA打造的智慧交通服务体系，帮助旅客实现了从家到机场的"零距离"连接。

携程等在线旅游服务商不断扩宽服务板块，布局智慧交通领域，将进一步完善旅游产业链，为高品质交通出行贡献力量。

4. 携程推行交通智慧联运服务的案例

便捷是旅客选择出行方式的根本。携程推出"大交通"智慧联运服务，是非常明智的举措，能更好地服务大众。其推出的几个服务也得到了很好应用：

（1）"高铁游"是借高铁之势整合旅游资源，也是为高铁赋能。"高铁游"是一种新的旅游方式，也希望它能成为一个刺激新的旅游需求、促进整体消费的增量型产品。通过旅游地图的形式，"高铁游"将高铁沿线所有城市及当地特色旅游资源展现出来。以目的地为中心，"高铁游"实则是搭建在携程所有目的地产品和服务之上，而辐射到游客在目的地旅游消费中的方方面面。从"高铁游"这一个入口进入，用户就能解决其定向城市的大部分旅游需求。"高铁游"以旅游地图的思维切入，以高铁站为聚合点，打通了携程现有的目的地资源及产品服务。

（2）"城际快车"主要有两个特点：首先，就是"点对点"地解决出行需求。其专注于"服务跨城出行的用户"。其次，部分线路整体耗时要比火车转公交或单纯坐长途汽车缩短近1/3。根据规划，未来在高铁不能直达，且双城来往密集的旅游、商务目的地会是城际快车的主要覆盖方向。而目前，携程城际快车业务已经覆盖超过全国35个城市，包括贵州、云南、广东、山西、河南、山东、四川、安徽等多个省份。这一模式，也是为了满足城与城之间高频出行或享受型出行需求。

（3）"首都机场停车服务。"首都市场作为全球第二繁忙的航空枢纽，具有较大的客流量以及车流量，提供该服务后，旅客享有停车优惠，提前预约，减少了等待时间，解决机场停车最后10米难题。

（4）"免费机场大巴。"携程开始试运营免费大巴车项目，在机场和上下客点，都有专门的引导员举牌提示乘车点，非常的便利。上海两大机场每年吞吐量超过1.1亿人次，对多样化的接送机交通方案需求非常大。和专车接送机服务不同的是，携程在上海推出的接送机大巴属于共享型交通资源，能最大化发挥地面交通的接驳优势，帮助机场强化客流的疏解能力，也是携程对行前和行后服务的一个重要补充。

（二）共享经济：以共享单车为例

共享经济，一种新的经济模式，通过互联网把社会闲散资源和需求集中到一个平台上，采用数字化匹配对接进行交易，供方获得报酬，需方获得闲散资源的有偿使用权。① "十四五"规划中明确提出,要 "促进共享经济、平台经济健康发展"。这预示着共享经济新业态新模式将迎来新的发展机遇,发展共享经济新业态新模式日益成为产业数字化转型的重要抓手。国家信息中心发布《中国共享经济发展报告（2022）》显示,2021 年我国共享经济市场交易规模约 36881 亿元,同比增长约 9.2%；直接融资规模约 2137 亿元,同比增长约 80.3%。

2010 年以前,公共自行租赁的概念最早起源于欧洲。2007 年智能化运营管理、具有一定使用价值的公共单车系统开始进入中国。2010 年,永安行公司成立并承接浙江台州、苏州、上海松江公共单车系统项目并成功运营。2014 年,ofo 共享单车成立,提出单车共享概念,2016 年获滴滴出行巨额融资；同年摩拜单车等进入市场。

1. 发展现状

中国共享单车市场已经历了三个发展阶段：

2007~2010 年为第一阶段,由国外兴起的公共单车模式开始引进国内,由政府主导分城市管理,多为有桩单车。有桩车的使用十分不便,必须要到固定地点才能乘骑和存放自行车。

2010~2014 年为第二阶段,专门经营单车市场的企业开始出现,但公共单车仍以有桩单车为主。

2014 年至今为第三阶段,随着移动互联网的快速发展,互联网共享单车应运而生,更加便捷的无桩单车开始取代有桩单车。

2. 发展原因

共享单车的出现不是没有原因的,而是我国现代社会发展到现在的产物。共享单车的出现是以这么几个事物为基础的：

（1）互联网的普及和手机 App 的发展。近十年来我国的互联网发展迅速,前几年也出现了同样以互联网为基础的互联网约车。网络支付的普及远超国外,当国外二维码还没有普及,支付还在使用信用卡时,我们已经可以扫一扫手机支付了,只有移动支付的发展,才能使市民随时随地租用共享单车。

（2）中国有十分广阔的共享单车市场。对于 "最后一公里" 难题,在世界上都是广泛存在的,市民使用一架自行车是最方便快捷而且廉价的,过去许多城市都有固定桩的共享单车,但是其租用与归还都十分不便,人们急需一辆完全自由的自行车。

（3）中国曾经有过固定桩的共享单车存在,对共享单车的发展有一些经验。公共自行车方面,中国有将近 100 个城市开通了政府公共自行车业务,在江苏、

---

① 《现代汉语规范字典》（第 4 版）。

杭州、天津等地有一批自行车制造商，他们在单车的可靠性和成本控制方面都积累了大量经验。

总而言之，共享单车出现的最根本原因、也是中国有别于他国的原因，就是互联网的发展。互联网从信息互联发展到物联网，将人与人、人与物之间的联系加强。近十几年来网络购物、网约车到现在的共享单车其实就是互联网发展到物联网的产物。

3. 战略创新

共享单车之所以能存在于迅速发展，是因为其战略模式对社会产生了许多良好的效果。

共享单车的盈利模式并非租赁，而是通过融资而来。在共享单车领域，资本是一切较量的核心。

共享单车接入城市公共交通网，为打通城市交通"最后一公里"进行了有益的探索，提高了自行车在城市交通中的承担率，使人们很方便就能完成城市短途出行，是属于公共交通的创新模式，有利于缓解城市交通拥堵，方便人们出行。方便又廉价，成为许多市民短途出行的首选。

（1）对环境的好处。

随着我国经济的快速增长，城市人口剧增，交通拥堵以及环境污染问题日益加剧，发展公共交通被认为是解决城市交通问题的有效方式。自己共享单车的流行，将对中国的环境产生正非常正面的影响，人们的出行需求，将采用，地铁，加公交，搭配共享单车来完成。共享单车的使用，将极大地减少汽车尾气排放造成的大气污染。

（2）对互联网相关新兴产业的影响。

共享单车兴起之后，许多互联网相关产业也蠢蠢欲动，有些城市还出现了出租电动自行车与电动汽车的情况，不得不说这并非不是受到共享单车成功的影响。在将来甚至会淘汰许多已经过时了的产业。

三、新业态交通行业案例评析

现阶段是我国全面建成小康社会的关键时期和深化改革开放的攻坚时期，各行业都面临着转型发展的现实要求，同样地在新业态背景下我国的交通企业领域也需要不断地突破自我，寻求创新之路，向着现代化航运的道路前进。

在经济新常态的形势之下，我国各行业也呈现出一种新业态发展趋势，作为联系各区域经济发展的航运领域也在发生着巨大的变化。突破发展瓶颈，创新交通企业的发展道路，已经是新业态之下我国交通行业实现可持续性健康发展的必然要求。对于新常态下的交通创新之路不仅要结合我国的经济发展政策环境，还要从各市场的运行规律、人才的培养、技术的研发等方面寻求创新驱动发展的动力，积极拓展交通企业创新发展的思维，以推动我国交通领域的大发展。

（一）抓住"一带一路"倡议"双循环"战略、创新驱动发展的时代机遇

任何一个领域的发展都离不开国家政策的支持，良好的政策环境也是经济发展的良机。首先要紧紧抓住"一带一路"倡议的发展机遇，要立足于国际视角，在立足自身的基础上不断学习国外先进技术，然后结合自身进行创新，寻找适合于自己港口经济发展的道路，乘着"一带一路"倡议的东风飞向世界。

"双循环"的具体阐述为：加快形成以国内大循环为主体、国内国际双循环相互促进的新发展格局，重点在于国内大循环。中国已成为世界第二大经济体，拥有最完整、规模最大的工业供应体系，以及形成超大规模消费市场的人口及财富基础，总体具备了以国内经济循环为主体的条件。同时，在新型国际形势下，新冠肺炎疫情全球肆虐引致世界经济低迷，逆全球下贸易保护主义抬头以及全球供应链面临巨大调整等复杂背景的要求下，当前正在逐步转向以消费为主的新增长模式。未来五年要通过改革让居民能消费、愿消费、敢消费。优化收入分配结构，改善居民消费环境，提升商品的品质和服务供给，不断完善社会保障体系增加居民消费意愿。

2020年9月11日，习近平总书记在科学家座谈会上指出："我国'十四五'时期以及更长时期的发展对加快科技创新提出了更为迫切的要求。一是加快科技创新是推动高质量发展的需要。建设现代化经济体系，推动质量变革、效率变革、动力变革，都需要强大科技支撑。二是加快科技创新是实现人民高品质生活的需要。当前，我国社会主要矛盾已经转化为人民日益增长的美好生活需要和不平衡不充分的发展之间的矛盾，为满足人民对美好生活的向往，必须推出更多涉及民生的科技创新成果。三是加快科技创新是构建新发展格局的需要。推动国内大循环，必须坚持供给侧结构性改革这一主线，提高供给体系质量和水平，以新供给创造新需求，科技创新是关键。畅通国内国际双循环，也需要科技实力，保障产业链供应链安全稳定。四是加快科技创新是顺利开启全面建设社会主义现代化国家新征程的需要。从最初提出'四个现代化'到现在提出全面建设社会主义现代化强国，科学技术现代化从来都是我国实现现代化的重要内容。"习近平总

书记强调:"现在,我国经济社会发展和民生改善比过去任何时候都更加需要科学技术解决方案,都更加需要增强创新这个第一动力。同时,在激烈的国际竞争面前,在单边主义、保护主义上升的大背景下,我们必须走出适合国情的创新路子,特别是要把原始创新能力提升摆在更加突出的位置,努力实现更多'从0到1'的突破。"[1] 当前我国经济发展正处于一个转型期,传统的要素驱动正在向着创新驱动的方向转变,而交通领域也要向着创新驱动的方向发展,让科技创新、人才创新、制度创新成为自身发展的主动力。

(二) 创新交通领域的监管制度,营造良好的交通企业市场环境

我国交通经济之所以容易受到各种因素的影响,最重要的还是自身监管机制的不完善。对国外的经济形势要做到实时掌握与预测才能做到对于外来经济危机的有效应对,防止被动局面的出现。对国际经济信息的实时掌控就需要发挥大数据、云计算等互联网技术的作用,积极推进"互联网+交通"的融合创新发展。不仅是经济信息上的实时掌握,还包括对经济运行机制上的不断完善。

(三) 重视交通领域的人才培养及创新

人才的竞争是各领域创新的关键所在,因此政府以及各交通企业都要重视人才的培养。学校可以从人才的培养模式上进行创新,在人才培养上要立足于经济发展的现实情况,可以尝试进行校企合作的人才培养模式。人才进入到交通企业之后并不是人才培养的终点,企业需要不断地对员工进行各种技能培训,不断强化员工终身学习的观念,才能在最大程度上激发出我国交通人才的潜力。

(四) 积极推进交通技术的研发与先进技术的普及

科技作为第一生产力,也是推动交通企业创新发展的重要动力。新业态下我国的交通企业创新需要不断地加大对交通技术的研发力度,可以采取重点投入,全面普及的道路。集中财力、物力、人力开发新技术,然后对新技术进行因地制宜地推广与普及,尽量将科研成果的价值最大化。

---

[1] 习近平在科学家座谈会上的讲话 [N]. 人民日报, 2020-9-12.

本 章 小 结

《交通运输部关于服务构建新发展格局的指导意见》提出，交通运输要成为"形成完整内需体系的坚实支撑、国内国际双循环相互促进的重要纽带、产业链供应链安全稳定的保障基石"，提出在"构建新发展格局中的支撑保障和先行作用充分发挥"，阐明了交通运输在构建新发展格局中定位和作用。

改革开放以来，我国加快融入全球经济，特别是2001年加入世界贸易组织以来，我国形成了"两头在外"、大进大出的产业格局，从全球第12大出口国迅速成长为第一大出口国。外贸集装箱运量快速增长，2008年之前，沿海港口外贸集装箱吞吐量年增速基本保持在20%以上。2008年国际金融危机以来，我国经济从侧重国际循环转向国内外循环相协调，经常项目顺差同国内生产总值的比率由2007年的9.9%降至目前的不到1%，沿海港口外贸集装箱吞吐量增速下调，年增速为3%~8%。[①] 在此期间，国内沿海港口、内河水运、干线公路、干线铁路、民航机场、农村公路等相继经历了高速发展阶段，有力促进了沿海地区率先发展、区域协调发展、城镇化进程、建设社会主义新农村和内陆地区开发开放等国家经济布局；有力保障了城乡居民出行需求和生活物资运输需求，带动购物旅游等消费；稳定和扩大了交通运输固定资产投资，在促进内需、拉动经济增长方面都发挥了重要作用。

构建新发展格局，要推动形成宏大顺畅的国内经济循环。交通运输是国民经济循环的动脉，串联生产流通消费环节，支撑人员物资流动，进而间接影响不同地区和人群的收入分配格局。要发挥好交通运输在构建新发展格局中的支撑保障和先行作用，就要进一步强化交通运输对国内大循环的支撑带动作用和对国际大循环的安全保障作用，增强国际国内循环的连通，促进国民经济循环总量扩大、效率提高、成本降低、动力增强、安全稳定，成为形成完整内需体系的坚实支撑、国内国际双循环相互促进的重要纽带、产业链供应链安全稳定的保障基石。

构建新发展格局，关键在于实现经济循环流转和产业关联畅通。交通运输连接生产和消费两端，是建设现代流通体系、畅通国民经济循环的基础环节和重要依托，在构建新发展格局中发挥着重要作用，也面临着新的机遇和挑战。

---

① 交通运输部：服务构建新发展格局多措并举 综合施策 为构建新发展格局贡献交通力量 [EB/OL]. 临汾市交通运输局，http://linfen.gov.cn/lfjtys/contents/20782/937566.html.

深刻把握严峻复杂的国际政治经济形势对交通运输的新要求。近年来，经济全球化遭遇逆流，单边主义、保护主义上升。受新冠肺炎疫情影响，世界百年未有之大变局加速演进，全球经济面临深度衰退，不稳定不确定因素显著增多，世界进入动荡变革期。交通运输是国民经济的重要组成部分，是国民经济的"晴雨表"，也必然受到外部环境的影响和冲击。要深刻分析外贸内贸的此消彼长趋势对交通运输业的影响，主动调整适应由"两头在外"参与国际循环转向以国内大循环为主体、国内国际双循环相互促进的经济循环模式，做好应对新风险新挑战的思想准备和工作准备，为构建新发展格局奠定坚实基础。

深刻把握加快培育完整内需体系对交通运输的新要求。自 2008 年国际金融危机以来，我国经济已经在向以国内大循环为主体转变。当前，我国成为新冠肺炎疫情以来第一个恢复正增长的主要经济体，培育完整内需体系具有良好的现实基础和发展条件。但要看到，发展不平衡不充分问题仍然突出，体现在交通运输领域，主要是：综合立体交通网络布局不够完善、各种运输方式衔接融合不够顺畅、高品质运输服务供给不足、物流供应链韧性还不强等。这既是阻碍国内经济循环的堵点，也是制约经济高质量发展的重要因素。必须继续深化交通运输供给侧结构性改革，持续提高服务供给质量，扩大优质增量供给，为畅通国内经济循环提供坚强有力的支撑。

在当今中国互联网的蓬勃发展态势下，随着共享经济的成长，以共享交通为基础的新业态交通企业迅速发展，目前该领域的企业已形成"一超多强"的局面。本章共分为两个部分，第一部分首先介绍了新业态交通企业的发展过程、企业服务类型的拓展和运营模式的创新，然后阐明了该市场存在的问题、指出网约车的发展应"脱虚向实"，减少"泡沫"，该行业并不是法外之地，追求长远发展，诚信才是企业的立身之本，最后对新业态交通行业的发展趋势进行分析。第二部分以案例的形式来介绍新业态交通企业的发展。

共享经济的蓬勃发展既是机遇也是挑战，在带来方便快捷的出行方式、减少交易成本、提升资源利用效率、创造大量就业机会的同时，其与传统商业模式的冲突仍未得到有效解决。换句话说，共享经济带来的好处可以用"三低三高"来描述，即低成本、低门槛、低污染，高效率、高体验、高可信。正因如此，共享经济得到了广大人民及政府的大力支持。然而，共享经济抢占了大量传统经济的市场份额，在我国经济发展中占据越来越高的地位，这对传统行业造成了巨大的影响，迫使他们转变销售模式与销售途径。针对共享经济和传统经济冲突的现状，我国政府必须要对症下药，采取对应的措施，颁布相应的政策，一方面为共享经济铺路搭桥，另一方面使传统经济更好更快地完成转型。

附：交通企业名录

1. 中外运空运发展股份有限公司
2. 中国东方航空集团公司
3. 中国南方航空股份有限公司
4. 大秦铁路公司
5. 北京鼎汉技术股份有限公司
6. 中国铁路总公司
7. 中国对外贸易运输（集团）总公司
8. 中国远洋运输集团
9. 招商局港口控股有限公司
10. 山东高速集团
11. 河南中原高速公路股份有限公司
12. 江苏宁沪高速公路股份有限公司
13. 北方国际合作股份有限公司
14. 中国交通建设股份有限公司
15. 中国铁建股份有限公司
16. 深圳市怡亚通供应链股份有限公司
17. 申通快递有限公司
18. 中国邮政集团公司
19. 浙江吉利控股集团
20. 中国中车股份有限公司
21. 郑州宇通客车股份有限公司
22. 北京小桔科技有限公司（滴滴出行）
23. 携程旅行网

主要参考文献

[1] 中华人民共和国交通运输部. 中国交通运输统计年鉴 [M]. 北京：人民交通出版社, 2014.

[2] 中华人民共和国交通运输部. 中国交通运输统计年鉴 [M]. 北京：人民交通出版社, 2015.

[3] 中华人民共和国交通运输部. 中国交通运输统计年鉴 [M]. 北京：人民交通出版社, 2016.

[4] 中国智能交通协会. 中国智能交通行业发展年鉴（2016）[M]. 北京：电子工业出版社, 2017.

[5] 赵光辉. 中国智造助推交通强国 [M]. 北京：人民邮电出版社, 2018.

[6] 赵光辉，姜彦宁. 互联网+助推交通强国 [M]. 北京：人民邮电出版社, 2018.

[7] 赵福全、苏瑞琦、刘宗巍. 探索汽车强国路 [M]. 北京：机械工业出版社, 2017.

[8] 纪雪洪. 汽车强国之路：竞争、创新与产业链的视角 [M]. 北京：机械工业出版社, 2015.